JN109604

学びを育む

教育の方法・技術とICT活用

教育工学と教育心理学の
コラボレーション

Chiaki Iwasaki　Toshiya Tanaka
岩﨑千晶・田中俊也 編著

Educational
Methods and Techniques
Theory and Practice of
ICT Utilization

北大路書房

はじめに

　本書は，教師をめざす学習者，および教員となり学校で日々の教育・学習活動に取り組んでいる人たちのために執筆した。今教育は新たな局面に差しかかっているといってよい。新型コロナウイルスによる感染防止のために，ひとりに1台タブレット端末が配付され，ICTを活用した学ぶ環境が一気に整備された。学校ではICTを活用して個別最適な学び，協働的な学びを推進しようとしている。こうした学びを生成するには，「知識を伝達することによって人は学ぶ」という知識伝達型の一斉授業では困難である。教師はこれまでの教え方について再考し，対話によって人は学び，知識が構成されるという知識構成型の考え方をもとにした授業を設計する力が求められる。教師にとっては大きな変化になるといえよう。

　また社会の変容も大きい。ChatGPTやBingといった生成AIの開発によって，人が請け負っていた仕事をAIが担う時代となっている。こうした社会の変化に対応するためにも，学校教育も社会に適応した学びを推進することが望まれる。加えて学習者たちも多様な課題を抱えている。さまざまな理由から学校に行くことが容易ではない学習者，経済的な事情で貧困に苦しむ学習者も存在する。今後はよりいっそう教師が多様な課題を抱えた学習者に寄り添うことが必要になるだろう。

　教師には，社会の変化をふまえ，学習者の変化に寄り添い，今の教育でうまくいっている部分，足りない部分を明らかにし，学習者が豊かに生きるための手立てを検討していく必要がある。そのために本書を活用してほしい。

　教育方法を学ぶための教科書は多いが，本書の特色は，人がいかに学ぶのかを理論的に学び，そのうえで，どのような教育方法を採用すればよいのかを考えられる点にある。田中をはじめとする教育心理学の研究者と岩﨑ら教育工学者がタッグを組んで，まさに協働的な学びをとおして，本書を書き上げた。読者はいかに人を教えるのかだけではなく，人がいかに学ぶのかをふまえたうえで，適切な教育方法を採用し，実践してほしい。

　本書は2部構成となっている。第Ⅰ部では学びのメカニズムを明らかにする

ために，教育心理学の研究者が中心となって執筆をしている。第1章は教育方法・技術を学ぶ意義や個別最適な学び，協働的な学びについて概説している。第2章から第5章では学びのメカニズムを明らかにしていく。まず第2章では学びの成立に至るまでの学習者の経験やそこから得られる知識の特徴について扱っている。第3章では学びの構造について扱い，その構造の違いが学びの目標とどのように関係しているのかについて論じている。第4章では，学びの動機づけについて扱い，主体的に学んでいくための自己調整学習のメカニズムを考慮した学びについて考えていく。第5章では，学びにおける批判的思考，ならびにメディアリテラシーや情報モラルについて概説し，学習者が育むべき学習態度について論じている。

　第Ⅱ部では具体的にどのような教育方法を用いて授業を設計していけばよいのか，またどのようにICTを活用することが望ましいのかについて扱っていく。さらに学びをより深めるための学習環境や外部人材のあり方，教師の成長を促す場づくりについて取り上げる。第6章から第9章は具体的な授業設計の方法を取り上げる。第6章では，ADDIEモデルを取り上げて授業設計の基本や，「目標設定，内容・方法・評価」のデザインについて扱う。第7章では学習指導案の具体的な作成方法や板書の計画について整理する。第8章ではインストラクショナルデザインの考え方をもとに，ARCSモデルや課題分析図を扱った授業の方法について検討する。第9章では，個別最適な学び，協働的な学び，ピア学習，ジグソー学習，ICTを活用した協働的な学びといった具体的な教育方法を扱っている。

　第10章から第15章までは教育におけるICTの活用を取り上げる。第10章は授業において教育番組や映像コンテンツをどう組み合わせて活用すれば学びが深まるのかについて検討している。第11章では，1人1台端末（タブレット端末）を取り入れることによって生成される学びのスタイルや具体的な学習方法について取り上げている。第12章では，個別最適な学び，協働的な学びを生成するためにデジタル教科書をどのように活用することが望ましいのかについて具体例をふまえながら論じている。第13章では，遠隔・オンライン授業を実施するにあたっての工夫や配慮すべき点，ならびに具体的な教材の作成方法や配慮すべき点について概説している。第14章では，プログラミング的思考の育成

と具体的な教育方法について取り上げている。第15章では，特別支援学校における ICT の活用について，具体的な教育実践を豊富に取り入れた事例を紹介し，合理的配慮について論じている。

第16章では評価方法を取り上げる。個別最適な学び，協働的な学びを育むためにはどのような評価が求められるのかについて具体的な方法を例示しながら，教育の質保証について考える内容となっている。第17章では，教室やラーニングコモンズといった学びを育むための学習環境について，また学習を支援するために配置される外部人材活用，ICT 支援員について取り上げている。最後に，第18章では教師が成長しつづけるための方法として，何に配慮して授業をよりよくするにはどうすればよいのかを教員が学ぶための授業研究について言及している。

このように全18章をとおして，学びを育むための教育方法を扱った。授業のためだけではなく，教師になったあとも授業設計に課題を感じたとき，タブレット端末やChatGPTに代わるまた新たなツールが学びに取り入れられるとき，本書を手に取ってもらいたい。

2023年6月12日
アジサイの美しい千里山キャンパスにて
岩﨑千晶

目　次

第II部　さまざまな教育方法と技術

第Ⅰ部

「学び」の諸原理

児童生徒が主に学校教育のなかで獲得するさまざまな学びについて，その成立の基本原理を教育心理学的観点，学習科学的観点から理解する。ここでの知見と第Ⅱ部での発展が有機的につながることが期待される。

第1章　教育方法・技術論を学ぶ意義を考える

岩﨑千晶

目　標

現代社会のあり様，教育動向をふまえたうえで，学習者に求められる能力や資質を育むために教育方法・技術論を学ぶ意義について説明できる。

キーワード

教育方法を学ぶ意義，社会の変容，学習指導要領，多様な学習者，個別最適な学び，協働的な学び

1　なぜ教育方法を学ぶ必要があるのか

　本書は教師をめざす学習者，および教育現場で活動している人たちが教育方法・技術を育むための書籍である。本書をとおして，教育方法をさらに詳しく学びたいという意欲が向上することを願っている。そのために，なぜ教育方法を学ぶ必要があるのかについて考え，自分なりの意義を見いだしてほしい。人が「あること」について学ぶためには，「これについてもっと知りたい，学びたい」という意欲をもつことが重要になる。教育方法を学ぶ理由としては「学習者が深く学び，自己実現をするために適切な教育方法を習得したいから」「将来教師になったときに，学習者がなりたい自分になるためのサポートをしたいから」など，さまざまな理由が考えられる。まだイメージがわいておらず，教育方法を学ぶ意義が明らかではない読者もいると思うが，本書を読み進めるなかで，教育方法を学ぶ理由や意義を自分なりに見つけていこう。

現代社会の変化は大きく，また変化の激しい社会で求められる能力は多様化している。学習者には複雑な社会のなかから課題を発見し，課題解決のために他者とともに協力し合いながら，粘り強く取り組み，その活動を反省的に振り返る力を培うことが求められている。その力は学校での勉強，いわゆる読み書きそろばんといわれるような認知力もあれば，忍耐力をもって努力をつづけてやり抜くといった非認知力も含まれる。教師は学習者のこうした力を育てていくための教育方法を学ぶことが求められる。

　本章ではまず社会にどのような変化があり，そこではどのような能力が求められるのかについて取り上げる。それらをふまえて，学習指導要領がどのような内容に変容していっているのか，学校がどのような変化を遂げているのかについても触れる。また多様な学習者についても扱う。社会にはすばらしい個性をもった多様な学習者が存在している。本書の読者には，多様な学習者をひとつの個性として受け入れ，かれらに寄り添う姿勢をもって接してもらいたい。そのうえで，「学習者がなりたい自分を見つけ，それに向かって学ぶ力」を育むための教育方法や教師のあるべき姿を見つけてほしい。最後に，これから重視されるであろう個別最適な学びと協働的な学びを推進するための具体的な手立てについて取り上げる。

2　社会の変容と求められる能力

　わたしたちは科学技術とともに生きている。スマートフォンで考えてみよう。朝はスマートフォンのアラームで目を覚まし，電車の出発時刻をアプリで確認し，SNSを使って友人と連絡をとるなど，スマートフォンの利用が生活の一部となっている。総務省が実施した「通信利用動向調査」によると，1995年は携帯電話の保有率が10.6％であり，2003年は90％を超えている。10年も経たない間に大きな変化があった。またビッグデータ，ChatGPT（Generative Pre-trained Transformer）をはじめとした生成AIが開発され，チャットボットが社内の問い合わせに対応したり，自分で書いた英語の文章をAIがより自然な表現したりすることが容易になった。案内係や翻訳など人が従事していた仕事の一部をAI

が代わりに担うことも増えている。

　現代の社会は新しい科学技術が開発され，わたしたちの生活が便利になる一方で，スマートフォン依存症や情報モラルに欠ける行動といった，新しい技術が社会に導入されたために起こった問題もある。新しい技術や新たなものの考え方が出てくる社会のなかで，人が豊かに幸せな生活を送るためにはどのような力を身につけることが必要になるだろうか。

　また現在は，コロナ禍といった予測不能なことが起こる社会であるとともに，少子高齢化や環境問題といったさまざまなリスクが生じるリスク社会でもある（船津ら 2014）。こうした揺らぎが生じる社会においては，問題自体が複雑であるため，問題を特定化すること自体が容易ではない。問題とその解決策がセットになったマニュアルを作成して，それを使って対応できる社会ではなくなった。標準化された決まった答えがある課題だけではなく，オープンエンドな問いや明確な答えを出すことがむずかしい課題を扱うことが求められる。このような社会で豊かな生活を送るために，学習者はどのような力をつけることが望ましいのだろうか。

　そのためには科目に関する知識や技術といった認知的スキルにとどまらず，なりたい自分になることをめざして努力をしつづける力，解決すべき問題に対して仲間とともに協力する力などの非認知スキルにも該当する社会情動的スキルが必要になる。OECD（2015/2018）では，読み書きといった基礎的認知能力，獲得された知識，外挿された知識を認知的スキルとし，これらと対比するかたちで，目標の達成，他者との協働，情動の制御を社会情動的スキルとし，それらの両方の育成が重要であることを指摘している（図1-1）。

　現在の学校のなかで測られている能力の多くは認知的スキルが中心となっている。こうした能力は学校で教師が測りやすい能力といえる。筆者は教育方法の授業で「学力というとどのような力をイメージしますか」と受講生に毎年たずねている。「学んだことを発揮する力」「自己実現をする力」といった意見から，「成績」「たんなる数字」まで多様な意見が出されるが，認知的スキルをベースにした意見が多い。非認知スキルに該当する意見を提示する受講生は少数派となっている。学習者がこれまで置かれてきた学校教育での状況に鑑みると，学力は認知的スキルに近いと解釈する学生が多いのかもしれないが，本当にそ

認知的スキル，社会情動的スキルのフレームワーク

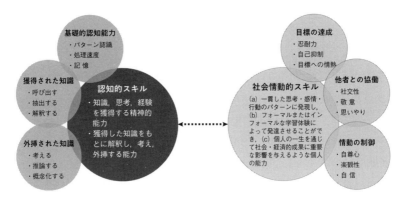

図1-1　家庭，学校，地域社会における社会情動的スキルの育成
(OECD（2015/2018: 13）をもとに作成)

うなのだろうか。

　人が身につけるべき能力としては認知的スキルだけではなく，非認知スキルも重要である。とりわけ複雑で予測不能な現代社会においては，学習者が目標に対して努力をし，気持ちをコントロールして他者とともに協力し合う力を培うことが求められている。そのためには学習者が学ぶ課題を設定して，それについて学習する機会をもったり，学習者同士がある課題に対してともに学び合ったりすることが重要になる。教師が従来のように一方向的に一斉授業をし，知識を伝達する教育方法ではこうした能力を育むことがむずかしい。このような背景からも，学習者にとって個別最適な学びや，学習者同士の協働的な学びが求められているといえるだろう。

　では教師はそのために何をどのように教え，学習者に能力が育めたのかどうかをどのような方法で評価すればよいのか。現代社会に投げかけられている難解な課題のひとつのようにも思える。答えや方法はひとつではないが，教師はよりよい方向へと舵を切り，課題に丁寧に取り組む力が求められている。まずは学習指導要領を読み解くことから，学校でどういった教育が求められているのかを学んでいこう。

3　学習指導要領とその改訂

　学習指導要領は全国のどの地域で教育を受けても，一定の水準の教育を受けられるようにするために，学校教育法などに基づいて，各学校で教育課程（カリキュラム）を編成する際に定められた基準のことをさす（文部科学省 2011）。学習指導要領では小学校，中学校，高等学校などの校種ごとに各科目の目標や教育内容が定められている。

　社会に変化があるように，その時代に合わせた内容にするため，学習指導要領は10年に一度見直しがおこなわれ改訂がされている。1998〜1999（平成10〜11）年の改訂では「基礎・基本を確実に身に付けさせ，自ら学び自ら考える力等の「生きる力」の育成」をめざすことが提示された。このときは国際・環境・地域社会など科目をまたぐテーマを学校の裁量でおこなうことができる「総合的な学習の時間」が新設された。たとえば，滋賀県であれば琵琶湖をテーマに学習をするといった各地域のテーマや課題を取り上げて学習をすすめる授業などがおこなわれた。

　2008〜2009（平成20〜21）年の改訂では，「生きる力」の育成，基礎的・基本的な知識・技能の習得，思考力・判断力・表現力などの育成のバランスをとることがめざされた。確かな学力として，基礎・基本を確実に身につけ，みずから学び，考え，主体的に判断・行動し，よりよく問題を解決できる資質や能力の育成，また，みずからを律しつつ，他者とともに協働し，他者を思いやる豊かな人間性，たくましく生きるための健康や体力が求められた。授業時間数が増え，小学校における外国語活動も導入された。

　2017〜2019（平成29〜31）年は，すべての教科において「知識及び技能」「思考力，判断力，表現力等」「学びに向かう力，人間性等」の3つの柱で育むべき能力が明示され，何を学ぶかだけではなく，学んだ成果として「何ができるようになるか」が重視された。こうした能力を育むために，教師による教え込みではなく，学習者が主体的・対話的で深い学びによって力を得ることができるように，「教師が教える方法」や「学習者が学ぶ方法」にも言及されるようになった。中央教育審議会は，3つの柱で提示された資質や能力を育むためにICT

を活用し，個別最適な学びを実現することで多様な子どもたちを育成し，協働的な学びを実施することで，多様な子どもたちの個性を活かすことをめざしている（中央教育審議会 2021）。しかし，従来から標準化された課題を扱ってきた学校教育がこのような教育をしようとすると，教育方法，教材，学習評価などにおいて，変更しなければならない点が出てくる。本書をとおして具体的にどのように実施すればよいのかを学んでいこう。

4 個別最適な学び・協働的な学びの場づくり ─────

4-1 ICTの活用

　中央教育審議会（2021）は，「全ての子供たちの可能性を引き出す，個別最適な学びと，協働的な学び」を実施することを提示し，そのためにICTの活用や少人数によるきめ細かな指導体制を整備する必要性があるとしている。「指導の個別化」と「学習の個性化」を教師の視点から整理した概念が「個に応じた指導」であり，この「個に応じた指導」を学習者の視点から整理した概念が「個別最適な学び」である。学習者が基礎的な知識や技能を習得し，それらを活用して思考力・判断力・表現力を育み，学んでいくためには学習者の特性や到達度に応じた教材や学習時間の設定をおこなう「指導の個別化」が，加えて，学習者がそれぞれに応じた学習活動や学習課題に取り組む「学習の個性化」が必要であると指摘されている（中央教育審議会 2021）。

　こうした学びを育むためにICTが活用できる。たとえば，学習者の学習プロセスや学習の成果をデータとして蓄積，分析することで学習者に適した指導に活かせる。また学習者が興味関心に沿ったテーマについてタブレット端末を用いて調べ学習をする学習活動も考えられる。調査した結果をスライドに整理しまとめて，学習者同士のピアレビューを経てブラッシュアップする活動や，最終成果をプレゼンテーションとして発表もできる。これまでのように一斉授業で教員がICTを活用するだけではなく，学習者が1人1台タブレット端末をもっている環境を活かして，各学習者が個別最適に学んでいくこと，また仲間と意見交換をとおして新たな視点を学んだり，自分の意見を振り返ったりしてい

く協働的な学びが考えられる。

　そもそも教室で一斉授業がおこなわれ，黒板とチョークを使った授業はいつからおこなわれるようになったのだろうか。日本では1872年に学制が発布され，近代学校教育が開始した（奈須 2021）。選ばれた国民しか学ぶ機会が与えられなかった時代から，全国民に対して社会が求める知識を定着させるために，一斉授業が実施され，黒板とチョークの授業は1870年代後半から開始された。当時はテレビもスマートフォンもない時代であったため，学校で情報を得ることが学ぶ手段として非常に重要であり有効であった。しかし現代はスマートフォンからさまざまな情報を得ることが可能になり，学習アプリも多数提供されている。自宅にICT環境も整っており，学校に行かずとも自宅で学ぶことができる環境が整備されつつある。

4-2　教室にいる多様な学習者

　学校教育のなかでは子どもの多様化が課題となることもある。子どもが学校でともに学ぶことが，いじめ，外国籍の学習者支援，LGBTQ，不登校，発達障がい，貧困などと関連づけられて学校が直面する問題として取り上げられている（中央教育審議会 2021）。学習者はそもそも個性豊かな存在である。家庭で過ごしていると問題がないが，学校で一斉授業を受けようとすると，「授業時間中静かに座っていること」や「ほかの学習者とともに決められた学習活動をおこなうこと」に困難を抱える学習者が出てくることもある。学校での一斉授業に適応することがむずかしい学習者もいるが，個別最適な学びや協働的な学びを推進する環境が整うことで，こうした課題を解決することに近づくことを期待したい。金子みすゞの詩「私と小鳥と鈴と」に「みんなちがって，みんないい」というフレーズがある（金子 2011）。多様な人びとが暮らす現代社会では，まさにこうした考え方を大切にし，一人ひとりの子どもたちの違いをよさとして，個性として受け取り，たくさんの個性が結びつき，多様で協働的な学びに結びつくようにする必要がある。

4-3　知識観の変容

　個別最適な学びと協働的な学びを推進するには，知識観についてとらえ直す

必要がある。一斉授業には，人は知識を伝達することによって学ぶという行動主義による知識観が強く影響している。つまり知識をもっている教師が知識をもっていない学習者に知識を授けることで人は学ぶという考え方である。こうした知識観に基づくと，教育方法としては一斉授業が適切だと考えられる。しかし，社会構成主義による知識観は，人はもともと知識をもたない存在ではなく，人は人と対話することで学ぶものであるという立場をとる。教師と学習者が，また学習者同士が対話することで，知識を生成し，人は学ぶという考え方である。個別最適な学びを推進するには，学習者が個別にみずから学んでいくことが求められるが，そこには学習者は知識がない存在ではなく，みずから学んでいける存在であるという前提がある。また協働的な学びにも，人は人と協働することによって学ぶことができるという前提がある。つまり，個別最適な学びと協働的な学びを推進する前提には，知識伝達ではなく，知識構成による知識観を教師がもつ必要がある。教師の知識観が「知識は伝達するものである」とすると，いくら個別最適で協働的な学びを導入しても，その実践に齟齬が生まれたり，教師自身が授業実践に対して葛藤を覚えたり，授業が効果的に進まないことも考えられる。教え込みという知識伝達をもとにした知識観から人は人と対話することで学ぶという知識構成の知識観へと変容を受け入れる勇気を教師はもつ必要がある。

4-4 具体的な手立て

現在は一斉授業でおこなわれていることが多いため，実際に個別最適で協働的な学びをどう実践すればよいのかについて不安を抱える読者もいるだろうが，いくつか具体的な手立てを示す。

〈1〉学習のゴールを教師と学習者で確認する

学習者が個別最適に学ぶためには，学びのゴールを把握することが欠かせない。ゴールを把握すると，今の自分がいる場所からそこがどれだけ離れているのか，あるいはどれだけ近いのかや，ゴールにたどり着くまでにどのような方法があるのか，何が必要なのかについて自分で考えていくことができる。それがまったくわからないと，言われるままに作業するだけになってしまい，学び

につなげることがむずかしい。また個別最適な学びといっても，自分にとって何が最適な学びなのか，また自分が何に関心をもっているのかがはっきりしない学習者もいる。そのため，学習のゴールを設定するには，教師の考えを提示して学習者と共有していくことや，教師による支援のもと，学習者が学習目標を設定することや様子を見て適宜修正することなどが求められる。

〈2〉学習のゴールを達成するための学習計画を立てる

　学習のゴールを設定したあとは，ゴールにたどり着くための計画を立てる必要がある。どのような学習活動や授業が必要になるのかを考える。個別最適な学びを進めようとすると，学習者は自分のペースで学ぶ可能性が高まる。たとえば，目の前に山があるとする。その頂上がゴールであるとすると，急な道を急いで登ることを好む人もいれば，穏やかな道を選びじっくり景色を見ながら登りたい人もいる。個別最適な学びを進めるには，学習者がどこに向かおうとしているのかに加えて，どのような方法で学んでいくことが望ましいのかについても考える必要がある。教師から提示する学習方法で進めたり，学習者が教師の提示した学習方法をもとに自分で考えた方法で学んでいったりすることも考えられる。教師が学習活動のゴールと学習活動の方法を提示した学習ガイドを用意したり，学習に必要な書籍や関連サイトを作成したりすることも有用であるといえる。

〈3〉学習のゴールを達成するために，学習者が自分でできるところと教師が支援するところを確認する

　学習者が自律的に学ぶには，学習支援の考え方が役立つ。学習支援では，学習者が自律的に学ぶための取り組みを実施している。学習支援の考え方では，直接的な教授だけではなく，学習者が自分で課題に気がつくことができるように質問をしたり，対話をとおして認知的な理解を向上させること（認知的な足場架け）や，学習者の学習意欲を高める動機づけを向上させることが重要視されている（Thompson 2009）。教えることに加えて，学習者の学びが深まることや動機づけを高めることにも配慮することが教師に求められる。

　また支援をする際には学習者の学習スタイルへの配慮も必要となる。学習ス

タイルには理論型，活動型，実践型，内省型がある（Honey & Mumford 1982;
Tamblin & Ward 2006/2009）。理論型は，物事をじっくり考える必要のある状
況，モデルや理論，長い時間を費やすような複雑な状況からよく学ぶとされて
いる。活動型は新しい経験や実践的な活動，ロールプレイやビジネスゲームに
よってよく学ぶ。実践型は将来自分がなりたい職業に関連した活動や，活動計
画を作成することでよく学ぶとされている。内省型は他者を観察したり，意見
交換をしたりすること，また何をすべきか指示がないような状況でよく学ぶと
定義されている。教師は学習者の個性や学習スタイルをふまえてかれらに寄り
添うことが必要になる。

〈4〉学習のゴールをどこまで達成できたのかを教師と学習者で確認する

　学習をある一定の区切りまで進めることができたら，学習のゴールをどこま
で達成できたのかを確認する評価の段階になる。個別最適な学びにおける評価
は単純ではないといえよう。評価は標準化とセットにすることでうまく機能す
る。つまり，一斉授業で同じ内容を教え，同じテストで評価することによって
学習の成果を測ることはそれほどむずかしくはない。しかし，個別最適な学び
を推進した場合，それぞれが学ぶことが異なる。この場合は，テストで評価す
るということが容易ではないため，学習のプロセスで作成した学習の記録や発
表やレポートなどの学習の成果物に対してルーブリックを活用したりして評価
することが考えられる。この際，教師だけが評価者になるのではなく，学習者
自身が自己評価をおこない，自分の達成できた点と達成できなかった点につい
て把握し，課題を改善するための次の方法を考えられるようにする必要がある。
教師は評価をもとに，学習者が次の方向性に向かって学ぶ方法を支援すること
も求められる。

　これらの取り組みはこれまでまったく教師が実施してこなかったことである
かというと，そういうわけではない。授業を進めながら，学習者のことを見つ
め，寄り添う授業をこれまでも実践してきている教師は多数存在する。今後は
よりいっそう一斉指導よりもそうした学習者に寄り添った学びを推進しやすい
土台ができたといえる。

　第1章では教育方法を学ぶ意義を考えるための話題提供をおこない，個別最

適な学びと協働的な学びの実施に向けた手立てを取り上げた。本書で学ぶプロセスにおいて読者が自分なりの考えを見つける機会になることを願う。

なぜ教育方法・技術論を学ぶ必要があるのかについて，あなたなりの理由や意義を考えてみよう。

あなたがこれまで受講した授業のなかで，個別最適な学びと協働的な学びが含まれていた授業をひとつ取り上げ，どのような授業だったのか，どのような効果と課題があったのかについて考えてみよう。

　読書案内

①奈須正裕　2021　個別最適な学びと協働的な学び　東洋館出版社
②稲垣忠　2019　教育の方法と技術：主体的・対話的で深い学びをつくるインストラクショナルデザイン　北大路書房

第**2**章　学びの形成における経験と知識の問題を考える

田中俊也

> **目　標**
>
> 学びの成立に至るまでのさまざまな経験やそこから得られる知識の特徴について説明できる。

> **キーワード**
>
> 経験と学び，経験の変化，知識の形成，ICT活用と知識，ChatGPT

1　さまざまな経験と学び

1-1　体験と経験

　「経験」も「体験」も英語で表記すればexperienceとなる。しかしながら日本語表記ではそれぞれ異なった意味で使われることが多い。

　「経験」は『広辞苑 第7版』では，「人間が外界との相互作用の過程を意識化し自分のものとすること」と定義され，さらに「人間のあらゆる個人的・社会的実践を含むが，人間が外界を変革するとともに自己自身を変化させる活動が基本的なもの」と追記されている。一方，「体験」はあっさりと「自分が身をもって経験すること。また，その経験」とたった2行で定義されている。

　こうした辞書的定義は，われわれの日常的な使い方と大差はないが，その意味するところには不明瞭な点がある。それは「体験とは経験である」というかたちで体験の定義が同語反復になっている点である。

　デューイ（Dewey 1938/2004）は『経験と教育』において，教育での経験の

重要さについての哲学を展開している。そのなかで，経験と体験の区別については直接的な言及はないが，以下の一文はきわめて示唆的なものである。

　　　真実の教育はすべて，経験をとおして生じるという信念があるが，その
　　ことはすべての経験が本当に教育的なもので，またすべての経験は同等な
　　ものであるということを意味するものではない。（Dewey 1938/2004: 30）

　本書では，このデューイの言説を参考にして，経験と体験を以下のように区別しておきたい。すなわち，体験とは人間と外部世界（モノ・コト）や内的世界（記憶や言語）との表面的なかかわりすべてのことである。またそのかかわりが内的に変化し外部世界や内的世界をも変容・変革させるものである場合に経験とよぶ。本書では主に後者の「経験」，すなわち変化・変容・変革をともなうかかわりが教育活動においておこなわれる際の問題を扱うこととする。

1-2　学習と学び

　「学習」も「学び」も英語で表記すれば learning である。

　「学習」は心理学ではきわめて重要で基本的な概念であるが，あえて「学び」という日本語も learning にあてがうには大きな理由がある。田中（2020）にならって，ここであらためて学習と学びについて検討しておこう。

　心理学における「学習」の定義「経験による比較的永続的な行動変容」は，「学習」を，自発的あるいは他律的に個人的な経験をおこなった結果としての行動の変容を表し，その特徴は，一見持続的にみえるが時間的な展望や連続性をもたない脆弱な変容である。一方の「学び」とは，現在の「わたし」を起点として人や物を含む環境とかかわることによって変化の実感をもち，その特徴は，自分の外部の環境にある人・もの・出来事に敬意を表しそれに接近し，自分が何者かになるアイデンティティの形成と深くかかわっている点にある。

　このように，経験と体験，学習と学びはそれぞれ，相互に深くかかわっているものであるが，それらを一体的にとらえる視点はなかなかみられない。実はこうした視点こそ，さまざまな教育の方法や技術を考えていく際にきわめて重要なのである。

本章では，教育活動における経験と学びの関係について，経験から知識が形成される過程，それが学びへと発展していく過程を中心にみていくことにしよう。

1-3　さまざまな経験のモード

　経験にはさまざまなモード（様式）がある。日常的にも○○経験などと，その前に修飾語をつけて語られることも多い。ここではわかりやすくするためにあえて二項対立的に表現し，具体例を交えてそれらをまとめてみよう。

①直接経験—間接経験：経験の主体がその経験の本質的な部分に直接触れるか，間接的に触れるかの違い。就職活動を実際自分がする（直接）か，先輩の話を聞く（間接）か。

②具体的経験—抽象的経験：経験の本質的な部分を実際に具体的におこなうか，言葉などを介して経験した気になるかの違い。車の実際の運転（具体的）か，運転方法の講義の受講（抽象的）か（次項1-4のコルブ（Kolb）の「具体—抽象」軸）。

③外的・活動的経験—内的・反省的経験：身体をとおして外界と接するか，記憶・言語をとおして経験の本質を見極めるか。キャンプに実際に出かける（外的・活動的経験）か，その本質的な内容を振り返って省察する（内的・反省的）か（デューイの「経験の相互作用」，コルブの「活動—反省」軸）。

④全感覚的経験—視聴覚的経験：実際に身体をとおして五感すべてをはたらかせて外界と接するか，視覚・聴覚のみをとおして接するか。実際の教室での講義受講（全感覚的）か，ウェブを介した遠隔講義受講（視聴覚的）か。

⑤主観的経験—間主観的経験：個人・ひとりでおこなう（主観的）か，他者とのコミュニケーションも介しておこなう（間主観的）か。ひとりで図書館で調べ学習する（主観的）か，グループで一緒にする（間主観的）か。

⑥再帰的経験—新規的経験：すでに経験したことのあることをする（再帰的）か，やったことのない初めてのことをする（新規的）か。すでに知っていることの復習（再帰的）か，新しい事柄との出会い（新規的）か。

⑦主体的経験—受動的経験：自分から好んでおこなったこと（主体的）か，誰

かに指示されておこなったこと（受動的）か。自分の興味関心のあること
を調べる（主体的）か，教師に指示されたテーマを調べる（受動的）か。

⑧瞬時的経験—連続的経験：1回限りの思いつき的なことをする（瞬時的）
か，関連することを継続的にする（連続的）か。原子の周期律表を1度見
る（瞬時的）か，化学の授業のたびに周期律表を見る（連続的）か（デュ
ーイの「経験の連続性」）。

ここではあえて二項対立的にしかも別々のモードとして分類したが，類似し
たモードもあり，同じひとつの経験をこうしたさまざまなモードで複合的に
とらえ直してみることが重要である。

1-4　コルブの経験学習論

経験と教育の関連については先に紹介したデューイの古典的名著があるが，も
うひとり，コルブ（Kolb 1984）も経験と学習について明確にまとめている（山
川 2004; 松尾 2006; 田中 2017）。

コルブはまず，経験を支えるレイヤー（層）としてふたつのレベルでとらえ，
それぞれにふたつの二項対立的な軸を想定している。本章1-3のさまざまな経験
のモードと重なるものである。

まずひとつ目は経験を「活動」レベルでとらえる。そこには具体的な活動と
抽象的な活動，および，見るだけの観察的な活動と，触って実際にやってみる
という実験的な活動がある（図2-1）。次に経験を「思考」という内面的なレベル
でみると，実際に経験しているときの思考とそれを概念化する思考の軸と，実
際の活動に対してそれを内面化する振り返り（反省）するという軸がみえてく
る（図2-2）。このふたつのレイヤーを重ね合わせたものがコルブの経験学習論
の基本的なモデルである（図2-3）。

これは，教育活動において日常的に感じている子どもたちの「わかる−でき
る」の往還を見事に説明できるモデルでもある。すなわち，はじめに教育内容
に関連した具体的な経験をさせる（具体的経験1：「する・やる」のレベル）。そ
れをもっと深いレベルで反省的に観察しつづける（反省的観察1：「もっとす
る・やる」）。そこから，具体的な経験を抜け出したある種抽象的な概念化がお

図2-1 活動レベルの経験

図2-2 思考レベルの経験
(Kolb（1984: Figure3.1）をもとに作成)

図2-3 統合された経験 (Kolb（1984: Figure3.1）をもとに作成)

こなわれ，「なるほど！」と，そのことがわかった気になる（抽象的概念化1：「なんとなくわかった！」。ただ，これはまだ「仮の知識」であり，それをさらに広げて拡張的にいろいろ試してみる（活動的実験1：「ためしてみる」）。それを経て最初におこなった具体的な経験が，「知識」をともなった経験へと変化していく（具体的経験2：「できる」のレベル）。経験はこうして，再び反省的観察2→抽象的概念化2（今度は「なるほど，わかった！」のレベル），活動的実験2→具体的経験3……と広がっていき，知識も深化していく。いわゆる「深い学び」ができるようになっていく。

　第4章や第9章でみるように，実際の学習活動では，こうした個人的な経験のくり返しで自己調整的に学習が進むだけではなく，他者との相互交渉を前提とした共調整（co-regulation: CoRL），社会的に共有された調整（socially shared regulation: SSRL）がおこなわれている。このように，学習共同体としての「教室」のもつ力には多大なものがある。

教室でおこなわれている生徒・教師のそれぞれの社会的相互作用（特に建設的相互作用；第3章参照），社会・情動的側面（SEAL），協調・協同・協働学習（第9・11・13章参照），コンピュータ支援の学習（CSCL）などは以下の各章でも取り上げる教室の重要な側面である（Prichard & Woollard 2010）。

2　経験の内的な変化：知の構成過程 ————————————

　経験は，人間が外部世界（モノ・コト）や内的世界（記憶や言語）との表面的なかかわりすべてを表す「体験」をしたとき，そのかかわりが内的に変化し外部世界や内的世界をも変容・変革させるものであることを先に定義した。ここでいう「内的な変化」とはいったい何であろうか。

　人間のそうした世界とのかかわりを「知」の構成過程とみなし，まずは感覚，知覚，認知のレベルでみていこう。

2-1　感　覚
　よく知られているように，人間には5種類の感覚器官（視覚，聴覚，味覚，嗅覚，触覚を含む体性感覚）があり，外部の現象世界の事象を人間の内部に取り込む仕組み（受容器：レセプター）がある。現象世界はこうした各感覚独自あるいはその複合感覚で外部の刺激が取り込まれる。

2-2　知　覚
　取り込まれる感覚刺激はまったくのバラバラなかたちで，まるでバケツに水が溜まるように取り込まれるわけではない。それでは感覚刺激の渦に巻き込まれてしまって，何もできないことになる。そこで，そうした感覚刺激を一定の束にまとめる作用がはたらく。これが知覚の作用である。最もわかりやすい視覚の例でみていこう。

　まずは，外部の刺激があるかないかを見極める弁別の機能がはたらく。白紙に黒い丸が描かれればそれを弁別できるが，同じ白紙にそれと同じ白の丸を書いても弁別できない。弁別は最もはじめの内的な変化である。

弁別ができると次には，それら弁別できたもののどれに注意を当てるのか，という図と地の区別が必要になる。板書する際，黒板（あるいはホワイトボード）は地であり，その上に書かれた白や黒のシミが図であり，通常はそうした図に注目して次に進む。

　図と地の区別ができて図に注目するようになると，次にはそうした複数の図は，ある一定の法則でまとまって知覚される。隣り合ったものは離れたものとは別に知覚されるという近接の要因や，似たものはまとまって知覚されるという類同の要因などがはたらいて，外部の現象はしだいに人の心に「なにものか」になって取り込まれていく。

2-3　認　知

　知覚のメカニズムがはたらいて外部環境の諸刺激がまとまって知覚された状態はパターンが形成された状態だといえる。黒板やホワイトボードの例ではわかりにくいが，パソコンやスマートフォンのモニター上の文字は小さな点（ドット）の集まりである。ここではたんにドットが近接の要因でまとまって知覚されたパターンにすぎない。数字の「1」を例にとってみると，小さなドットが次々と集まり，「なにものか」が見えてくる。

　これが，数字の「イチ」とされた場合には，もはやこれはパターンの域を超え，「イチ，と認知された」と考えられる。その際，個人で「ルハ」とか勝手

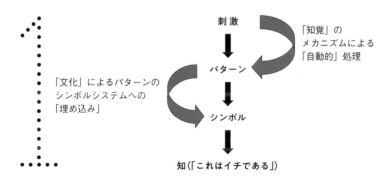

図2-4　個人内での知の構成過程（筆者作成）

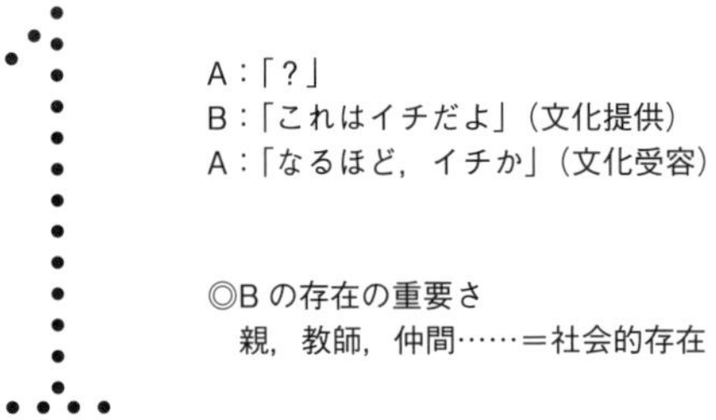

A：「？」
B：「これはイチだよ」（文化提供）
A：「なるほど，イチか」（文化受容）

◎Bの存在の重要さ
　親，教師，仲間……＝社会的存在

図2-5　社会的な知の構成過程（筆者作成）

な名前をつけてやがてそれを母親に「イチ，だよ」と直された場合（個人的な認知）（図2-4）でも，はじめから「イチ，だよ」と名づけられた場合（社会的な認知）（図2-5）でもいずれの場合でも，パターンはその人のいる文化のなかでは「イチ」という「なにものか」を代表したシンボル（象徴）になっている。パターンのシンボル化，これが認知の本質である。

3　知識の形成と学び

　次にそうした内的な変化過程を，目の前の現象（経験）からの抽象化過程として知識の構成・形成過程をみていこう。

3-1　現　象
　今，ここで経験している客観的な事象が現象である。多くは客観的物理的特性を備えていて，われわれの受容器に刺激として取り込まれ（感覚），刺激は特定なかたちにまとめられ（知覚），刺激パターンとして知覚される。

3-2　表　象
　知覚された特定のパターンは内的に取り込まれ，一定の感情や記憶と結びついて人の心のなかに「なにものか」が形成される。こうした，現象が変換されて内的にとらえられたあいまいなイメージを表象（representation）とよぶ。イ

メージと表現すると絵画的なものが連想されるが，ここでいうイメージには言葉にはなってないがそうした言語的なものも含まれる。それらをあわせて表象とする。現象に直面したときに頭のなか・胸の奥に生じる，何かもやもやしたもの，である。その多くは，その人の生活している文化圏・言語圏のなかで特定の適切なラベルがつけられる。

　以下，知識獲得や知識操作の際に利用されるこうした表象を知識表象とよぶ。

3-3　概　念

　そうしたラベルが「概念」である。先の図2-4の表現を使えば，パターンにつけられたラベルとしてのシンボルである。概念はconceptと表現されるとおり，一定の文化圏のなかで共通に（con-）とらえられた（cept; ceiveの過去分詞）「なにものか」を指示したラベルである。

　したがって概念には「孕み」があり，同じ文化圏のなかで同じ概念を用いても必ずしも一義的にその内容（何かもやもやしたもの）が定義されるわけではない。しかしながら，学校教育ではそうした孕みを極力そぎ落として一律に定義された概念を使うべく，概念についての正解・不正解を設けて，正解の概念のみを用いるよう指導される。

3-4　知　識

　さまざまな概念間の関係を表現したものが知識である。たとえば「三角形の内角の和は180度である」は，「三角形」「内角」「和」「180度」というそれぞれの概念を「の」「は」「である」で横並びにその関係性を示したものである。さらに階層的にとらえれば，「三角形の内角の和」と「180度」が同質・等価であることを示している。知識はこのように，さまざまな概念間の関係性を表現したものである。その表現には大きく分けて2種類のものがある。

〈1〉宣言的知識

　上の三角形についての知識は，「三角形の内角の和」と「180度」という角度が同質・等価であることを示し，抽象的な表現をすれば「AはBである」というかたちになる。AがBであることを宣言しており，こうした知識のかたちを

宣言的知識とよぶ。どの教科にかかわらず，教科書に記載された大部分の知識はこうした宣言的知識である。教師の側はこうした宣言的知識をいかに多く正確にもっているかを「テスト」というかたちで確かめる。多くの場合，Aの部分を提示してBの部分を（　　）のなかに記入させたりいくつかの選択肢から選ばせたりする。

　これは表象につけられたラベル（概念）間の関係性の記憶によって獲得される。その分記憶の負荷が大きく，できるだけ多く記憶しすばやく正確に取り出すことのできる者が知識をたくさんもった，賢い者ということになる。

〈2〉手続き的知識

　知識は上記のような概念間の関係を静的に結びつけたものだけではない。もうひとつ，〇〇の仕方，といった，概念間のダイナミックな関係を示した知識もある。たとえばパソコンがフリーズして動かなくなったとき，CTRLキーとALTキーとDELETEキーを同時に押せば回復する，といった非常に複雑な知識もわれわれはもっている。こうすればこうなる，こういう現象を起こすにはこういう操作をすればいい，といった手続きを表現した知識である。これを手続き的知識という。

　手続き的知識は，行為とその行為をとった結果生じる現象との関係を示している。抽象的な表現をすれば，「もしPをすればQになる」あるいは，「Qという現象を得たければPすればいい」という，If P, then Q. という条件文のかたちで示すことができる。この知識には，ある現象に対する行為（P）とその結果観察される結果としての現象（Q）という，異なった種類の表象が含まれており，宣言的知識ほどの記憶の負荷はない。

　一方でこの知識は，Qを起こすためにPという行為をしたい，という動機づけがその知識獲得と深くかかわっており，知識獲得の主体性や獲得された知識のほんもの性（真正性：第3章2-5参照）が重要となってくる。パソコンを使わない人にとって上記のフリーズ解除の知識はまったく必要がなく，学ぶ意欲も生じない。

　学びの本質は実はここにある。獲得された概念間の等価性を記憶する宣言的知識をもつだけではなく，現象に関する概念とそれを創造する行為（その行為

についても概念化されていることもあれば，実はそうでない場合もある。特に意図なくおこなう，という操作レベルでの行為もある）との関係に関する手続き的知識の獲得である。

　当初は，たまたまおこなった行為が現象の変化を起こしたことを観察しただけであったが，くり返しおこなっているうちに「こうすればこうなる」という行為と現象の関係性を「知る」ことがある。それは「こういう現象」を起こすためには「こういう行為」をすればいい，というかたちの手続き的知識になっている。前述のとおりここには，行為を起こすための動機づけや変化した現象の精密なチェック，それによる行為の修正など，学びに必要な本質的な事柄が含まれている（詳細は第4章参照）。たんなる静的な知識が，自己やまわりの変化・変容を誘い出す動的な学びへと転換される瞬間である。

3-5　知識の翻訳：知識の手続き化

　あらためて確認すると，宣言的知識は，現象間の関係性（同質・同格性）についての知識であり，手続き的知識は，現象と行為の関係についての知識である。

　宣言的知識は，AがBであることを再生できればその知識をもっていることになるので，AやBについての豊かな孕みをもった概念ではなく記号的な概念としての記憶からだけでも再生できる。極端な場合，「みずはさんそとすいそでできている」という知識は，ことばを話しはじめたばかりの幼児でももつことができる。それを復唱できればいいだけであるからだ。こうした概念間の関係についての知識は，下手をすればクイズ王的な「天才」を生み出すにとどまってしまう可能性がある。

　教育はけっしてそういうクイズ王を多く輩出することが目的ではない。めざす現象を生み出すためにどうすればいいのか，どうすれば望まれる現象を生み出すことができるように子どもたちを育てていけるのか，そこに重きが置かれるべきものである。それは換言すれば，確かな手続き的知識をしっかり獲得することであり，行為と現象の関係についての知識を力強くもつことである。

　そのためには，宣言的知識を頭ごなしに「覚えなさい」と指導するのではなく，それを手続き的知識に翻訳し直して行為と現象の関係についての確かな知

識にしていくことが重要である。

　前述の三角形の内角の和の宣言的知識での定義は，次のような，行為とその結果を表す手続き的な知識に翻訳することができる。

　「三角形の各頂点部分を切り取って頂点を1か所に合わせて並べれば，
　（もしPという行為をすれば）

　　　　　　　　　　　　　　　　　　　　　　　　　　　　直線ができる」
　　　　　　　　　　　　　　　　　　　　（Qという現象が観察される）

　このように，宣言的知識を手続き化して手続き的知識として学ぶことによって，たんなる概念間の関係の記憶の知識ではない，より確かな学びが期待される。

4 ICT活用と深い知識の獲得

4-1 知識のレベル：知識表象の観点から

　こうして形成・獲得された知識は，知識表象がどう扱われるかによって4つのレベルに分けることができる（田中 2004; 森田 2017）。知識表象が介在するか否か，介在する場合はそれがどのようなかたちであるか，どのような経験からの知識かによってレベル分けすることができる。

〈1〉レベル0

　知識を獲得したい対象と直接対面し，五感で得られた情報を主として獲得される知識である。ここでの，対象との直接対面は，表象を生じさせることを要求しない，一種の体験である。五感の感覚情報によって発動される感情が主に優勢となる。「すごい！」「大きい！」「きれい！」などの感情の記憶でそれを「知った」こととする。修学旅行は，基本的には「学習活動の一環」とされるが，事前の下調べなどをまったくせずに出かけた場合は，こうしたレベル0の知識にとどまってしまう。しかしながら，五感から得られた情報の生々しさは最も高いものとなる。

〈2〉レベル1

　対象とまるごと対面するわけではなく，その一部と対面し，その一部分から背後の全体のサイン（現物そのものの特徴をさし示すもの）を推し量って知識とするものである。ここでもまだ知識表象が生じる必要性はない。現物の一部あるいは変形された全体（模型など）から得る知識である。五感から発動される感情はレベル0ほどではないが，五感で得られる情報の背後のものを推測するという意味で，知識表象の芽生え，とみることができる。旅行予定先の写真を見てそこについての知識を得る，などがこれに当たる。

〈3〉レベル2

　対象とまるごと，あるいは一部と対面し，そこに，五感を超えた表象が生じ，それに対して自分なりのラベルをつけてその対象をさし示す場合，レベル2の知識が得られたと考える。レベル0，1との決定的な違いは，以後知識に変わっていく知識表象が生じている点である。乳児が目の前を通る車に「ブーブー」と名づけた場合などがこれにあたる。母子という関係のなかでは「ブーブー」というラベルは背景の車を共通に象徴しているが，ブーブーだけでほかのすべての人に通じるわけではない。表象されたものに対しての私的なラベルづけをしてそれが知識になったものをレベル2の知識という。言語化された知識のはじまりといえるが，個人的あるいはごく内輪の人との間でのみ共有される知識である。他方，このレベル2の知識は，「わたし」あるいは「わたしたち」の個人的な感情や感動をともなった知識であるという点で頑健な知識でもある。

〈4〉レベル3

　レベル2の知識が，知識表象に対して個人的に通用するラベルをつけて運用されたのに対して，表象されたものに対する，その文化圏で共通のラベルがつけられ運用される場合，レベル3の知識という。こうした，一定の文化圏で共通につけられたラベルをシンボルとよぶ。レベル3では，シンボルとしての言語が運用され，コミュニケーションがきわめて容易になり，思考の経済性が飛躍的に高くなる。

　レベル3の知識の典型が教科書に「書かれた」知識である。そこに書かれた一

つひとつの概念は，本来，その背景のもの・こと・感情などを代表（represent）しており，こうしたレベル3の知識が，知識操作（工藤ら 2022）を経て新たな知識を生み出すこともある。

　レベル3の知識は，背景の概念が共通であり，各概念はその文化圏の内部で一定の文法（シンタックス）によって運用されるので，背景の，おおもとの「現象」にたどり着かなくても知識として運用することが認められる。その意味で思考の経済性は高くなるが，おおもとの現象の把握を必ずしも要求しないために，生々しい感情や感動とはかけ離れた知識となる可能性が大きい。

　生成型の人工知能（AI）のもとで作動するChatGPT（Chat Generative Pre-trained Transformers）では，膨大な量のこうしたレベル3の知識を変形させて新たなレベル3の知識を生成させることができる。そのことから，宣言的知識・手続き的知識の「断片」を無数にもてばもつだけ正しい知識がもてる，という一方的な知識観が形成される懸念も生じる。知識はこうして，生きられた世界とはまったく独立に概念，論理，シンタックスのみによって机上でいかようにでもつくり出すことができるとみなされる。これを教育の世界に安易に持ち込む際には十分な配慮が必要である。

4-2　知識レベルのパラドックス

　このように，知識レベルは，0, 1, 2, 3と高くなるにつれ，思考の経済性・効率はどんどん高まっていくが，逆に，その知識の背後にある現象についての生々しい実感は減少していく（図2-6）。どこかで大災害が起こった場合など，規模を表す数値（レベル3）は正確な量的被害を知らせることはできるが，生々しい被害状況についての情報はそこから得ることはできない。逆に，災害シーンの動画や被災者へのインタビューなど現場の中継（レベル0, 1）では，災害の生々しさは十分に知識として得ることができるが全容の客観的把握はむずかしい。

　知識レベルにはこうしたパラドックスがあり，現象の十分な理解・深い知識を獲得するためには，ひとつのレベルにとどまらず，レベル0, 1, 2, 3の知識を往還することが重要である。

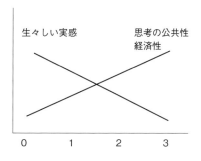

図2-6　知識レベルのパラドックス (筆者作成)

4-3　ICT活用の効果

　本章では，経験と知識の関係について詳細にみてきたが，特に知識レベルのパラドックスの観点からは，教育にICTを活用することのメリット・デメリットが浮かび上がってきたものと考えられる。

　今日学校内で用いられているパソコン，タブレット端末はきわめて高性能なマルチメディア機器であり，テキストはもちろんのこと，静止画像，動画の作成・再生も容易であり，LANやウェブを介したコミュニケーションツールとしても万全なものとなってきている。知識レベルを学び手自身で自由自在に行ったり来たりできるのである。

　以下の各章（特に第Ⅱ部）では，さまざまな活用方法が紹介されている。子どもたちの確かな学びと豊かな知識がこうした機器の自在な活用によって促進されることを期待するものである。

演習1

通常の遠隔授業ではどのようなモードのどの経験をしていると考えられるか，具体例をあげて述べてみよう。

演習 2

ChatGPTをはじめとした生成AIを使って,「経験と知識はどのように違うのでしょうか?」と問い合わせ,その結果をまわりのみんなで議論してみよう。

読書案内

①鈴木宏昭　2022　私たちはどう学んでいるのか：創発から見る認知の変化　筑摩書房

②工藤与志文・進藤聡彦・麻柄啓一　2022　思考力を育む「知識操作」の心理学　新曜社

第3章　学びの諸形態と学びの目標について考える

山田嘉徳

> | 目　標 |
> 学びのさまざまな形態とそれぞれの学びの目標との関係について
> 説明できる。

> | キーワード |
> 学習と学び，学力，問題解決，学びの社会・文化性，参加として
> の学び，協同学習と協調学習，アクティブラーニング

1　学びの基本的構造

　学校教育における「教える」「学ぶ」として展開されるさまざまな活動は，授業者・学習者自身がもつそれらの見方に左右される（田中 2017）。学校教育に限らず，「教え」と「学び」は日常的にみられる人間の営みであるが，教育とのかかわりからそのあり方を考えていくとき，「何のために学ぶのか」といった，学ぼうとする者にとっての「目標」のとらえ方が大きな意味をもつ。本章では，学びのさまざまな形態とそれぞれの学びの目標との関係について理解を深め，その背景にある考え方を中心にみていく。

1-1　学習と学びの構造

　第2章では，学びの成立に至る過程について，さまざまな経験とそこから得られる知識の特徴との関係から，その原理的な側面も含めて説明がなされた。学

びを広く取り扱う本章においても，学習と学びのもつ意味合いの違いを確認しておくことは，学びの広がりへの理解を深めるにあたり大切な前提となる。そのため，あらためて，心理学の行動主義（behaviorism）とよばれる立場から，学習の見方の基礎となる仕組み（構造）について確認しておく。

　行動主義に基づけば，学習とは現象・環境に対する行動の仕方にともなう，環境（刺激）と行動（反応）の組み合わせの変化とみなされる。学習できたかどうかというのは，行動が変容したかどうかで判断でき，そのため行動する主体の，価値や動機，有効性はそこでは問われることはない，と考える。行動主義では，そもそも科学が扱うべき対象は，客観的に観察可能な行動に限るべきとするためである。たとえば，「もしXというはたらきかけをすると，対象OはYという結果を示す」ということが明らかになりさえすれば，どのような状況においても常に，「わたしたちは対象OにYという結果をもたらすために，対象OにXというはたらきかけをすればよい」ことになる。

　たとえば学校教育の場面において，「試験のために生徒に学習させる」という指導を考える場合，そこでの学習は，「どのような経験を」「どのような方法で」「どのくらいの量を」与えれば，「持続可能な」「行動変容」につながるかが最も重要な関心事となるといえよう。あらかじめ定められた，所与の「目標」に向けたはたらきかけのひとつであるという意味で，たしかに指導場面のひとつの側面であるには違いない。

　ただしここで留意したいのは，「試験のための学習」という様相は，本来のlearningの意味合いがもつ，あくまで限られたひとつの側面にすぎない，ということである。たとえば，この考えのもとでは，そもそも「Xというはたらきかけは，日常的に学ぶOにとって，どのような意味があるのか」，あるいは「そもそも，Oは日常生活でどんなことを大切にし，どういうことを実践しているのか，そのなかでXのようなはたらきかけがどんなふうに含まれているのか」など，「教える」「学ぶ」にみられるこれらの問いにこたえられないからである。

　一方，学ぶ者の，「なぜ」「何をめざして」「どこに向かおうとするのか」といったアイデンティティ形成や学ぶ態度，意欲や好奇心，興味や関心の志向といった，行動主義的学習観では十分に説明し得ない側面を探るには，また別の視点が用意される必要がある。それが，「学び」の考え方である。「試験のための

学習」の意味も，どのような学びの構造として把握できるのかをおさえておくことが重要となる。

1-2　学ぶ力

　以下では，「学ぶ力」に注目して，学びの構造の一定の整理をおこなう。そもそも一般的に用いられる学ぶ力とは，何をさしているのだろうか。市川（2002）は，端的に，旧来の学んだ結果としての「学んだ力」に加え，「学ぼうとする力」「学んでいく過程としての力」といった「学ぶ力」のふたつに大別して示している（表3-1）。また「学んだ力」のうち，知識や一部の狭義の技能は，客観的に測りやすい部類に入り，読解力や批判的思考力（第5章参照）など「見えにくい力」は測りにくい部類に入る。このようにとらえてみると，測りやすさの程度においても，「学ぶ力」としての，意欲や集中力，学び合うためのコミュニケーションといった諸々の「見えにくい力」も，学びそれ自体をいかに見えるように工夫していくのかという教育的な理解へとつながっていくようになる。

表3-1　学力の二元的分類追究（市川（2002）をもとに作成）

	測りやすい力	測りにくい力
学んだ力	知識，（狭義の）技能	読解力，論述力，討論力，批判的思考力，問題解決力，追究力
学ぶ力		学習意欲，知的好奇心，学習計画力，学習方法，集中力，持続力，（教わる，教え合う，学び合うときの）コミュニケーション力

1-3　学力の3要素

　さらに上記の見方は，今日いわれる「学力の3要素」という考え方に密接につながっている。

　学力の3要素は，学ぶ力は3層に構造化できるとして表現されているわけだが，その内容は，旧来の狭義の学力に対し，「学び」の多様な側面をも視野に入れて学力を位置づけようとする発想に根ざしているものと理解できる。具体的

には前述の，学ぼうとする力を「主体的に学習に取り組む態度」とし，学んでいく過程としての力を「思考力・判断力・表現力その他の能力」とし，これに旧来の学んだ結果としての「知識及び技能（スキル）」が含まれることになる。このように整理してみると，基礎的な知識・技能の習得としてめざされたのが，従来の「見える」学力といえ，それはあくまで狭義の意味合いにおいてであり，本来学びには幅広い側面があるという理解の仕方，つまり，新しい学力観を想定することが可能になるわけである。

1-4　問題解決過程としての学び

　教育は明らかに意図的な営為であるということを前提に，学びと教育目標との関係を確認しておくことが重要となる。学びと教育目標との関係を整理するのに有効な視点をおさえていく。こうした構造を端的に明らかにするのに役立つのが，学びは問題解決（problem solving）の過程そのものだ，とする見方である（田中 2020）。問題解決とは，以下の「初期状態」「目標状態」「オペレーター」「オペレーターの制約条件」という，4つの構成要素に分けて説明することができる。

　まず，「なんとかしたい」「何かをしなければならない」と認識があれば，それは，今現在の自分の置かれた状況をなんらかのかたちで認識していることになる。この状態を，初期状態（initial state: I）とよぶ。次いで，問題が解決された状態のことを目標状態とよぶ（goal state; G）。本人がどのように問題状況をとらえているのかによって目標状態の説明の仕方は変わってくる。言葉や数値などで明確に定義できる問題（良定義（well defined）問題）の場合と，定義のはっきりとしない問題（不十分定義（ill defined）問題）の場合とでは，目標状態それ自体の定義も変わってくる。さらに，初期状態を，なんらかの手段を用いて目標状態に変化させると「解決」がなされる。つまり問題解決とは，初期状態を目標状態に変換することだともいえる。この「状態を変換させる手段」のことをオペレーター（Operator: O）とよぶ。問題解決では，以上の初期状態を適切なオペレーターを用いて目標状態に変えていくことがその主要なプロセスとなる。当然現実的には，特定のオペレーターが選択できたり，選択できなかったりすることがある。こうしたオペレーターの制約条件（Restriction: R）

が考慮されるかたちで，問題解決がなされていく。

　以上のプロセスについて，ロバートソン（Robertson 2001）は，前述した4つの構成要素のそれぞれ頭文字，「I」「G」「O」「R」を並べ記すことによって，わたしがゴールに至る，つまり，問題を解決する，という意味合いもつものとして，「アイ・ゴール（I Goal）」という呼称を提案している。学びの本質的な構造を端的に表現しているものといえよう。

1-5　問題解決に向かう学びと目標との関係

　以上の4要素が明確なかたちで定義できると，問いに対応する解法や答えが一意に決まることになるため，問題解決に向けて目標を掲げて学ぶ者にとって，有効な枠組みが得られるだろう。たとえば，初期状態と目標状態の差異を小さくすることをめざし，目標状態に到達できるように複数の下位目標を設定する方略は，しばしば日常的に用いられるやり方であるだろう。登山を例にとろう。登頂することを目標に定めて実行に移す前には，まず，登頂までのルートの調査，地形の情報収集，天候や雪崩の危険性などの状況判断，つまり，初期状態を確認することが必要となる。また登山に必要な道具として，バックパック，衣類，食料，水，登山用の特殊な道具の必要性などを検討するだろう（オペレーター）。そして，実際に計画されたルートに沿って，場合によってはどこで適度に休むかを検討して山頂をめざしていく。1時間ほどの休憩を4合目で入れて，さらに傾斜が急になるポイントの6何合目でもう一度休憩をとって山頂をめざす，といったように，諸々の制約条件も加味し，確実に目的に向かえるように，実現可能な目標を細かく定めて計画し，実行する。このように，問題解決過程としての学びは，人間が目標に向かう過程の基本構造として表現することが可能になるといえる。

2　学びをとらえる社会・文化的視点

　学びの基本的な構造について，問題解決の考え方を中心にみてきた。さらに，学びの広がりについても，学習との違いや学力との関係から確認した。特に学

びというのは，広く社会・文化とのかかわりのなかでとらえることが必然だとする見方が，学校教育においても広く認められてきている。ここでは，狭義の学力や目標とのかかわりを超えて，一定の環境のなかで更新されていくような学びの広がりについて触れ，そこでの学びはどのように把握されるのかを確認する。

　学びは，社会的関係として展開するプロセスにフォーカスされることでその実質を見いだせる。このアイデアは，学びの社会・文化的視点ともよばれ，その主張を下支えする見方は，社会文化的理論といわれる。この考え方の中心となるアイデアを説明し，なぜ学びは「社会・文化的」といえるのかを説明していこう。

2-1　記号に媒介された学び

　ヴィゴツキー（Vygotsky 1978）の提唱した社会文化的理論においては，わたしたちは対象と直接的に対峙するのではなく，「心理的道具（記号）」を介して対象と対峙すると考えた。たとえば，物体としての机はどのように認識してもいいはずだが，それを見たときに明らかに机という心理的道具としての記号が立ち現れ，それゆえわたしたちの机に対する接し方はこの記号によって決まってくると考えるわけである。図にある三角形は，このような考えを端的に表現している（図3-1）。

　つまり，図にあるように，主体のかかわる学びの環境は，主体―記号―対象が相互にかかわり合うことで構成されることになり，記号の媒介をとおした使用過程として表現される。これは，記号に媒介された学び，ともよべる。たとえば，就学前の子どもにとって机という概念は，親やまわりの大人あるいは同年齢の子どもたちと一緒に「ご飯を食べる」行為をとおして調整されてゆき，机への向かい方がそのつど適切に方向づけられていく。ここでのつながりは，すでに「社会的」な相互作用として現れており，記号（たとえば，ご飯を食べる場所としての机）の生じ方というのはその過程自体が「文化的」であるから（この場合，まわりの大人との「机に向かって食べる」行為をいう），それゆえ学びは社会文化的なのだと理解されるわけである。

　たとえば，ひとりではうまく学べないのに，他者や仲間とならば，うまく学

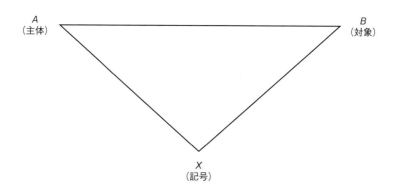

図3-1　ヴィゴツキーの三角形（Vygotsky（1978）をもとに作成）

べたという経験はないだろうか。社会・文化的な視点からは，この学びの様相
は，人はすでに他者の関係とともにあり，それに支えられているからだとみな
す。これを端的に示す概念が，最近接発達領域である。問題解決過程において，
他者の援助がなくても問題解決ができる水準と，他者の援助によって問題解決
ができる水準とがある。この間の領域が，最近接発達領域である。ここでの他
者の援助はちょうど，当人にとっての，次なる問題解決に至るための「足場」
とみなせる。このように，教育的はたらきかけのなかで，他者とともに学べる
環境がどのように設えられているか確認する視点として重要な見方をもたらす。
逆に，その意味では，学びがみられにくい環境というのは，社会的つながりが
絶たれることで，この領域が生まれにくい状況だということもできる。

　このヴィゴツキーの考えは，さまざまな呼称で，今日，多様なヴァージョン
に拡張されてきた（Cole 1996/2002）。少なくとも現在では，「記号的志向」と
「活動・状況的志向」というふたつの大きな流れが認められる。この流れをおさ
えることで，学びをとらえる視点の広がりを確認する。

2-2　記号的志向

　心理的プロセスとしての記号過程を重視する「記号的志向」の立場では，図
3-2のように，過去と未来を橋渡しする「今ここ」，つまり，現在においてほか

ならず，人が記号に向き合う学びの発生地点として同定できる（サトウ 2019）。ある人が，ある記号に出会い，その記号が意味することを理解できるのは，かつて誰かがつくったり使ったりしてできた何かといえるから，その意味で，記号とは過去と現在を接続している。また，記号の意味がわかり，その影響でなんらかの行為をなすなら，それは過去でも現在でもなく「未来」に属するのだと考える（Valsiner 2007/2013）。未来に向かっていることを重視するこの視点からは，所与の目標に向かいながらも，時としてその目標から逸脱したプロセスまでを視野におさめ，まだ見えない未来の時間を「今ここ」で生成する学びの姿が描かれる。それは，学びに立ち会う人間を文化とともにある姿として描く，ひとつの具体的な提案である。学びそれ自体を，目標との関係のみからではなく，不確定の未来に向かって社会や文化とのかかわりのなかで時間とともに変化するプロセスととらえるのである（山田 2019）。

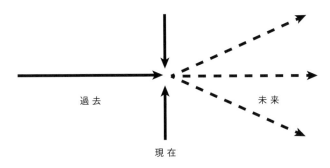

図3-2　過去と未来を橋渡しする現在（サトウ（2019）をもとに作成）

2-3　活動・状況的志向

　ここでいう活動（activity）とは，人間が自然に対してはたらきかけ，その反作用として自然から人間がはたらきかけられるという側面を意味している。先述の行動主義と対極をなし，人間が自然（外界）へはたらきかける際の状況の役割やそれらの関係を重視する志向といえる。

2-4 状況的認知

　この代表的な考えのひとつである状況的認知（situated cognition）の考え方では，認知過程は，場面，状況，環境の要素と切り離してとらえられないとみなす。頭のなかだけで知識が完結しているわけではなく，むしろそれらの絶えざる相互交渉のプロセスとしてダイナミックに組織化されると考えるのである。たとえば，場面によって異なる認知がなされるわけは，その場で利用できる状況のリソースが異なるからだ，ということになる。このとき，目標も，認知的リソースを引き出す「ツール」であり，計画もあくまで変更しつづけるプランとして設定し直される。このとき，学びの生態というのは，これらのリソースのネットワークやその変容として初めて明るみになるのであり，そこでは，関係性の変化のプロセス自体として扱われる。よって，状況を重視する立場なら，認知のみを取り上げて分析することはナンセンスであり，少なくともどのような場面において認知が関係づけられているのか，そこが問われるべきだと主張することになる。

2-5 参加としての学び

　こうした状況に埋め込まれた文脈に配慮したかたちで，学びを育んでいくことを学校教育で重視すべきとの考え方を裏づける学習理論となり得るのが，社会的構成主義とよばれる考え方である（Prichard & Woollard 2010）。社会的構成主義では，知識の構成は，社会的な関係性における相互作用によって起こると考える。この見方から，学びと目標との関係をとらえるのに鍵となる概念を確認する。

〈1〉真正性

　真正性とは，「ほんものであること」を意味する。ここでの「ほんものさ」とは，ある文化の成員が日常的におこなっている実践のことをさし，その活動は「真正の活動」（Brown et al. 1989）とよばれる。真正の活動の視点からすれば，たとえば，子どもが学校で取り組む課題や学習（便宜的に学習活動とよぶ）も，意味ある文脈のなかで準備することが重要となる。子どもの学習活動をおこなう文脈が，そこで得られた知識が実際に使われる文脈と同じであるとき，学び

の「ほんもの性」は確保されていると考えられる。できることならば，授業中の学習活動は，授業外の学習やほかのさまざまな経験と関連していることが望ましい。子どもの学習状況に持ち込まれるあらゆるもの（たとえば，絵や工作品や作文など）も，将来の経験のなかで再利用されたり，そこに統合されていくようなものであることが重要となる。このことによって，学校と実生活との間に時としてみられる隔たりについて，実はそれはつながっているのだという感覚をもたらしてくれる。

〈2〉正統性

もうひとつの鍵となる概念が，正統性（legitimacy）である。本章のはじめに，learningのもつ意味は，「学習」と「学び」に分けて，「学び」をたんなる知識の獲得・運用にとどまらない，自己のアイデンティティ形成とつながった過程であることを述べた。自分自身もやがては「あのようにやりたい」「あんなふうになりたい」といった志向をもっているとき，人はすでに正統性をもって活動に参加しているといえ，参加としての学びとよび得る状態にある（田中ら 2010）。

　一般的には，ほんもの性の認知が高いほど正統性をもった参加としての学びは促進される。逆に，ほんもの性の認知が低いならば，参加としての学びは抑制される。たとえば学習活動が，教師から子どもに対して教授内容を伝達するのみのもので，知識が何に役立ちそうか，なぜそれを学んでいるかといった点が当人にとっても自覚的でないならば，参加としての学びはつづかないであろう。

2-6　正統的周辺参加

　この参加としての学びの様相を，鮮明に描き出す視点が，レイヴとウェンガー（Lave & Wenger 1991）が提唱した「正統的周辺参加（Legitimate Peripheral Participation: LPP）」の考え方である。正統性を認める共同体への参加の形態として学びをとらえる視点である。レイヴらによれば，学びとはすでに正統性をもった参加のひとつの形態なのであり，共同体の中心的な活動の周辺に位置する活動に少しずつ携わる周辺参加のプロセスなのだ，という。人は，ほんもの性の備わった活動をとおして，やがて共同体のなかでの自己の活動を実現し，

一人前の成員となっていく。さらにそうしたほんもの性を認識する成員が多いほど，その文化は世代交代によっても再生産される。このように，正統的周辺参加に基づく参加としての学びにおいては，共同体のなかでの自己の位置を絶えず調整しながら，その位置づけを更新しつづけていく姿として現れるとともに，共同体の多様な関係性のなかで，成員にとっての「目標」が，各自にとってどうリソースとして機能しているのかについても説明可能となるのである。

　以上のように，社会・文化的な視点をおさえておくことで，限定的な個人の学びを超えたダイナミックな様相にまで迫ることができ，そうした変化しつづける文脈のなかで，どう目標を設えていくことが適当なのかについて，有効なヒントが導き出せる。

3　教育目標に向かう学びとその実現

　学びをとらえる視点について，社会・文化的な視座から確認してきたが，最後に，学びを教育目標との関係から具体化し，その実現に向けた手立てとなる考え方を検討する。そのために，重要な概念として用いられる協同学習，協調学習，さらに，学校教育において掲げられている主体的・対話的で深い学び（アクティブラーニング）について，それぞれの考え方を整理する。

3-1　協同学習

　協同学習（cooperative learning）は，共同して学ぶ者たちがともに課題に取り組むことをとおして，自分の学びと仲間の学びを最大限に高めようとする，小グループを基盤とした指導法と説明される（Johnson et al. 1993/1998）。協同学習は，すでに半世紀を超える実践と研究の蓄積を有するが（関田 2017），その要点は，たんなるグループワークの技法として理解されるのではなく，その背景にある，たとえば信頼関係に基づく頼り合いや個人の責任など，社会における学びのスタイルを授業のなかに再現するという理解の仕方にある（Kagen 1994）。共同と協同との意味合いの違いについては，以下のように比喩的にとらえることができる。共同は1本の木材を目的地に運ぶためにみんなで担ぎ，重

さを分担するのに対して，協同はその木材を目的地に効果的に運ぶにはどうや
って分担したらよいか，どんな最適解があり得るかをそれぞれが自分事として
とらえ，一緒に考えてグループとして一定の合意をもって実行に移すイメージ
でとらえられる。

　もともと日本の学校教育においては，学校行事や生活指導などがあるように，
学校を生活の場としてとらえ，集団指導が重視され，それは担任教師を中心に
なされてきた経緯がある。指導は学級づくり（クラスという手段をとおした授
業方法）を前提におこなわれ，学級王国とよばれるほど強い凝集性を示してき
た。協同学習は，こうした学校文化のもとで発展してきた経緯をもち，そこで
の学びと目標との関係も，「学習目標（認知領域）と態度目標（非認知的・社
会的領域）とを同時に学ぶための学習指導法」として位置づけられ，「見える
学力」と「見えない学力」の双方に目配せするかたちで実践が重ねられてきた
（杉江 2004）。

　このように協同学習の考え方は，学び合う仲間と一定の目標に向かう「協同」
という理念に沿って，教育目標との関係を具体化する重要な考え方だととらえ
ることができる。

3-2　協調学習

　もうひとつ，上述の協同学習の類義語でもある協調（協働）学習の考え方を
確認する。協調学習ないし協働学習はいずれもcollaborative learningの訳語だ
が，協働のほうは発音上，同音でもあることからまぎらわしく，教育現場でも
混乱がある（関田 2017）。協調に統一をとの提案もあり，その意味合いにおい
て本質的な違いがあるわけでもないことから，本章では，これにならって以下，
協調学習とする。

　なお，第9章ではこれを「協働学習」とし，その位置づけ，技法，授業方略
などが詳細に述べられている。

　協調学習については，すでに論じた社会的構成主義の考え方に親和性があり，
多くは学習科学（learning science）の知見に支えられている。学習科学は，「人
はいかに学ぶか」についての仕組みやそこでのプロセスを明らかにし，実践的
な検討をくり返すことで，質の高い学びに益する知見の提起をめざす研究領域

である（三宅 2010）。

　具体例から考えてみよう。たとえば，ある事柄について，他者との何気ない会話をめぐって，現状の理解がよりいっそう深まったという経験はないだろうか。あるとすれば，それはどのように説明が可能となるのだろうか。

　学習科学に基づく協調学習の視点から述べると，以下のようになるだろう。まず，人がひとりで考えているときには，みずからの知識を総動員して自分なりの問いを設定し，答えを探る。そのため，その考えの妥当さを確認するためのリソースは残されていないということになる。それに対し，みずからの考えを聞いてくれる他者がいると，再検討のチャンスが生まれ，会話している相手は，話し手の思考のプロセスを原理的には共有することができない。共有がはかられないからこそ，疑問をもったり，あるいは批判が生じたりする契機が生まれるのである。共有を試みたい話し手，つまり，当人としては，再考が促され，結果，理解を更新することへとつながっていく。

　このように，相互作用をとおして，新しい考えが生まれるメカニズムは，建設的相互作用とよばれる。この視点に立つと，たとえば，人がなぜ他者との会話をとおして理解が深まることがあるのか，その条件について一定の説明が可能となり，ひいてはそこから協調的に学ぶことをどう支援するのかについて，実践的な示唆を得ることにもつながっていく。

　さらに，学習科学の考え方からすると，質の高い学びを促すための目標は，どのようにとらえていけるのだろうか。三宅（2010）は，具体的には以下の3つの内容から，説明可能だとしている。すなわち，まず，学習成果が，将来必要になる場所と時間まで「持って行ける」ことを示す可搬性（portability），次いで学習成果が，必要になったときにきちんと「使える」ことを示す信頼性（dependability），最後に学習成果が，修正可能であることを含めて「長持ちする」ことを示す持続可能性（sustainability）である。

　これらの条件を満足させる学びの環境づくりについて，上述した学びの視点を活かした工夫が求められる。たとえば，生徒が学校の教室で「学んだこと」は，その後の日常生活で問題に直面したときや仕事で新しいアイデアを生み出すときなどに役立ててもらいたいと願って，教師はそのつどの適切な目標を考えていく。このように中長期の文脈も視野に入れた適切な目標の立て方や，そ

の目標との関係から，学びの相互作用の内実を詳らかにするのに，協調学習の
考え方は有効な手立てをもたらしてくれるのである。

3-3　主体的・対話的で深い学び（アクティブラーニング）

　現在，学校教育において広義の学力の向上をねらう学びの方法として，主体
的・対話的で深い学びが掲げられている。最後に，この考え方をおさえよう。こ
れまでみてきたように，学びの社会・文化的視点を中心にみていくと，必然的
にそのあり方は「主体的」で「対話的」であるし，学ぶ知識を日常的場面との
つながりとしてとらえていくという意味での「深さ」を求めていくのは，ある
意味で当然の帰結といえる。学校教育において勉強や学習を中心概念に据えて
きたのに対し，主体的・対話的で深い学び（以下，アクティブラーニングと便
宜的に同義とする）は，そこからの脱却を図る考え方とも読み取ることができ
る。つまり，このアクティブラーニングの考え方は，受け身の学習を乗り越え
るという意味での，多様な方法を含み込んだ傘概念として理解することが重要
ということになる（溝上 2014）。学習科学の見地や社会・文化的な視点からす
れば，アクティブラーニングは，たんなる教授学習のための手法に還元される
ものであるというよりはむしろ，学びそれ自体をどう構成するのかの工夫を求
めるものだといえる。他者の視点を経由し，環境との相互作用そのものを学び
のプロセスの成立ととらえるアクティブラーニングは，相互作用のダイナミク
スを活用した学びの環境づくりのスローガンであると理解される。

演習
1

部活動・サークル活動・ボランティア活動・アルバイトなど，あなたが
没頭した共同活動に参加した経験を振り返り，そこでどのような学びが
あったかについて，社会文化的な視点に基づく概念を使って具体的に述
べてみよう。

 **読書案内**

①プリチャード，A.・ウーラード，J.（著）田中俊也（訳）2017　アクティブラーニングのための心理学：教室実践を支える構成主義と社会的学習理論　北大路書房
②佐伯胖（監修）渡部信一（編）2017　「学び」の認知科学事典　大修館書店

第4章 動機づけと自己調整学習について考える

中谷素之

> **目標**
>
> 学びにおける動機づけの重要性を理解し，主体的な学びができる
> 自己調整学習のメカニズムを考慮して主体的・協働的な学びにつ
> なげることができる。

> **キーワード**
>
> 動機づけ，主体性（agency），やる気，内発的動機づけ，自己決定
> 理論，メタ認知的知識，メタ認知的活動，予見，遂行，内省，価値，
> 自己調整（SRL），共調整（CoRL），社会共有的調整（SSRL），自
> 己効力感

1 学びと動機づけ

　学校での学びといえば，教室で机に向かって学んでいる子どもの姿が思い浮かぶ。1クラス30〜40人の子どもたちは，前の板書や，子どもたちの回答例がプロジェクタに映された画面を見ており，一見まじめに授業を受けている様子である。しかしよく見ると，「なんで朝からおもしろくない授業受けなきゃいけないんだ」，あるいは「早く終わらないかな」と思っている子どももいる。一方で，ほかの人の回答例を見て「なるほど，みんなはそう考えているんだ」とほかの考えに興味をもったり，「わからないのはいやだな」と理解をめざす子どもの姿もある。

　一斉授業では同じように見える教室の様子でも，一人ひとりの子どもはその

内面に，さまざまな考えや感情をもって学んでいる。本節では，なかでも特に重要な学びに向かう意欲，すなわち学習への動機づけについて学んでいく。

1-1　動機づけとは：好きだから学ぶ／いやいや学ぶ

　〇〇したい，という意欲は，心理学では「動機づけ（motivation）」とよばれる。人が行動するとき，そこにはなんらかのかたちで動機づけがはたらいている。すなわち動機づけとは，「人の行動の背後にある要因」あるいは「人間の行動を一定の方向に生起させ，維持，調整する過程のこと」と定義される，いわば行動のエネルギーのことである。

　人が行動する際の動機づけを大別すると，「やりたい」「楽しい」とすすんでおこなう場合と，「やむを得ず」「やらされるから」おこなう場合とがある。前者は興味・関心による意欲である「内発的動機づけ（intrinsic motivation）」，後者は外からの強制や義務感による意欲である「外発的動機づけ（extrinsic motivation）」に当たる。たとえば，英語が好きな生徒は，「英会話っておもしろい」と感じ，外国人講師とのコミュニケーションをおこなう，つまり内発的動機づけで学ぶのに対し，「先生からあてられたから」「英語は必ずやるようにまわりから言われるから」といった外発的動機づけで学ぶ生徒もいる。

1-2　自己決定理論とは：外から内への動機づけ

　内発と外発というふたつの動機づけは対立構造してとらえられることも多く，そのような考え方は比較的理解しやすい。しかし実際の人の動機づけを考えてみると，その2種類におさまらない場合も多い。たとえば「目標の大学をめざして努力する」という動機づけの場合，勉強そのものは手段であるため内発的ではないが，一方で強制されてはおらず外発的とも言いきれない。

　近年の動機づけ研究の代表的な理論である自己決定理論（self-determination theory）（Deci & Ryan 2020）では，自律性の程度によって，個人のもつ動機づけの調整段階を複数の側面からとらえ，より現実的な動機づけ像を描いている（図4-1）。最も自律性の低い（他律的な）外的調整では，「やらされるから」など外からの強制によって行動が生じる。次の取り入れ的調整では，「やらないと不安だから」という義務感など，内的な統制力によって行動する。さらに，同

一化的調整では,「将来のため必要だから」といった,活動への価値づけが行動につながる。そして統合的調整では,「価値観に合っているから」など価値と自己の統合が行動の理由となる。これらの外発的動機づけの複数の調整段階を経て,内的調整,すなわち「楽しいから」「おもしろいから」行動するという内発的動機づけという最も自律的な動機づけの調整段階に至る。このような外から内への動機づけの変容は「内在化」とよばれる。

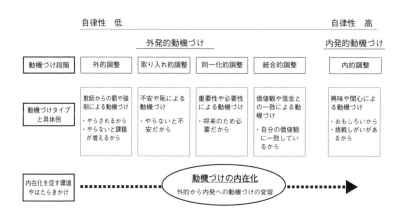

図4-1　自律的動機づけの諸段階（Deci & Ryan（2002）をもとに作成）

1-3　自律的動機づけを促す指導：自律的なやる気を支える

　それでは,どうすれば動機づけを内在化させることができるだろうか。自己決定理論では,これまでさまざまな研究がおこなわれてきた。

　自律的動機づけを支え,促す学習指導や環境のあり方について,自己決定理論に基づき包括的に議論したリーヴら（Reeve et al. 2022）では,これまでの自律的動機づけの促進にかかわる先行研究を概観し,表4-1のような8つの観点を提起している。

　生徒の視点の視点に立って,生徒の考えや気持ちをたずねたり,生徒が自分の興味を追究できるように声かけすること,あるいは生徒がもつネガティブな

感情に気づいて受容させる助力をすることなどにより、生徒の動機づけの内在化を支援し促すことが可能になるという。学習指導はもちろん、生徒との人間関係や日頃の声かけ、教師の信念が、生徒の動機づけの生起に直接間接にかかわっており、これらの多様な観点から支援することの重要性が示される。

表4-1　自律的動機づけを促す8つの観点 (Reeve et al.（2022）をもとに作成)

観点	具体例
生徒の視点に立つ	生徒の考え、欲求、感情をたずねる。生徒の見方を表明する機会を提供する。授業を生徒の好みに合わせるよう調整する。
生徒が自身の興味を追究するよう促す	学習のどこに焦点を当てたいか、今日のトピックのどこに興味をもったのかを生徒にたずねる。
生徒の基本的欲求を満たすように学習活動を示す	自律性（みずから選択し決定する）、有能さ（自分が有能である）、関係性（友人や教師など重要な他者から受け入れられている）を求める基本的欲求にかなう教材、教え方、評価、応答をする。
納得できる説明を提供する	たんに課題や指示を出すだけでなく、それをおこなうために、生徒が納得できる理由や得られる成果を伝える。
否定的な感情を理解し受け入れる	生徒が自身のネガティブな感情に気づき、理解して受容するよう手助けする。
動機づけを誘発する言葉 (invitational speech) を用いる	強制的言語 (pressuring language;「○○しなさい」「○○でなければいけません」など) ではなく、動機づけ的言語 (motivating language;「○○してみよう」「○○するよい機会かもしれない」など) を用いる。
忍耐強さを示す	生徒の適切でない考えや行動にも耳を傾け理解する。生徒に教師の助けが受け入れられ感謝されるというシグナルが出るまでは、助言は先延ばしにする。
規律を課し、構造を与え、行動を変える (discipline, structure, and behavioral change)	すべての生徒に適切な行動と有能な機能へと導く明確な枠組みとして規律（校則など）の方針を置く。学習で何が求められているのかという期待を明確化し、段階を踏んだガイダンスを提供し、フィードバックをおこなう。

2　自分の学びを振り返る：メタ認知

　学びでは新たな知識を習得し、自分の考えや理解を深めることが求められる。

しかし，そこでの学びは，一方向的に対象を記憶したり，理解したりするというだけにとどまらない。自分が何を学び，習得したのかを振り返り，どの程度理解できたのか，まだ何が足りないのかなど，客観的に自分の学びをとらえ直し，振り返ることが必要となる。

　このような自分の思考や理解を振り返る心理的なはたらきは「メタ認知」とよばれる。みずからの認知的活動を対象化してとらえること，と定義され，「認知の認知」ともよばれる。一人称の「わたし」が思考し理解するだけではなく，それを二人称，三人称として認知，評価し，それによって活動を適宜修正するなど，高次認知機能の代表例でもある（三宮 2008）。

2-1　メタ認知の構造

　一言で学びを振り返るといっても，実際の学習活動で生じているメタ認知的なはたらきは多岐にわたる。これまでの研究では，メタ認知は階層的な構造や複数の側面をもっていることが知られている（図4-2）。

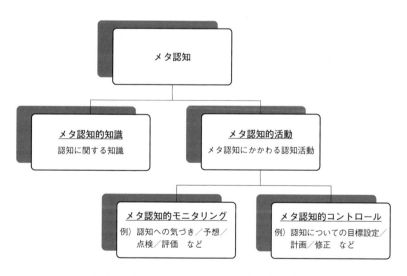

図4-2　メタ認知の構造（三宮（2008）をもとに作成）

ひとつは，知識に関するメタ認知であり，ある事柄について，どの程度その情報や知識を客観的に理解したり考えたりできるかというものである。たとえば，「自分は理数系が苦手だから，次のテストには時間をかけて準備する必要がある」と考えることは，みずからの属性に関する知識であり，また「人には誰でも得意・不得意があるし，それに応じた勉強のやり方をしなければいけない」という考えは，人一般に対する信念や知識を表している。加えて，「日本史の学習では，特定の時代別に勉強するよりも，江戸から明治，大正といった時代の流れを理解し，そのうえで出来事や人物を関連づけるほうが頭に残りやすい」という課題と学び方に関する信念や知識もある。これらはいずれも，人や課題についてのメタ認知的な知識に関するものである。

2-2 モニタリングとコントロール：メタ認知をどう活かすか

もうひとつのメタ認知の種類は，メタ認知をどう活用するかに関するものであり，メタ認知的活動とよばれる。これはさらにメタ認知的モニタリングと，メタ認知的コントロールという2種類に分類される。

メタ認知的モニタリングとは，問題を読み，式を解いていくなかで，「ここはよくわからないな」と自分の理解状態に気がついたり，「一度考え方を見直してみよう」という，自分の思考を点検するといった認知のことである。このような気づきや振り返りを通じて，自分自身の認知を適切にコントロールすることが可能になる。問題に取りかかる前，「文章問題は，いつも問題の意味を取り違えたりして間違えることが多いから，注意して慎重に読もう」と考えたり，問題に取り組んでいるなかで，「この答えで本当によいのか，ほかにもっとよい答えがないか探してみよう」といった点検や修正など，メタ認知による振り返りと修正，改善は，学習の過程のなかで実践されている。

学習においてメタ認知はよりよい理解や批判的思考（第5章参照），さらには創造的な思考や活動のために必須のものである。みずからの学びを振り返り，その現在地や課題を知り，さらに必要な知識やスキルに気づき，メタ認知を活かして新たな学びへと取り組むことが，学校教育，高等教育，そして生涯にわたる学びへとつながるのである。

3 自己調整学習：主体的学びの基本的原理

3-1 主体的な学びとは

「学習」というと，教室のなかで，教科書に沿って，一方向的に習得させられる，ととらえられることも多い。登校後，1時間目から眠そうにし，表情から授業に興味をもてずいやいや教科書を開いている様子がわかる。教師が板書して問題を指示しても，ノートをとることなく，指示された問題になかなか取り組もうとしない子もいる。

一方で，同じクラスでも，指示される前に参考書の当該部分を開いたり，自分から学習タブレットで興味のある部分を調べたりする子どももいる。これらの子どもは何が違うのだろうか。もちろん理解度や習熟度の違いによって学習態度が変わる場合もあるだろう。しかし最も重要な要素は，子どもが主体的にその学習に取り組んでいるかどうかという点であろう。

主体的な学びとは，たんに学習への熱意が高い，あるいは努力を傾注するというだけではなく，学習への取り組みから，学習の進行中，そして結果の振り返りまでの学習過程を含んでいる。今日，日本の学習指導要領において，主体的・対話的で深い学びが指向されるなか，主体的な学びの理論と研究は，ますます重要になっているといえる。

3-2 自己調整学習の理論的枠組み

自己調整学習（Self-Regulated Learning: SRL）は，このような近年注目されている学習者の主体的な学びにかかわる主要な心理学理論である（Zimmerman & Schunk 2011/2014）。自己調整のとらえ方には複数の理論的立場があるが，そのジマーマンによれば，自己調整学習とは「学習者が，メタ認知，動機づけ，行動において，自分自身の学習過程に能動的に関与していること」を意味する（Zimmerman 1989）。学習においてメタ認知をはたらかせ，課題や内容に動機づけをもちながら学んでいく学習者の姿である。

自己調整学習の理論では，学習過程を3つの段階からとらえている（Zimmerman 1989; Zimmerman & Schunk 2011/2014）（図4-3）。

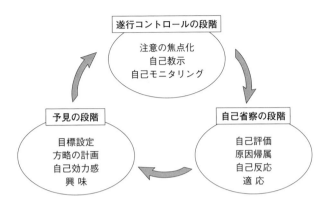

図 4-3　自己調整学習における 3 段階の過程（Zimmerman（1989）をもとに作成）

　最初は予見（foresight）段階であり，学習に取り組むにあたって目標を立てたり，学びの見通しをもつなどがこれに当たる。また，学ぶ際に「これなら自分にはできそうだ」といった効力感をもったり，「おもしろそう」と興味をもったりする動機づけ側面も重要となる。

　次に，学習の進行中の状態をさす遂行コントロール（performance-control）段階では，自分自身の学習状態を振り返り，モニターしたり，それをもとに「もっと集中して取り組もう」などと自分自身をコントロールする思考をしたり，それによって注意を焦点化するなど，さまざまなメタ認知的なはたらきが重要な役割を果たす。

　最後に，自己省察（self-reflection）の段階では，学習の一定の結果について，その理解や成果を自己評価したり，当初に立てた目標や見通しに照らしてどのくらい習得できたかを比較対照するなどをおこなう。

　自己調整学習では，予見，遂行コントロール，そして省察のいずれかだけでなく，この 3 つの段階が循環的に機能することによって展開する。教室にいる生徒がたんに学習の取りかかりが積極的であることだけで自己調整的，主体的な学びができているとはいえず，遂行や振り返りも含む，多層的で動的なプロセスであることを理解することが重要である。

3-3　自己調整学習者になるために

　それでは，どうすれば生徒の主体的で自己調整的な学びが可能になるのだろうか。これまで，数学や理科，国語や作文，そして外国語学習やICTリテラシー，スポーツや医学専門教育などの幅広い領域，そして小学生から大学生，成人に至る年齢段階で自己調整学習の研究がおこなわれ，自己調整を支援，促進する介入研究もおこなわれてきた（e.g., 中谷ら 2021; Schunk & Zimmerman 1998）。

　なかでも，中学生・高校生を対象に，日常の学校場面における試験や課題において，学習への動機づけや自己調整を支援するプログラムとして，自己調整促進プログラム（The Self-Regulation Empowerment Program: SREP）が注目される（e.g., Cleary & Zimmerman 2004; Cleary 2020）。このプログラムは，学習におけるモニタリングやモデリングを促し，フィードバックを支援することによって，自己調整過程と動機づけへの介入をおこなうもので，主に低学力など学習のリスクのある生徒への学習過程と動機づけの介入を試みるものである。

3-4　自己調整促進プログラム（SREP）の実際

　SREPでは，3〜4か月程度の期間，大学院生やスクールカウンセラーなどの訓練を受けたコーチが，少人数の生徒に対して，半構造化あるいは柔軟な指導プロトコルを実施することによっておこなわれる。指導は対象となる教科や課題の内容やコースと結びついており，それによって，オーセンティック（本質的な）学習における挑戦や困難に出会いながら，自己調整学習のスキルを発達し実践することが可能になる。

　SREPは「Ⅰ基礎モジュール」「Ⅱ方略的学習と実践」「Ⅲ自己省察」の3つの要素からなる。表4-2には，各要素における目的と実施時期，重要な指導の特徴がまとめられている。

　「Ⅰ基礎モジュール」では，プログラム最初の4〜5セッションを用い，SREPの全体構造，プログラムで用いるモニタリングフォームとワークシート，課題分析や方略プランニング，目標設定などの主な予見段階の過程について学ぶ。コーチは，生徒自身が学習にどう取り組み成功・失敗を評価するかという点で，方略的思考の重要性を強調する。

　次の「Ⅱ方略的学習と実践（表中のRAAPSの指導）」では，対象となるコー

ス（例：代数Ⅰ，生物）のなかで，学習と自己調整学習方略の使用のための毎週のフィードバック・ループに生徒を没頭させるよう，コーチはRAPPS（振り返り，分析，実践，計画，自己方向づけ）という非構造的でよりダイナミックな毎週の指導フォーマットを実施する。

そして最後の「Ⅲ 自己省察モジュール」では，生徒は目標とする成果（例：テスト成績）のフィードバックを受けたあとに実施され，通常は3, 4週に一度

表4-2　自己調整促進プログラム（SREP）のコアとなる指導コンポーネントの主な特徴
(Cleary (2020) をもとに作成)

指導内容	目的	指示のタイミング	重要な指導の特徴
Ⅰ 基礎 モジュール	・ラポールの形成。 ・核となるSRL概念と予見段階の過程（課題分析，目標設定，プランニング）に関する知識を強化する。 ・モニタリングワークシートを用いて，生徒の知識とスキルを強化する。	プログラム最初の4〜5セッションで実施	・構造化されたモジュールの使用 ・ラポート形成のための活動 ・原因帰属の活動 ・予見段階を描写するケースシナリオの使用 ・モニタリングワークシートを用いるための最初のモジュールとガイドされた実践
Ⅱ RAAPS (Review, Analysis, Practice, Plan, Self- direction)の指導	・生徒を週単位の循環的なフィードバック・ループに没頭させる。 ・生徒に学習と自己調整学習方略使用の知識とスキルを促す。 ・生徒自身の強みと弱み，そして学習での成功の質への気づきを促す。	毎週継続的に実施	・RPPS指導フォーマットトレビュー／分析／実践／プランニング／自己方向づけ・方略の説明とモデリング・フィードバック，プロンプト，協働的交流を含む，ガイドされた実践の機会
Ⅲ 自己省察 モジュール	・生徒をパフォーマンス成果のフィードバック・ループに没頭させる。 ・生徒を構造化された省察活動に取り組ませる。 ・生徒に前回の成績と自身の目標の点から自己評価を促す。 ・生徒に機能的で前向きな帰属と適応的な推論をおこなうよう促す。	パフォーマンスの成果（例：テスト成績）について実施	・独立した自己省察・グラフ化手続き・プログラムグループ内での省察的対話

おこなわれる。自己省察のプロセスでは，コーチは「どのくらいうまくいった
か（自己評価）」「なぜこのような行動をとったか（帰属）」「自分のパフォーマ
ンスに満足しているか（満足／感情）」などの質問によって，高度に組織化され
た自己省察のプロセスをガイドする。

　このような現実の教科学習や課題内容に即し，コーチによって実行される少
人数の自己調整促進プログラムは，学習における方略的，自己調整的な思考
や，2年にわたる達成テストでの積極的な傾向をもたらすなどが示されている
（Cleary et al. 2017）。

4　学習の共調整・社会的に共有された調整：学びの主体性を育む他者の役割

　グローバル化やICTなどの急激な技術革新によって社会は激変しつつあり，
そのような急激な変化を迎えた現代社会での学びには，みずから考え，主体的
に学ぶことがこれまでになく重要となる。内発的，自律的な動機づけの育成と，
メタ認知と動機づけをはたらかせた自己調整的な学びは，今後，学校教育でめ
ざすべき学びの姿として，より価値づけられるものになるだろう。

　その際，もう一面として重要な学びの姿が，他者と協働する学びである。実
社会では，どれだけ技術革新が進もうとも，ともに働き，活動に関与する他者
の存在があり，学校でも当然ながらクラスメイトや異学年の生徒，そして教師
といった重要な他者がかかわっている。そのような他者との相互作用のなかで
主体的に学ぶことこそが，本質的な意味での自律性・自己調整であるともいえ
よう。

4-1　学習の共調整（Co-Regulation of Learning: CoRL）：仲間が促す学習の調整

　自己調整学習というと，生徒個人が学習を進めるというイメージをもたれる
かもしれない。しかし学習は，個人の頭のなかに閉じているわけではない。教
室で隣のクラスメイトと相談し，相手に教えたり，相手から教えてもらうなど
を通じて，自身の学びを振り返り，理解を整理するなどして，学びは調整され，

深まってゆく。

　近年，自己調整学習研究のひとつの動向として，このような他者を介した学びの調整に関する研究が展開してきている。ハドウィンら（Hadwin et al. 2011）によれば，学習の調整活動は，「自己調整学習」「学習の共調整」「社会的に共有された学習の調整」という3つの側面からとらえられる（表4-3）。

表4-3　自己調整学習，学習の共調整，社会的に共有された調整の対比
（Hadwin et al.（2011）；伊藤（2013）をもとに作成）

	自己調整学習 SRL	学習の共調整 CoRL	社会的に共有された調整 SSRL
課題の文脈	単独／協働での学び	単独／協働での学び	協働での学び
目　標	調整活動において個人として適応すること，自立すること。	（自己調整学習の手段として）それぞれの学習者の適応や調整力を媒介すること。	協働プロセスを集団として調整すること，適応すること。
メカニズム	モデリング，フィードバック，道具的サポートを提供するためにより有能なピアの存在が必要となる。	（状況としてのアフォーダンスや制約を含めて）専門的な知識や技術をもたらすことで自己調整学習に影響を及ぼす必要がある。	チームメンバー間（ピア同士）の公平さと共同構成の創発が求められる。
研究資料	個人と文脈に関するデータ	相互作用と媒介プロセスに関するデータ	集団レベルのデータ
研究手法	自己報告，観察，追跡データ	マイクロアナリティックな談話分析法／活動システムや社会文化的な影響の分析	マクロレベルの調整活動のエピソードによって文脈化されたマイクロアナリティックな談話分析／個人の目標，認知，評価のキャリブレーション

　「自己調整学習」は前述のとおり，学習者自身が学習を自己調整することをさす。一方「学習の共調整」では，自己と他者の間で自己調整が一時的に整合することを意味しており，他者との相互作用を通じて，方略やモニタリング，評価や目標設定，動機づけといった調整活動が互いに創発し媒介する現象をさす。ペア学習やグループ学習での学びは社会的相互作用を経た複雑な過程であり，相手の発言が自分の理解や気づきにつながったり，反対に自分の回答によって相

手がより深い理解や発想をもつに至ることはめずらしくない。応答的な相互作用により，学習の自然な足場かけが生じ，方略やスキルの調整や獲得につながることが「学習の共調整」である。

4-2 社会的に共有された調整（Socially Shared-Regulation of Learning: SSRL）：集団を通じて学びを調整する

さらに，「社会的に共有された調整」では，ペア同士，あるいはグループ同士の相互作用を通じて，グループ全体としての知識やスキルの習得，プランニングや動機づけを高める過程のことをさす。一般に，日本の学校教育では，生徒個人での課題への取り組みや発言の機会がある一方で，ペア単位，あるいはグループ単位で意見を共有し議論したり，課題の発表をおこなう機会も多い。グループでの理解を確かめ，より確かな主張にするよう学びを深めるうえでは，個人，あるいは他者ひとりではなく，グループ全体での目標設定やモニタリング，プランニングが必要となる。たとえば，SDGsにかかわって，持続可能な発展のためのエネルギー政策について，クラスを二分してエネルギー比率について議論する場合など，グループでの学習の調整が求められるといえるだろう。

最近では，成人を対象とし，動機づけの自己調整，共調整，そして社会的に共有された調整に焦点を当てた研究知見も見られており（Ito & Umemoto 2022），学習の社会的な調整過程への理解が進みつつあるといえる。

4-3 ピア・ラーニング：協働を通じて主体的・自律的な学びを育てる

学習の共調整や社会的に共有された調整の枠組みからもわかるように，学びにおいて他者は豊かな資源であり，たとえば社会構成主義的な学習観に立てば，社会や他者が個人の学びに本質的に関係しているといえる。オンラインやネット動画を介した学びの機会が増えた今日でも，画面を介し，他者や社会が学びを構成する基調にあることは間違いないだろう。

このような，他者，特にともに学習する仲間との学びを理論化した枠組みに，ピア・ラーニング（peer learning）の概念がある（中谷・伊藤 2013）。仲間に教えるピア・チュータリング，仲間を観察して学ぶピア・モデリング，あるいは仲間からの反応や評価を受け取るピア・フィードバックなど，仲間との相互作

用を介したさまざまな学びの技法や方略が知られており，教科学習や言語学習，特別支援やICT教育などで応用されている。そこでは，他者との協働をとおして個人の主体的・自律的な学びを育てる，協働と自律の両立がめざされているといえる。現代社会において，他者と協働しながら主体を活かす学びこそ，学校教育において育てるべき学びの姿といえるだろう（第9章4節も参照のこと）。

これまでの経験で，もともとは好きではなかった学習や課題が，その後おもしろくなったり上達したりといったことはあるだろうか。そのような「動機づけの内在化」はなぜ生じたのかを考え，自己決定理論に当てはめて説明してみよう。内在化が起こらなかったとすれば，それはなぜかについても考えてみよう。

もしあなたが，実習などで小・中・高のある教科の授業を担当するとしよう。その際に，生徒が自己調整的な学習ができるような指導をするにはどうすればよいだろうか。自分が最も得意だった教科や，よく知っている単元内容を教えると仮定して，学校段階・教科・単元を想定し，指導の内容を書き出してみよう。

 読書案内

①中谷素之・岡田 涼・犬塚美輪　2021　子どもと大人の主体的・自律的な学びを支える実践：教師・指導者のための自己調整学習　福村出版
②中谷素之・伊藤崇達　2013　ピア・ラーニング：学びあいの心理学　金子書房

第5章 批判的思考と学びの態度について考える

平山るみ

目標

学びにおける批判的思考の態度の重要性を認識し，メディアリテラシーをもって ICT 活用のあり方や情報の取捨選択ができる。情報モラルをもった学び手の育成を考える。

キーワード

批判的思考，要素とプロセス，思考の中での批判的思考，バイアス，教育と批判的思考，メディアリテラシーと情報モラル

1 批判的思考

1-1 批判的思考（critical thinking）とは

日頃の生活のなかで，「批判」と聞くと，どのようなイメージを思い浮かべるだろうか。もしかすると，相手を否定することだ，「批判的な人」というのは相手を責めるこわい人だ，といったイメージをもっている人もいるかもしれない。しかしながら本来の「批判」の意味は，『デジタル大辞泉』によると，次のようになる。

「①物事に検討を加えて，判定・評価すること。②人の言動・仕事などの誤りや欠点を指摘し，正すべきであるとして論じること。③哲学で，認識・学説の基盤を原理的に研究し，その成立する条件などを明らかにすること」。

つまり，検討することなく「そんなのあり得ない」と頭ごなしに物事を否定
したり，「おかしな人だな」と人格を否定したりすることは，本来の「批判」と
は異なる。したがって，本章で紹介する「批判的思考」も，相手を否定したり
揚げ足をとったりするための思考ではない。

批判的思考について，たとえばエニス（Ennis 1987）は，「何を信じ，何を
すべきかを決定することに焦点を当てた合理的で反省的な思考」であると述べ
ている。研究者によってさまざまな定義がある（道田 2003）が，それらの共通
点から批判的思考は次の4つの特徴をもつと考えられる（楠見 2018a）。①規準
（criteria）や証拠に基づく論理的で偏りのない思考，②意識的な省察（reflection）
をともなう熟慮的な思考，③文脈や目標に応じておこなわれる目標志向的な思
考，④複数のプロセスと方略，知識に支えられた統合的な思考。つまり，頭ご
なしの物事の否定や，相手の人格を否定して真の問題解決から逃れるような思
考とは真逆の思考であるともいえるだろう。

1-2　思考のシステム

問題解決に向かうとき，人間の思考にはふたつのシステムがあると考えられ
ている（図5-1）。思考の二重過程理論とよばれているもので，システム1とシス
テム2のふたつのシステムがあると考えられている（Evans & Over 1996/2000;
カーネマン 2011; 田中 2018）。まず，システム1では，直感的，感情的でヒュー
リスティックな判断がおこなわれる。ヒューリスティックとは，簡便法ともい
われる問題解決の方法で，時間や認知資源をあまり費やさずに答えを出すこと
ができる。たとえば人が選択式の問題に答えるとき，「ただ，なんとなく」で番
号を選んで答えることができる。しかし後述するように，この方法では系統的
なバイアスが生じることがあるため，必ずしも適切な答えを出せるとは限らな
い。一方，システム2では，熟慮的，分析的でアルゴリズム的な判断がおこな
われ，批判的思考はこちらに含まれるといえる。

どちらの思考が重要になるかは，状況によって異なる。たとえば，頭上に何
か物が落ちてきていることに気づいたら，物体の大きさ，硬さ，落下速度，起
こり得る結果などを分析的に考えるよりも，直感的にパッと避けようと行動す
ることが大事だろう。一方で，時間や認知資源を費やしてでも正しい判断が必

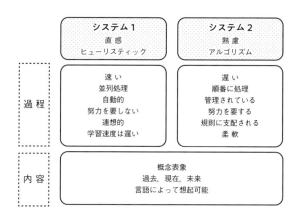

図5-1　思考の二重過程理論（カーネマン（2011）をもとに作成・改変）

要なとき，たとえば「巨大地震が起きても子どもたちの安全を守る防災計画」
を立てるときには，地形，地盤，校舎を含む学校の構造，避難場所，避難経路，
子どもたちの心理状態，けがや体調不良への対応，水や食料の備蓄など，多く
の知識を統合的に考えて，巨大地震のリスクなどを判断し，どのような備えを
するべきか熟慮的に考え判断する必要があるだろう。

　情報が膨大に増え，社会が複雑になった現代では，自動的で直感的な思考を
抑制し，意識的で熟慮的な思考をおこなうことが必要な場面が数多くある。そ
のような場面では，パッと思いついた答えで満足するのではなく，その答えを
いったん置いておいて再考し，自分の思考に偏りがないか省察したりするなど，
「いったん立ち止まって考える」ということが重要である。

1-3　批判的思考の要素とプロセス

　批判的思考力を発揮するためには，能力やスキル，知識といった認知的な要素
と，態度や傾向性といった情意的（非認知的）要素の両方が必要であり（Ennis
1987），メタ認知がプロセス全体を支える。

〈1〉認知的要素

　認知的な要素は，システム2において，分析的に考える際に必要だと考えられる。具体的には，言語能力や論理的思考力，科学的思考力などがある。たとえば，コーネル批判的思考テスト（Ennis et al. 1985）では，①演繹的推論，②帰納的推論，③観察の妥当性判断，④実験の確実性判断，⑤仮説の検証，⑥語の意味判断についての能力が測定されている。また，知識としては，どの科目や文脈にも共通する領域普遍的な知識，特定の科目や文脈でのみ必要となる領域固有の知識がある。たとえば，論証形式のような知識は，どの領域の問題を考えるときにもかかわる領域普遍的な知識である。また，メディアの情報を判断する際には，本章4節「メディアリテラシー」であげているようなメディアの性質についてといった領域固有の知識が思考を支える。

〈2〉情意的要素

　情意的な要素は，システム2を駆動する動機にかかわると考えられる。批判的思考態度は次のようなさまざまな構成要素からなる（Facione & Facione 1992）。

・真理の探究心
・開かれた心
・分析的態度
・体系的態度
・自己の思考スキルへの自信
・知的好奇心
・知的熟成

　また平山と楠見（2004）は，①論理的思考への自覚，②探究心，③客観性，④証拠の重視といった4つの因子をあげている。開かれた心や探究心といった態度は，自分のもつ考えと異なる情報を適切に判断することでもあり（West et al. 2008），熟慮的態度がこれらの批判的思考態度を支えていると考えられている（楠見 2022）。

〈3〉メタ認知

　さらに，自分の認知をモニタリングし，必要に応じてコントロールするメタ認知も，批判的思考の重要な要素である（田中・楠見 2007a）。批判的思考力は目的志向的な思考であり，そもそも批判的思考力を発揮すべき場面かどうかといったメタ認知判断，そして，自分の思考に偏りがないかを省察するメタ認知が必要である。また，メタ認知によって適切にモニタリングやコントロールをおこなうためには，後述する思考のバイアスに関する知識といった認知の性質についてなどのメタ認知知識も必要である。

〈4〉批判的思考のプロセス

　批判的思考の典型的プロセスには，次の5つがあげられる（楠見 2018a, 2022）。

①情報にアクセスし，問題や主張，それを支える根拠を取り出す明確化。前提や用語の定義などの明確化も含まれる。
②推論の土台となる情報および情報源の信頼性や妥当性や，隠れた前提などの検討。
③根拠から結論を導くための推論。
④導かれた結論から，結果を予想したり目標と照らし合わせたりし，状況を

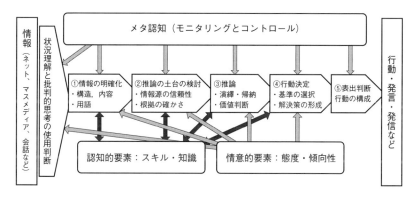

図5-2　批判的思考のプロセスと構成要素（楠見（2018a）をもとに作成）

ふまえて行動決定。

⑤状況との適合性を考慮し，決定した行動によってよい結果が得られるか否かをふまえた行動表出判断。

　これらのそれぞれの段階に，前述の認知的要素と情意的要素やメタ認知がかかわっている。またこれらは，自己調整学習のプロセス（第4章参照）と密接な関係がある。

2　さまざまな思考のなかでの批判的思考

　人の思考をとらえる観点として，「このように考えるべき」という規範に基づく観点，「実際の人の考えにはある種のバイアスがかかることがある」という観点，「規範と実際のズレをどのように修正するか」という観点がある。

2-1　規範に基づく思考

　論理的思考，科学的思考，倫理的思考などのように，思考や意思決定において，「あるべき規準」に基づく思考法がある。ここでは，論理的思考の代表的なものとして，演繹的推論と帰納的推論をみてみよう。

〈1〉演繹的推論

　演繹的推論とは，三段論法に代表されるように，一般的な事実や原理から個別的な事実について推論することである。三段論法にはさまざまなスタイルがあるが，たとえば基本的なスタイルは，「すべての人間は死ぬ」「ソクラテスは人間である」というふたつの前提から，「したがって，ソクラテスは死ぬ」といった結論を導くものである。演繹的推論のほかの例としては，比例式の「内項の積と外項の積が等しい」という一般的な原理を用いて，3人分のお菓子レシピから5人分の場合の素材の分量を「3 : 5 = a : b」→「b = 5/3a」と求めるなどがあげられる。

〈2〉帰納的推論

　帰納的推論とは，特殊な事例や個別的な事実から，一般的な事実や原理を推論することである。たとえば，「教材Aを使ったら子どもの思考力が高まった」という事例があったとしよう。ここで，「教材Aを使えば子どもたちの思考力を高めることができる」ということが一般的な事実といえるかを確認したい場合，「教材Aを使ったら思考力が高まった」という人ばかりを集めても，本当に教材に効果があるとはいえない。もしかすると，教材Aを使ったのに思考力が高まらなかった人や，使わなかったのに高まった人もいるかもしれない。もし，それらの人たちが「教材Aを使ったら思考力が高まった」という人たちと同じくらい，あるいはより多くいた場合には，「教材Aを使えば子どもたちの思考力を高めることができる」ということが一般的な事実であるとは言いきれない。したがって，帰納的に推論するのであれば，その仮説と一致しない例，つまり反証例を探すことが重要である。その結果，反証例がほぼ見つからないのであれば，「教材Aを使えば子どもたちの思考力を高めることができる」ということを一般的な事実とみなしてもよいと考えられる。これは科学的思考の本質のひとつでもある。

2-2　実際の思考：思考のバイアス

　実際の人の思考を観察すると規範とは異なる思考がよくみられ，それらは思考のバイアス（ゆがみ）とよばれることがある。思考の二重過程理論のシステム1でおこなわれる直感的，感情的な処理のなかで生じると考えられる。

〈1〉信念バイアス

　たとえば，演繹的推論をおこなうとき，示されている結論が自分が思う「もっともらしさ」に当てはまっているかどうかで論理の妥当性を判断してしまう信念バイアスがある。たとえば，ふたつの前提「すべての人間は死ぬ」「教祖様は人間である」があった場合には，「教祖様は死ぬ」という結論が必然的に導かれる。もし，この結論に特に強い信念をもっていない場合には，論理的に結論が妥当であると判断できるであろう。しかし，もし「教祖様は死なない特別な存在である」という強い信念をもっていた場合，この結論は「もっともらしく

ない」ものになり，「妥当でない」と判断しやすくなる。このように本来は論理的に考える力をもっていたとしても強い信念によるバイアスが生じ得る。

〈2〉確証バイアス

帰納的推論においては，自分の考えに反する情報についてはみようとせず，自分の考えと合った情報ばかりを求めるという確証バイアスがみられる。たとえば，「血液型がＡ型の人は几帳面である」という仮説を検証したいときには，「几帳面なＡ型の人」の例ばかり探してしまい，几帳面でない人には目を向けなくなる。また，几帳面ではないＡ型の人と出会うと，どこか几帳面なところもあるはずと几帳面さに目を向けようとしたり，どうみても几帳面ではない場合には「この人は特別」と事例から排除してしまったり，ときに「今はきっと調子が悪くて几帳面でないだけ」「Ａ型だけれども，Ａがとても薄いＡＯ型に違いない」と情報を都合よく解釈しようとしたりする。信念バイアスと同様に，本来であれば適切な帰納的推論をできる人であっても，仮説に対する思いが強いと，みたいものだけがみえるという状態になってしまうことがある。

このほかにも，少数事例を過剰に一般化したり，実際の確率ではなく自分が事例を思い出しやすいかどうかで物事の確率を判断してしまう利用可能性ヒューリスティックなど，さまざまな思考のクセともいえる心の動きがある（平山2015）。このような直感的な判断は，ときに正解する場合もあるが，誤ってしまう場合もある。

2-3　規範と実際のズレの修正：批判的思考の活用

システム１の直感的な思考ですべての物事がうまくいけばいいが，思考にゆがみが生じていると誤った結論を導いてしまう可能性が生じる。したがって，目標を達成したい「ここぞ」という場面や，偏った判断をすると深刻な結果を招きかねないような場面では，批判的思考への態度をもち，熟慮的なシステム２をはたらかせることが重要となる。そして，批判的思考にかかわる能力やスキル，知識を発揮しながら情報を吟味し，メタ認知をはたらかせて自分の思考に偏りがないかを意識的に吟味することが大切である。

3　批判的思考と教育

3-1　対話的な学び，探究的な学びと批判的思考

〈1〉対話的な学び

　対話をするときには，相手の話をいったん受け止め，わからないことがあれば質問をして隠れた前提などを明らかにしながら正しく理解する必要がある。このとき，自分の考えと違うからといって，相手の考えを頭ごなしに否定していては対話が成り立たない。また，自分の考えを相手に伝えるときも，なぜこのように考えるのかを説明し，相手に理解してもらうことをめざす必要がある。自分は正しいはずで相手はこの意見を受け入れるべきだと，適切な根拠を明確にせず主張ばかりしても，対話は成立しない。つまり，深い学びにつながるような対話には批判的思考が重要で，自分の考えにとらわれることなく，自他の考えについて根拠をもって客観的に理解し合うことが重要である。また，対話を通じてさまざまな視点や考え方に触れ，互いに取り入れていくこと（建設的相互作用：第3章参照）は，批判的思考を育むことにもつながる。

〈2〉探究的な学び

　探究的な学習をおこなう際にも，批判的思考は重要な要素である（林 2019）。問題に対して仮説をもつことは大切だが，偏りのない正当な手続きで仮説を検証したり探究を進めていくことが重要である。もし，自分の仮説と一致した情報が得られたとしても鵜呑みにせず，仮説と一致しない情報でも頭ごなしの否定はせず，どうしてそうだといえるのか，これらの情報はどのようにして得られたり導かれたりしたものなのかを吟味する必要がある。これらについては，後述のメディアリテラシーともかかわる。

　対話においても探究においても，学びのうえで大切なのは，自分が立てた仮説や主張が正しいと証明することではない。ときに，認知能力が高い人が，自分の仮説の正しさを主張しようとするために情報の解釈をゆがめることもある（Kahan et al. 2017）。しかし，これは，批判的思考態度によって支えられた思考とはいえない。客観的に，そして多面的に吟味をし，真理への探究心や開かれ

た心をもち，もし自分の仮説が適切ではないと結論づけられるのであれば，仮説にしがみつかずに考えを修正していくことが大切である。

3-2　創造的思考と批判的思考

創造性については，独創的で効果的な解決策や知識の進歩，インパクトのある創造の表現などにつながるようなアイデアの生成，評価，改善に生産的に取り組む能力と定義されている（OECD 2019）。新しいものやことを生み出す力だけではなく，新たな価値を生み出したり，創造的な問題解決力などが求められている。たとえば，相反する価値Aと価値Bをもつ人たちがいるとき，どちらか一方の価値をもう一方に押しつけるのではなく，そこから両者が納得のできる新たな価値Cを生み出していくことが求められる。

創造的思考には，問題を発見する段階，アイデアを生み出す段階と，アイデアの評価をおこなう段階がある。このそれぞれの段階に批判的思考はかかわる。たとえば，アイデアを生み出す段階は批判的思考と関係ないと思われがちであるが，柔軟に多様なアイデアを出すためには，問題を多面的に検討し思い込みにとらわれないことが重要である。また，批判的思考態度が多様性と挑戦への開放性を媒介し，創造的思考にかかわる自己概念にかかわっている可能性も示されている（Álvarez-Huerta et al. 2022）。批判的思考は，創造的思考の十分条件ではないが，必要条件であるといえる。

4　メディアリテラシー ─────────

4-1　リテラシー（literacy）とは

リテラシーとは，狭義には，読み書き能力と定義されるが，本義的には「（高度で優雅な）教養」であり，学校において教育される社会的自立の基礎となる公共的な教養であるといえる（佐藤 2003）。UNESCO（2004）では，「さまざまな状況に関連した印刷物や書き物を使って，識別，理解，解釈，創造，コミュニケーション，計算を行う能力である」と定義されており，「個人が目標を達成し，知識や可能性を発展させ，地域社会やより広い社会に完全に参加できるよ

うにするための連続的な学びが含まれる」とされている。つまり，読み書きといっても対象は文字に限定されるものではなく，数字などの情報も含まれることがわかる。これらのリテラシーは，機能的リテラシーとよばれ，学習や生活，職業など文化的な行為を支える汎用的な基礎的スキルである（楠見 2018b）。

　さらに，リテラシーの概念は時代とともに拡張しており，たとえばOECDが実施している国際的な生徒の学習到達度調査（Programme for International Student Assessment: PISA）では，「自らの目標を達成し，自らの知識と可能性を発達させ，社会に参加するために，テキストを理解し，利用し，評価し，熟考し，これに取り組む」読解リテラシー，「思慮深い市民として，科学的な考えをもち，科学に関連する諸問題に関与する能力」である科学的リテラシー，「様々な文脈の中で数学的に定式化し，数学を活用し，解釈する個人の能力」である数学リテラシーの3つのリテラシーが測定されている（国立教育政策研究所 2022）。

4-2　メディアリテラシーとは

　「メディア」とはコミュニケーション行為を媒体するものであり，知識獲得や伝達に不可欠な道具（ツール）である。メディアを使って自由に読み書き・計算・思考などができる状態が，メディアリテラシーが獲得された状態といえる（田中 2015）。教室においては，音声，黒板とチョーク，ノートと鉛筆といった比較的リテラシーを獲得しやすいメディアから，ICT機器などリテラシーの獲得のための学びが重要となるものまでがある（田中 2015）。

　アメリカでは，「メディア・リテラシーのある人は，印刷メディアと電子メディアの両方にアクセスし，分析し，評価し，制作することができる」と定義づけられ，メディアリテラシーの基本的な目的は，すべてのメディアに対する批判的な自律性であるとされた（Aufderheide 1992）。また，日本の総務省（2021）では，メディアリテラシーについて，「放送番組やインターネット等各種メディアを主体的に読み解く能力や，メディアの特性を理解する能力，新たに普及するICT機器にアクセスし活用する能力，メディアを通じコミュニケーションを創造する能力等のことである」としている。

　このように，メディアリテラシーの概念には受けた情報を読み解く力だけで

はなく，創造し発信する力も含められている。インターネットやSNSの普及により，誰もが簡単に情報を発信できるようになった現代では，適切な，そして効果的な情報発信のための批判的思考と創造的思考が求められる。

4-3　メディアリテラシーの構成要素とプロセス

メディアリテラシーには，次の3つの構成要素がある（楠見 2022）。

①メディアの表現技法や，制作過程（編集による取捨選択や誇張など），放送局や新聞社などの目的（利潤を上げ，影響力をもつ組織であるなど）に関する知識。
②発信される情報について，そのバイアスに気づき，批判的に分析・評価・選択して読み解く能力。
③メディアにアクセス・選択し，能動的に活用する能力。および，メディアを通じてコミュニケーションする能力。

これを山本（2017）のアクセス，分析・評価，発信の3つの段階と対応させると以下のようにまとめることができる。

〈1〉アクセス

記号を解読し広範なボキャブラリーを構築したり，情報を探し出し，まとめ，保持したり，テクノロジーツールを使う能力。情報機器を含むメディアを選択，操作するだけではなく，メディアメッセージを読み解くための知識もこの段階で必要である。

〈2〉分析・評価

メディアにアクセスし，内容を理解したのち，それらを鵜呑みにするのではなく，内容を吟味・検討する能力。メディアから得られる情報は，現実をそのまま映しているものではなく，さまざまな文脈のもとで発信者によって構成されたものであるといったメディアやメディアメッセージの性質を理解することも重要である。

〈3〉発 信

　効果的で責任ある発信ができる能力，メディアを通じた双方向のやりとりや相互作用の能力。受け手側の理解や反応を考え，それに応じた発信ができ，関係性を深めるコミュニケーションを図ることができる。社会に発信する力をもつことは，民主主義社会において，市民として社会に参加する権利を担保するものだという考えが根底にある。

5　情報活用と情報モラル

5-1　情報の理解と活用

〈1〉誤情報を見抜く

　情報をうまく活用してよりよい社会を築くためには，情報を鵜呑みにせず，また自分に都合のいい情報ばかりを集めず，主体的かつ客観的に情報を取捨選択していくことが必要である。その過程では，誤った情報を見抜くことも重要である。たんなる勘違いや不注意で流される誤情報もあれば，意図的につくられた誤情報もある。また，ディープフェイクといった高度な画像合成技術を使った動画もつくられ，まるで現実にそのまま撮影した動画であるかのようにインターネットに掲載されていることもある。あらゆる場面で非常に複雑で巧妙な情報戦がおこなわれており，「ファクトチェック」と謳ったサイトの情報が誤情報である場合もある。生成 AI を活用したチャットの回答文は，とても自然な表現でもっともらしい内容が書かれていても，その内容のすべてが正しいとは限らない。日常の買い物，政治や経済，リスク情報など，正しい情報に基づいて判断した場合と，誤情報を信じ込んだうえで判断した場合では，その後の結果は大きく異なるだろう。

　誤情報の問題は，大きく分けて，拡散に関する問題と，誤情報を信じつづけることのふたつの問題がある（田中ら 2022）。誤情報の拡散は，プロパガンダのように意図的に喧伝される情報もあれば，情報を見た者が「よかれと思って」拡散してしまうこともある。特に後者には確証バイアスがかかわっており，自分の考えと一致した情報を信じて拡散し，考えと一致しない情報は拡散しない

傾向がある。また，一度獲得された誤情報の修正は簡単なことではなく，誤った情報であると指摘を受けたあとも信じつづけ，影響を受けつづけるという誤情報維持効果がみられる（田中ら 2022）。

　誤情報の拡散と誤情報を信じ込むことの間には，相互的な関係がある。多く拡散された情報を何度も目にすることになると，それは，よく見る情報であり，思い出しやすい情報にもなる。すると，情報処理のしやすさや思い出しやすさからヒューリスティックな判断がおこなわれ，よくある情報であり正しい情報だと思い込みやすくなる。正しい情報だと信じ込むと，他者への拡散動機も高まる。

　SNSでは，誰でもワンクリックで情報を拡散することができる。利用者一人ひとりの判断と行動が社会に大きな影響を与える自覚をもち，本当に正しい情報だといえるのか，本当に拡散してもよい情報なのかを，いったん立ち止まって考える必要がある。インターネット上の情報にシステム1の直観的な思考だけで対応することは不可能に近いことでもあり，開かれた心をもってシステム2の意識的，熟慮的に吟味する思考をはたらかせることが強く求められる。

〈2〉情報環境を理解する

　特にインターネットやSNSの普及によって注目されているものに，エコーチェンバー現象，フィルターバブルがある。エコーチェンバー現象とは，小さな閉ざされた空間のなかで音が反響するように，閉鎖的な環境のなかでコミュニケーションをくり返すことで同じような意見に多く触れ，自分の意見が強化，増幅されていく現象のことである。これは，インターネット上でのみ生じる現象ではなく，たとえば，カルト集団やイエスマンばかりを集めた組織でもみられる。これによって，集団内で偏った思考に陥り，誤った判断や行動をとってしまうことがある。

　フィルターバブルとは，「アルゴリズムがネット利用者個人の検索履歴やクリック履歴を分析し学習することで，個々のユーザーにとっては望むと望まざるとにかかわらず見たい情報が優先的に表示され，利用者の観点に合わない情報からは隔離され，自身の考え方や価値観の「バブル（泡）」の中に孤立するという情報環境」である（総務省 2019）。情報検索システムや通販サイトなどでの

履歴を活用した情報提示は情報過多の世界で，自分が求める情報にすばやくたどり着くことができるという点では，すぐれた仕組みである。しかし，利用者がこの仕組みを知らず，自覚しないままバブルのなかに置かれてしまうことは，その人にとっての世界を狭めることにつながる。

5-2　情報モラルとデジタル・シティズンシップ

〈1〉情報モラル

　一人ひとりが情報を活用し，よりよい社会を築いていくことができるよう，情報モラル教育が重視されている。情報モラルとは文部科学省（2018）によると，「情報社会で適正な活動を行うための基になる考え方と態度」であり，具体的には，①他者への影響を考え，人権，知的財産権など自他の権利を尊重し情報社会での行動に責任をもつこと，②犯罪被害を含む危険の回避など，情報を正しく安全に利用できること，③コンピュータなどの情報機器の使用による健康とのかかわりを理解することなどがあげられている。

　また，「これらを育成するには，何々をしてはいけないというような対処的なルールを身に付けるだけではなく，それらのルールの意味を正しく理解し，新たな場面でも正しい行動がとれるような考え方と態度を身に付けることが必要である」とも述べられている（文部科学省 2018）。実際には，情報モラルに関する知識があったとしても，そのような行動をとるとは限らない（田中ら 2016）ので，情報モラル教育では，知識を身につけるだけではなく，それらを実際の行動に反映させられるような教育を考える必要がある。

　このような情報モラルは，誰もがもつ必要があり，学校教育のなかでも子どもたちの情報モラルを育むことが重要である。そして，子どもたちだけではなく大人も情報モラルをもつ必要がある。特に，教師のような多くの情報を扱う職業では，情報社会における倫理観をもち，著作権などの知的財産権や名誉毀損や侮辱罪など人権にかかわる法の理解と遵守，情報セキュリティなどの安全への意識や行動が重要である。

〈2〉デジタル・シティズンシップ

　デジタル・シティズンシップとは，他律的で抑制的な情報モラルとは異なり，

使用する権利の行使者であることを尊重したポジティブな考え方に基づくものである（水内 2021）。デジタル市民を育てるためにすべきことのリストとして，たとえば次の4つがあげられている（International Society for Technology Education 2023）。

①コミュニティをよりよくするためにテクノロジーを活用する。
②自分とは異なる信念をもつ人びととオンラインで敬意をもってかかわり合う。
③テクノロジーを使って公共のリーダーに自分の声を届け，公共政策を形成する。
④オンライン上の情報源の妥当性を判断する。

　これらは，社会のなかでの責任や参画を重視するものであり，誰かに決められたルールを守るだけでなく，当事者同士が相談し，ルールをよりよく変えていくといった力も必要だといわれる（塩田 2021）。権利の理解やそれを保護するための法の遵守，またよりよいルールの策定などにより，公共的なネットワーク社会の構築をめざすものである。デジタル・シティズンシップを育むためには，同時に市民リテラシーや，それを支える批判的思考を育むことが必要であろう。

5-3　情報活用と批判的思考

　世の中の情報は，マスメディアの情報も含めて玉石混淆であるが，SNSなど，誰もが手軽に情報発信ができるインターネットでは，特に注意深く吟味する必要がある。批判的思考力を発揮して情報を明確にし，情報の信頼性や妥当性など推論の土台を検討し，得られた情報は事実であるのか，意図的，非意図的な誤情報であるのか吟味する。また，情報のバブルのなかで孤立してしまっていないか，狭い情報空間で増幅された声に過度な影響を受けて偏った思考になっていないか，自分にとって都合のいい情報ばかりを見ていないかなど，自分自身についても批判的に省察することが大切である。

　正しい情報に基づきゆがみなく推論し，どのように行動すべきか，そしてそ

れを発信すべきであるかを決定する批判的思考は，情報を適切に活用し，より
よい社会を築いていくためになくてはならない思考である。また，偏った思考
に陥らず，開かれた心でさまざまな情報を求めようとする批判的思考態度を育
むことは，学びを豊かなものにし，創造性，そして異なる他者を排除するので
はない共生的思考を育むことにとっても不可欠であろう。

　批判的思考は目標志向的な思考である。そもそも批判的に考えるべき文脈か
どうかを判断したり（田中・楠見 2007b），批判的に考えた結果を発言するか否
かについても，そのときの目標によって判断している（田中・楠見 2016）。学
校教育において批判的思考を育むためには，子どもたちが，批判的思考をはた
らかせて正しい判断をし，その結果を発信することが効果的だと思える目標の
設定が大切だといえる。そのためにも，子どもたちの生活世界や現実社会に存
在する問題などを用いながら，紙の教科書などの限られた範囲内の情報だけで
はなく，ICT を活用しての情報収集や発信の場を設けることが効果をもつと考
えられる。

演習 1

①動画サイトに掲載されている無修正の記者会見動画をひとつ選ぶ。

②記者会見を見て，あなたなりのニュース記事をつくる。

③その記者会見の内容を紹介したインターネット上のニュース記事を探
　す（できれば，複数）。

④あなたのつくった要約とインターネット上で見つけた記事とを比べてみる。
　内容に違いはあっただろうか。違うとしたら，なぜ違いが生じたのか
　理由を考えてみよう。

 **読書案内**

①イールズ＝レイノルズ, L-J.・ジャッジ, B.・マックリーリー, E.・ジョーンズ, P.（著）
　楠見 孝・田中優子（訳）　2019　大学生のためのクリティカルシンキング：学びの

基礎から教える実践へ　北大路書房
②道田泰司・宮元博章（著）秋月りす（イラスト）　1999　クリティカル進化（シンカー）
　　論：「OL進化論」で学ぶ思考の技法　北大路書房

第Ⅱ部

さまざまな教育方法と技術

個別最適な学びと協働的な学びの実現をするために，また学習者が豊かに生きていくために，児童生徒をどう教え，かれらの学びの生成をどう支えるのかについてその基本原理や方法を主に教育学・教育工学的観点から理解する。ここでの知見と第Ⅰ部が有機的につながることが期待される。

第**6**章　授業設計を考える

岩﨑千晶

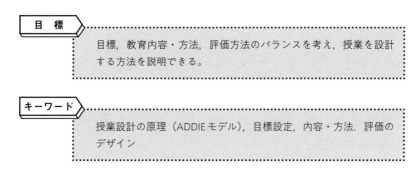

目　標
> 目標，教育内容・方法，評価方法のバランスを考え，授業を設計
> する方法を説明できる。

キーワード
> 授業設計の原理（ADDIE モデル），目標設定，内容・方法，評価の
> デザイン

1　授業設計

1-1　インストラクショナルデザイン

　教育方法学は授業技術を探究する「教授学」，教科と教材の開発や生徒を指導
する技術を探究する「学校教育学」，授業や教室における生徒と教員のやりと
りや授業の展開を観察し分析する「授業研究」を含む包括的な学問領域である
（佐藤 1996）。学びの場に生成する課題の解決を実証的に進める学問ではあるも
のの，一分野にとどまらない多様な分野をまたいだ学問領域であるのが教育方
法学である。では，実際に授業を実施する際に，何から学びはじめることが望
ましいといえるのか。第Ⅱ部では，さまざまな教育方法と技術を扱うが，本章
では授業設計における全体像を取り上げ，授業目標，教育内容・方法，評価方
法を概観することからはじめる。詳細に関しては各章を参照されたい。

　効果的な授業設計を実施するにあたっては，インストラクショナルデザイン

の考え方を援用できる。インストラクショナルデザインとは，「教育活動の効果と効率と魅力を高めるための手法を集大成したモデルや研究分野，またはそれらを応用して学習支援環境を実現するプロセス」（鈴木 2005）である。

1-2 ADDIE モデル

　インストラクショナルデザインにおける基本的なモデルとしてADDIE（アディー）モデルがある（図6-1）。ADDIEモデルは，分析（Analyze），設計（Design），開発（Develop），実施（Implement），評価（Evaluate）で構成されている。「分析」では，学習者の前提条件やニーズ，学習内容などの分析をおこなう。「設計」では，分析した結果をもとに学習指導案を作成する。「開発」では，学習指導案に基づいて必要な教材を開発する。「実施」では，実際に授業をおこなう。「評価」では一連の流れを振り返り，「分析」「設計」「開発」「実施」に向けた修正や改善をする。各構成要素の頭文字をとってADDIEモデルとなる。

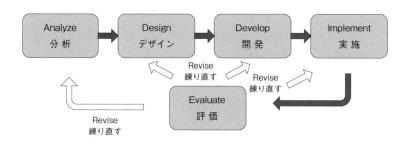

図6-1　ADDIEモデル（Gagné et al.（2005: 21）をもとに作成）

　ガニェら（Gagné et al. 2005）によると，「分析」では，授業での到達目標を明らかにすること，学習者の能力や前提条件（これまで学んできた学習内容，学習内容に対する関心や意欲，学習のレベル，クラスや学習者の特徴など）を明示し，授業を実施するうえでどのような影響があるのかを見極めることをおこなう。また，利用可能な授業時間とその時間内においてどの程度のことが達成可能であるのかを明らかにする。

「設計」では，実際に授業設計をおこなっていく。授業における授業目標を達成するために，どのような学習内容や方法を取り上げることが望ましいのかを検討する。各単元で達成すべき主な授業目標を明確にし，それらを達成するために指導の単元を具体化し，学習内容，学習内容を扱う順序，教育方法，学習活動を整理する。また，授業目標を達成できたのかどうかを把握するためにどのような評価方法を取り入れるべきなのかを検討する。これらを学習指導案へとまとめていく。学習指導案に関しては，都道府県の教育センターなどにおいてかなりの数の学習指導案が提供されている。初めて学習指導案を作成する場合は，すでに作成された指導案をいくつか見ておくとよいだろう。

　「開発」では，授業目標を達成するためにどんな教材（補助教材）を利用するのかを決めたり，学習活動に求められる資料などを開発したりする。場合によっては，試行的に教材を活用し，改善する。

　「実施」では，実際に授業をおこない，学習者を観察し，必要に応じて助言や支援をする。

　「評価」では授業設計に関する一連の流れを振り返り，「分析」「設計」「開発」「実施」に向けた修正や改善をおこなう。学習者の評価をおこなうことや，授業設計全体に関する評価を実施する。これらの結果をもとに，「分析」「設計」「開発」「実施」に活かしていくことでよりよい授業を展開していく。

　ADDIEモデルは分析から評価までを直線的におこなう点が批判されることもあるが（Slade 2020/2021），一方向的に進むだけではなく，実際には「分析」「設計」「開発」「実施」「評価」を行き交いし，循環しながら授業設計がされるといえる。

1-3　授業設計の構成要素

　授業目標に対して，どういった学習内容や教育方法を取り上げることが望ましいのかを検討する際には授業設計の構成要素の整合性を検討する必要がある。授業設計の構成要素には，教える側の視点からは「授業目標」「教育内容・方法」「評価方法」があげられる（図6-2）（Online Learning Consortium 2020; 鈴木 2008）。そしてこれらは学ぶ側の視点からは「学習目標」「学習活動」「フィードバック」となる。授業設計を考える際に，どうしても教える側の立場がど

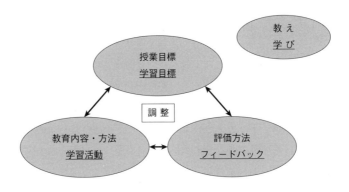

図6-2 授業設計の構成要素
（Online Learning Consortium（2020）; 鈴木（2008）をもとに作成）

う指導するのかを考えてしまうが，学ぶ側の視点を忘れず，学習の側面を重視する必要がある。

　授業設計をおこなう際には，まず授業目標（学習目標）を明らかにする。1学期の授業が終わる頃に，あるいは学習過程における学習活動の一連のまとまりである「単元」が終わる頃までに，学習者がどのような能力を身につけていることが望ましいのかを考え，授業目標（学習目標）を設定する。次に，授業目標を達成できたのかどうかを判断するために評価方法（フィードバック）を明らかにし，授業目標を達成させる内容や方法を選択する（鈴木 2008）。最後に，授業目標を達成できる教育内容・方法を選ぶ。個別最適な学びと協働的な学びを実現するには，第9章で紹介しているようにジグソー法，PrBL（Project-Based Learning）などさまざまな教育方法がある。どのような教育方法を導入すべきか迷った際は，授業目標に立ち返り，学習者がどのような能力を培うことをめざしているのかを再確認し，そのためにはどういった教育方法が望ましいのかを検討しよう。

1-4　授業目標，教育内容・方法，評価の整合性

　授業設計には授業目標，教育内容・方法，評価方法の整合性が重要になる。整合性がとれていない場合，たとえば，授業目標では3つの能力の形成を提示し

ているものの，評価方法ではそのうちのふたつの能力しか測ることができていない場合や，3つ目の目標について教育方法や学習活動で十分に取り扱えていない場合などがある。学習指導案を見直したり，授業設計をし直したりして，授業設計の整合性がとれているのかを確認できるとよい。

中学校1年生「理科」の「いろいろな物質とその性質」の単元で考えてみよう。たとえば，「有機物と無機物の種類や特徴について説明できる」ことを目標としたときと，「実験や観察をおこなった結果をもとになぜそうなるのかを考え，結果の理由や，仮説との一致や違いを説明・報告できる」ことを目標としたときでは，目標達成のために用いる教育方法や評価方法は異なる（図6-3）。「有機物と無機物の種類や特徴について説明できる」ことをめざす場合は，教員による説明や，オンデマンド映像を視聴することによって学ぶことができる。その習得に関しては小テストをおこなったり，LMS（Learning Management System）の小テスト機能を活用したりして評価することができる。

一方，「実験や観察をおこなった結果をもとになぜそうなるのかを考え，結果の理由や，仮説との一致や違いを説明・報告できる」ことを目標に設定した場合は，教員が一方向的に話すだけでは学習者がその能力を習得することは容易ではない。やはり，学習者自身で実際に実験をして，班員とともに実験結果に

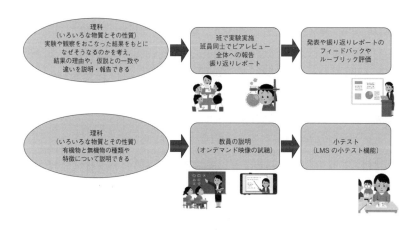

図6-3　授業目標，教育方法，評価方法のバランスを考える（筆者作成）

ついて「なぜそうなるのか」を考えたり「仮説と結果が一致したところや違っているところ」について考察を深め，その内容を教室全体に向けて報告したりすることが求められる。場合によっては，実験の一連のプロセスを振り返るための実験レポートを書いたりすることもあるだろう。このような場合は，小テストで評価することはむずかしい。発表した内容や実験レポートの内容に対して，教員からフィードバックをおこない，どこがよかったのか，どこが足りなかったのかを伝えたり，ルーブリックを活用して評価したりする必要がある。

　しかし，念入りに準備をして授業を設計した場合においても，実際に授業をする場面において学習者の反応によって教育方法を変更することがある。また学習者は毎年変わるため，これまでうまくいっていた学習指導案が翌年には同じようにしてもうまくいかない場合もある。こうした場合も，ADDIEモデルの「評価（Evaluation）」に該当する授業実践の設計や教員の振る舞い・学習者の動きや発言などに関してあらためて振り返る機会を設け，循環的に授業実践を見直していくことが求められる。

2　授業目標の設定

　2016年に提示された中央教育審議会答申による学習指導要領の改訂では，学習者が育成すべき資質・能力を3つの柱に整理している。ここでは，「知識・技能：何を理解しているか，何ができるか」「思考力・判断力・表現力等：理解していること・できることをどう使うか」「学びに向かう力・人間性等：どのように社会・世界と関わり，よりよい人生を送るか」の3つの柱が，共通する重要な要素となっている（中央教育審議会 2021）。中央教育審議会（2021）によると，これらの能力をバランスよく育成することが求められている。

　授業設計をする際には，それぞれの能力の育成を検討する必要があるが，それらに加えて，能力の階層性にも配慮することが求められる。石井（2015）は，能力は階層になっており，それらは「知識の獲得・定着（知っている・できる）」「知識の意味理解と洗練（わかる）」「知識の有意味な使用と創造（使える）」で構成されるという（図6-4）。

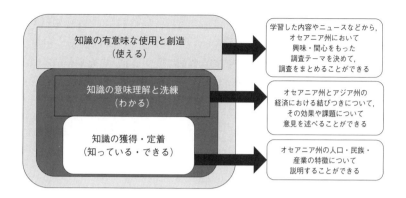

図6-4 能力の階層性とその事例 (石井 (2015: 19) をもとに作成)

　社会（地理）「世界の諸地域」を例に考えてみよう。たとえば，「知識の獲得・定着（知っている・できる）」の授業目標としては，「オセアニア州の人口・民族・産業の特徴について説明することができる」となる。「知識の意味理解と洗練（わかる）」では，「オセアニア州とアジア州の経済における結びつきについて，その効果や課題について意見を述べることができる」となる。「知識の有意味な使用と創造（使える）」では，「学習した内容やニュースなどから，オセアニア州において興味・関心をもった調査テーマを決めて，調査をまとめることができる」となる。世界の諸地域でオセアニア州を学ぶ場合においても，そこで育む能力の階層は異なることがわかる。

　このように，授業設計をする段階においては，授業が終わったあとに学習者が身につけておくべき「知識・技能」「思考力・判断力・表現力等」「学びに向かう力・人間性等」の能力・資質の種類と，それぞれの能力における階層を明らかにしよう。また能力に関しては学習者が身につけたことを判断しやすいように「目標行動」として提示することが望ましい。

　たとえば，主体的・対話的で深い学び（アクティブラーニング）を推進していると，学習者が調査をしたり，議論をしたり，発表したりと，学習者が積極的に活動する様子がみてとれる。しかしながら，活発に活動しているからといって，みな同じように学習できているとは限らない。学習活動をするという外

面的な側面と，最終的に学習者が何をどう学んだのかという内面的な側面の両面における学習成果を明らかにする必要がある（松下・田口 2012）。しかし，学びの外的な側面と違い，学習者の内的な側面に関する学びを把握することはむずかしい。そこで，学習者の行動で判断できる「説明できる」「読み取ることができる」「表やグラフを使って，まとめることができる」「疑問点を明らかにし，質問できる」といった目標行動を提示するとよい。具体的な目標を行動として提示できれば，授業目標を達成するために，より具体的な教育方法や評価方法の設定をすることができるだろう。

3　教育内容・方法のデザイン

　すでに提示した資質・能力の3つの柱を育むために，中央教育審議会（2021）は個別最適な学びと協働的な学びを充実させていく必要があると指摘する。第1章で詳述したとおり，学習者の特性や学習到達度を把握し，その状況に応じて教育方法を取り入れたり，教材の提供に対して柔軟に実施していったりする「指導の個別化」，ならびに，学習者の興味関心に応じた探究活動において学習者自身にとって学習が最適なものになるように調整する「学習の個性化」が求められている。このような個別最適な学びに加えて，従来から重視されてきた学習者同士のやりとりや地域の人たちなどといった他者と協働しながら学んでいく協働的な学びを実現するための教育内容・方法を設定することが必要とされている。こうした学びを実現するためには，どういった教育方法や学習活動を選択することが望ましいのかについて迷った際は，やはり授業目標に立ち返ることが必要になる。

3-1　模倣的様式と変容的様式
　とりわけ，学習者がいかに学ぶのかという視点が重視されているため，教員は学習者が学ぶためにはどのような教え方が求められるのかを考慮する必要がある。アメリカの教育学者ジャクソン（Jackson 1986）は，授業に関して模倣的様式（mimetic mode）と変容的様式（transformative mode）があると指摘

する。模倣的様式とは，知識や技能を伝達することを基本とする授業の様式を
さし，変容的様式は，学習者の考え方，態度，探究の方法を形成することが授
業の基本とする授業の様式のことをいう（佐藤 1996）。「知識は教員が教えるこ
とによって習得することができる」という知識伝達主義の考え方は模倣的様式
に対応しており，「知識は対話によって生成される」という社会構成主義的な考
え方は変容的様式に対応しているといえる。

　模倣的様式の場合は，教員が説明して，知識を伝えることが重視される。オ
ンライン授業の場合，模倣的様式では教員が一方的に話しつづける授業動画を
提供することになりかねない。しかし，この様式では，近年，重視されている
アクティブラーニング，個別最適な学び，協働的な学びなどを推進することが
むずかしいといえる。

　たとえば，ボンウェルとエイソン（Bonwell & Eison 1991）はアクティブラ
ーニングの特徴として「学生は聴くことを超えた学びに関与する」「情報を伝
えることよりも，学生のスキルの育成を重視する」「学生は高次の思考が求め
られる取り組みに関与する（課題の分析，構造化，評価など）」「学習者はリー
ディング，ディスカッション，ライティングに関連する学習活動に取り組む」
「学習者の考え方や価値感を探究することに重きを置く」をあげている。

　さらに個別最適な学びや協働的な学びを推進するにはICTを活用した教育の
実践も重視されている。学習者にはデジタル教科書を活用して，関心や興味に
沿って学ぶこと，タブレット端末を活用して主体的に学ぶことが重視されてい
る。また教員はデータ化された学習履歴を活用して分析をし，指導や評価方法
に活かすことなどがあげられる。これらの学習活動をみても，変容的様式は現
代で重視されている授業に近い授業様式だといえる。従来の日本における授業
は模倣的様式で実施されることも多いが，学習指導要領で提示されている教育
の動向からは，相反する変容的様式への推進が期待されていることがわかる。

　それぞれの立場は相容れず，佐藤（1996）は教育上の課題となると指摘する
が，どうするべきか考えつづけることが重要になるといえよう。能力の階層性
で考えると，授業目標となる「知識の獲得・定着」「知識の意味理解と洗練」
「知識の有意味な使用と創造」のどの層の能力を育むのかを考慮して，教育方法
も変容させることが望ましい。学習者の学びを深めるためには何が重要になる

のかを今一度検討することが求められる。本書第Ⅰ部各章をあらためて熟読されたい。そのための具体的な授業設計の方法としては，第7章から第9章を参照されたい。またICTを活用した教育の方法や学習活動に関しては第10章から第13章を活用されたい。さらに，学習者・学び手側に対する「学習評価」については第16章を熟読されたい。

4　評価方法のデザイン

　評価方法では，授業目標が達成できたのかどうかを判断できる方法を選択する必要がある。先述のとおり，授業目標は，知識・技能，思考力・判断力・表現力，学びへ向かう態度・人間性の3種類があるとともに，階層的にもなっている。授業設計では，各授業目標を達成できたのかどうかを判断できる評価方法を選択することが求められる。評価方法は1種類だけではなく（授業目標に応じて1種類のこともあるが），授業目標に応じて複数の方法を組み合わせて達成できたのかどうかを判断することが必要になる。

　たとえば，先述した社会科（地理）の場合，「オセアニア州の人口・民族・産業の特徴について説明することができる」であれば，「オセアニア州の産業に関して正しいものを次の4つのなかから選択せよ」といった小テストで確認できる。「オセアニア州とアジア州の経済における結びつきについて，その効果や課題について意見を述べることができる」では，記述式の問題を提示し，解答内容から達成度を判断できる。「学習した内容やニュースなどから，オセアニア州において興味・関心をもった調査テーマを決めて，調査をまとめることができる」では，調査をしているプロセスを教員が観察したり，学習者が発表したプレゼンテーションの内容や，調査をまとめたレポートの内容から判断したりと，評価方法が異なる。

　同様に，国語科の授業で「文章を序論・本論・結論に分けて，内容をとらえることができる」「文章の主張・理由・根拠に該当する部分を探すことができる」といった目標と，「新出漢字を読み，書くことができる」という目標では，それぞれの評価方法は異なる。「文章を序論・本論・結論に分けて，内容をとら

えることができる」の場合は，学習者が「教科書やあるまとまった文章の該当する部分をまとめて，ノートに記述した内容」を教員が評価する方法もあるし，序論に該当する部分の選択肢を教員がつくり，学習者が正しい選択肢を選ぶテストを実施する方法もある。また序論・本論・結論に整理された文章を学習者自身が書くことで評価する方法もある。一方「新出漢字を読み，書くことができる」の場合は，テスト形式で確認をする場合が多いだろう。それぞれの目標に適した評価方法を選択するようにしよう。

　適切な評価方法を選択するためには，授業が終わったあとに学習者に達成できるようになってもらいたい授業目標を明示する必要がある。授業目標が不明確な場合，教育内容・方法や評価方法を選ぶ際にも迷いが出るが，授業目標を明確にすることで，評価方法を選択することに近づく。具体的な方法として，市川（2015）は，①学習者が授業後に何ができるようになっているのかという「目標行動」を提示すること，その際に②どのような条件のもとで達成度が判断されるのかという「評価の条件」を明らかにすること，③授業目標を評価する際の合格ラインをどこに設定するのかという「合格基準」を提示することが必要になると指摘する。

　「目標行動」については，「理解する」「気づく」といった学習者の内面での変化は判断しづらいため，「説明できる」「分類できる」「選択できる」といった行動で判断できるようにする必要がある。たとえば，教職科目「教育方法・技術論」の場合「学習者中心の教育に関する理念やその教育方法について理解する」ではなく，「学習者中心の教育に関する理念やその教育方法について説明できる」とする。こうすることで，学習者自身も自分が目標を達成できたかどうかを判断することにつなげられ，自律的な学習者の育成に活かすことができる。

　「評価条件」では，「中間試験30点，期末試験50点，授業中に提出するワークシート20点」と評価の割合を提示したり，外国語の授業に関して辞書の持ち込みが可能かどうかを提示したりする。

　「合格基準」については，どこを合格ラインとするのかを明示する。テストの場合，「80点以上で合格とすること」や，「実験の手順の場合，15分以内に実施できること」を合格とするのかといったことが考えられる。これら3点を明らかにし，学習者に伝えることで，学習者にとっても進むべき方向性が理解しや

すくなる。さらに学習者が学ぶ方向性をより具体的にする評価ツールとしてルーブリックもあげられる。これらは評価の観点や尺度を文章で表現したものとなる。ルーブリックを含めた評価に関する詳細は第16章を参照されたい。

　そして，学習者が実施した学習の成果に対するフィードバックも重要になる。教師がフィードバックをすることで，授業目標をどこまで達成できていたのかを学習者が知ることができる。それにより，学習者はみずからの課題を把握することにつながるため，復習をして学び直すことが可能になる。課題がない場合は，次の目標に向かって学習を進めることができる。自律的な学習者を育むためには評価方法とフィードバックをセットにして考えることが望ましいといえる。

　授業設計をする際は，授業目標，教育内容・方法，評価方法のバランスを重視しつつ，学習指導案を設計したあとも見直したり，授業後に学習者の様子や学習成果を分析して修正したりし，よりよい授業実践をめざしていくことが望まれる。

ADDIEモデルの「設計（Design）」でするべきことを振り返り，都道府県の教育センターなどで提供されている学習指導案をひとつ取り上げ，以下の点について工夫されているところとその理由を考えてみよう。

①本時の展開（本時の目標，授業の流れ，指導上の配慮など）
②評価方法や評価の基準

①～③からひとつ選んで，目標行動をつくってみよう！

①朝学の時間・国語科・英語科・総合的な探究の時間などで2分間スピーチをする場合の目標行動：発表態度，内容構成に分けて考えてみよう。

②読書感想文に関する目標行動：表記・表現，内容，構成に分けて考えてみよう。
③理科や社会科の自由研究に関する目標行動：夏休みの自由研究，国新聞（地理），人物新聞（歴史）などをイメージして考えてみよう。

演習 3

これまでの学校教育で印象に残っている授業をひとつ選び，模倣的様式，変容的様式のどちらで実施されていたのかを考えてみよう。

①科目名・学年
②授業の様子と印象に残っている点
③模倣的様式だったのか，変容的様式だったのか
④③に該当すると判断した理由

 読書案内

①リーサー，R. A.・デンプシー，J. V.（著）鈴木克明・合田美子（監訳）2013　インストラクショナルデザインとテクノロジ：教える技術の動向と課題　北大路書房
②佐藤 学　1996　教育方法学　岩波書店

第7章　学習指導案の作成と学習指導の技術を考える

木村明憲

目　標

学習指導案に記載すべき事項を説明できる。目標，評価規準，教材・教具，学習過程，単元（題材）計画，本時の展開，発問，板書などから，学習指導における技術を身につけることができる。

キーワード

学習指導案，単元計画，板書計画

1　学習指導案とは

　本章では，学習指導案と学習指導の技術について考える。学習指導案とは，公開授業において授業者がどのような授業をおこなうのかを参観者に伝えること，そして，授業者がどのような授業をし，児童生徒にどのような力を育成するのかを明らかにするために記述するものである。日本教育工学会（2000）では，教師が授業を進めるにあたって事前に準備する指導計画であると学習指導案を定義している。また，皀ら（2016）も，「学習指導案は，授業を構想する際の設計図であり，授業を行う際には進行表となり，実施後には，授業や学習指導の記録，次への構想の準備となるものである」としている。そして，学習指導案を作成することをとおして，授業者は「授業についての教師の考えを外化させ，可視化させる」（内海 2019）のである。このようなことから，学習指

導案を書くことは，「単元や授業について深く考えること」「自分自身で学習指導の技術を振り返ること」「参観者からの指摘をもとにみずからの授業や指導の技術の改善点を知ること」であるといえる。本章では，学習指導案の項目を解説することをとおして，学習指導の技術を高めることをねらいとする。ただ，学習指導案の形式に決まりはない。授業設計や実践研究の目的によって形式が変わることもある。また，教科特有の教育方法の特色をふまえた場合も形式が異なってくる（千葉 2019）。そこで，本章では，筆者がこれまでの勤務校で経験・執筆した学習指導案の項目をもとに，学習指導の技術を高めることにつながると考えられる項目をあげた学習指導案例を示し，それぞれの項目に記述すべき事項と学習指導の技術について考えを深めていくことにする。

2　学校現場における学習指導の技術を高めるには ─────

　学校現場における学習指導の技術とは，話法（発問，指示）や板書，机間指導，教材の活用，ICT活用などである。これらの指導・支援を効果的におこなうことができるようになることが，学習指導の技術が高まった状態であるといえる。指導の技術を高めるためには，日常の授業で，板書や机間指導の計画を立てたうえで授業をしたり，教材やICTを活用した授業実践をくり返し経験したりする必要がある。しかし，教師が日常的に学習指導の技術を意識して授業をすることはむずかしい。なぜなら，授業では自身の指導技術の向上よりも「目の前の児童や生徒が授業内容を理解しているか」「目標の達成に向かって学習を進めているか」「むずかしさを抱えている児童生徒にどのように支援をすればよいか」ということを考えながら授業を進めていく必要があるからである。

　このような状況のなかで，指導技術の向上を意識して授業をおこなうには，事前に授業計画を立てたうえで授業を実施することが重要である。今日の学校現場では「それぞれの学校で子どもたちの学力をどのようにして高めていくのか」，そして「教師が学習指導の技術をどのように高めていくのか」について話し合い，協働的に研究を進めている学校が多い。学校内で子どもたちの課題解決と成長をねらいに取り組まれる校内研究は，公開授業を設定し，複数の教師でひ

とつの授業を見たあとに，学習指導の技術などについて議論する。このように，公開授業とは，ほかの教師に授業を公開し，「授業設計」「発問」「板書」「机間指導」「ICT活用」などの指導・支援が子どもたちにとって有効な手立てであったのかを検討し，その結果を，今後の授業改善に活かすためにおこなわれるのである。公開授業を実施する際は，事前に授業者が学習指導案を作成し，参観者や指導助言者に配付する。したがって，授業者は，公開授業をおこなう2,3か月前に公開する教科・単元を決め，教材研究を経て学習指導案を作成することが，学習指導の技術を高めるうえで非常に重要なプロセスであると考えられる。ここでいう教材研究とは，たんに教科書のどこを教えるのか，どのように発問するのかという教師の行動だけを検討するものではなく，「子どもがこの文章を読んだらどのようなことを考え，どのように反応するだろうか」「この活動をすれば，どの子がどのようなことでつまずくだろうか」「子どもたちのつまずきを克服するためにどのような支援が必要だろうか」といったように，授業を受ける子どもたちの反応を具体的に思い浮かべながら授業の構造を考える行為である。このような視点で教材研究をし，学習指導案を作成することが，単元（題材）の学習目標，評価規準，指導観，児童生徒観，教材観，単元計画，そして本時の目標，展開，評価，板書計画などについて学習者の実態をもとに，学習指導案を記述することにつながるのである。

　このように，学習指導案に記述する事柄は，すべて学習指導の技術に関連する事柄である。たとえば，単元（題材）計画を考える際には，1時間1時間にどのような目標を達成するのかを明らかにする必要がある。また，本時の展開を考える際には，その時間の発問や指示，板書を考えることが求められる。したがって事前に単元全体の計画や1時間の授業展開を吟味することにより，学習指導の技術が高まると考えられる。

　本章では，「学習指導案に記載すべき事項を説明できる」「目標，評価規準，教材・教具，学習過程，単元（題材）計画，本時の展開，発問，板書などから，学習指導における技術を身につけることができる」ことを目標としているため，学習指導における技術を理解し，高めるための方略を身につけるために，学校現場で書かれている学習指導案を項目ごとに解説する。なぜなら，学習指導案における各項目の意味を理解し，それぞれの項目でどのようなことを考え，記

述する必要があるのかを知ることで，学習指導の技術を効果的に高める方略を身につけることにつながると考えるからである。

3　学習指導案と学習指導の技術 ─────────────

　図7-1は学習指導の技術との関係を考えるうえで示す「学習指導案例」である。「学習指導案例」では，まず，「1. 単元（題材）名」「2. 単元（題材）目標」「3. 単元（題材）の評価規準」「4. 指導について（指導観，児童生徒観，教材観）」をあげている。単元とは「各教科等において，一定の目標や主題を中心として組織された学習内容の有機的なまとまり」（中央教育審議会 2016）である。また，教科によっては単元を題材とよぶ場合もある。ここでは，まず，単元（題材）目標と単元（題材）の評価規準について述べる。次に，「5. 単元（題材）計画」では，単元の計画を考える際の軸となる項目について述べる。最後に，「6. 本時の目標」「7. 本時の展開」「8. 板書計画」では，1時間の学習目標とその時間の授業の展開について述べるとともに学習指導案の執筆と学習指導の技術の向上について考えを深めていく。

3-1　単元（題材）名，単元（題材）目標，単元（題材）の評価規準，指導基準についてと学習指導の技術

　まず，学習指導案の単元（題材）名，単元（題材）目標，単元（題材）の評価規準と学習指導の技術について考える。「1. 単元（題材）名」とは，学習内容のまとまりにつけられた名前である。多くの場合，授業者が勤務する自治体で活用されている教科用図書の単元（題材）名を記述するが学習指導要領の目標をもとに単元（題材）名を考えて記述する場合もある。次に「2. 単元（題材）目標」は，その単元で子どもたちに育成すべき資質・能力を目標として記す。育成すべき資質・能力とは，学習指導要領で示されている「資質・能力の三本柱」をもとに設定する。小学校学習指導要領（文部科学省 2017c: 22）では，「資質・能力の三本柱」の「知識及び技能」を「何を理解しているのか，何ができるのか（生きて働く「知識・技能」の習得）」と，「思考力・判断力・表現力

第○学年　○○学習指導案

学習者　○年○組
授業者

1　単元（題材）名

2　単元（題材）目標

3　単元（題材）の評価規準
＜知識・技能＞

＜思考力・判断力・表現力＞

＜主体的に学習に取り組む態度＞

4　指導について

5　単元（題材）計画（全○時間）

学習過程	時	○学習目標，・学習活動	○評価規準，・評価方法
	1	○（学習目標） ・（学習活動）	○（評価規準） ・（評価方法）
	2	○（学習目標） ・（学習活動）	○（評価規準） ・（評価方法）

6　本時の目標

7　本時の展開

段階 過程	学習活動，○教師の発問，●指示，・子どもの反応	□準備物，◇支援，・留意点， ■評価規準及び評価方法
	1，（学習活動） ○（発問） ・（子どもの反応） ●（指示）	□（準備物） ◇（支援） ・（留意点）
	2，（学習活動） <div align="center">**本時の目標**</div>	
		■評価規準（評価方法）

8　板書計画

図 7-1　学習指導案例（筆者作成）

等」を「理解していること・できることをどう使うのか（未知の状況にも対応できる「思考力・判断力・表現力等」の育成）」と、「学びに向かう力・人間性等」を「どのように社会・世界と関わり、よりよい人生を送るのか（学びを人生や社会に生かそうとする「学びに向かう力・人間性等」の涵養）」と示している。これらをもとに、学習指導案を書く際は、3つの要素を総合し、一文で書く場合と、三本柱に即して分けて書く場合がある。一文で書く場合は以下のように記述する。

【小学校6年生社会科の例】

　弥生の時代から大和朝廷の時代に時が移り変わり、人びとの生活がどのように変化したのかについて、適切な手段で資料を収集し（知識及び技能）、それぞれの時代の特徴としてあげられている道具や建物、集落の様子などを比較することをとおして、時代の様子について考え（思考力・判断力・表現力等）、理解する（知識及び技能）。また、単元の見通しを明確にしたうえで、学習を振り返りながら課題解決に向けて主体的に学習に取り組む（学びに向かう力・人間性等）」。

　また、「2.単元（題材）目標」は学習指導要領に示された目標をもとに、授業者の立場で、学習者にどのような資質・能力を育成するのかを記述する。ここにあげた目標は単元の目標に当たるため、この単元が終了した際に、示された資質・能力が育成されることをめざして授業をおこなっていくのである。このように目標とする資質・能力を育成・発揮することで、単元の出口を明らかにして授業を実施していくことが学習指導の技術を高めていくことにつながるのである。

　「3.単元（題材）の評価規準」とは、その単元で目標として設定した資質・能力を学習者が身につけることができたのかを確認するための文言である。したがって、「単元（題材）の評価規準」は、「資質・能力の三本柱」をもとにした3つの観点「知識及び技能」「思考力・判断力・表現力等」「主体的に学習に取り組む態度」で記す。

　「知識及び技能」の評価は、単元目標に記した「知識及び技能」をもとに、そ

の単元で身につけるべき知識を獲得することができたのか，また，できるようになるべき技能を習得できたのかを評価するために記述する。具体的な評価方法としてはペーパーテストで知識が身についたかを測ったり，発表会などを実施し，技能を習得したかを確認したりすることが考えられる。

「思考力・判断力・表現力等」は，課題を解決するために，「知識及び技能」を活用して，思考力・判断力・表現力を発揮したかを評価できるように記述する。具体的には，論述問題やレポートの作成，発表やグループでの話し合い活動を観察することをとおして見取ったり，情報を図に書き出し，整理して考えを広げたり深めたりするシンキングツールに記述したことを見取ることをとおして評価したりすることが考えられる。

「主体的に学習に取り組む態度」は，「学びに向かう力・人間性等」を評価する際の一側面である。「学びに向かう力・人間性等」は「主体的に学習に取り組む態度」として観点別に見取る側面と，個人内評価をとおして見取る側面がある。なお，観点別に見取る側面とは，学習者が粘り強く取り組んでいたか，みずからの学習を調整しようとしていたかについて見取り，個人内評価をとおして見取る側面とは，児童生徒が以前に比べてどのように成長したのか見取る。学習指導案では，授業者が授業をおこなう学級全体の評価規準を記述するため，観点別に見取る側面のみを記述する。その際挙手の回数やノートのとり方など形式的な側面ではなく，学習者が見通しをもって学習を自己調整しながら，粘り強く知識・技能を獲得したり，思考・判断・表現しようとしていたりしているかを評価することができるように記述する（文部科学省 2019）（第16章3節参照）。具体的には，児童生徒が図7-2のような学習計画を作成し，学習を調整したり粘り強く取り組んだりしていたのかを，学習目標と振り返りの記述をもとに評価するのである。このような単元の評価規準を記述することにより，授業者はこの単元で育成すべき資質・能力を学習者が身につけられたか，また，育成すべき資質・能力を発揮しながら学んでいたかを確認しながら授業を実施することができる。これらの観点で児童生徒を見取りながら授業を実施することが学習指導の技術の向上につながる。

「4. 指導について」では，本単元の授業を進めていくにあたり，授業者がその単元をどのように解釈し，目標の達成に向けてどのような指導をおこなってい

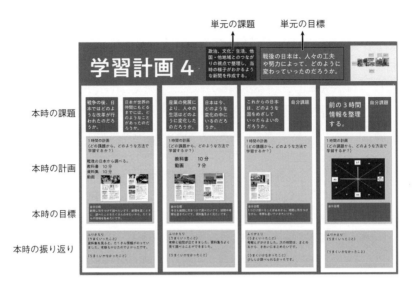

図7-2　学習計画例

くのかを，授業者の側面（指導観），学習者の側面（児童・生徒観），教材の側面（教材観）から多面的に記述する。これらは，校内研究の研究主題ともかかわることから，それぞれの学校が設定している研究課題をもとに学校で独自の項目を設定していることもあるが，その際も，「授業者，学習者，教材」という3つの側面を意識して記述することが重要である。「授業者の側面（指導観）」は，この単元の目標を達成するために，授業者がどのようなことを意識しながら指導をするのかということである。授業者が着目すべき具体的な指導場面をいくつか列挙し，その指導をおこなうことで目標のどの部分を達成するのかを記述することが，授業中に指導すべきことを明確にすることから，学習指導の技術を高めることにつながる。

　次に「学習者の側面（児童生徒観）」は，授業をおこなうクラスの児童生徒を授業者がどのように理解しているかということである。記述する際は，対象となる児童生徒の日常的な様子やこれまでの授業での様子をふまえたうえで，学習指導案を記述する教科・領域での児童生徒がどのように学習に向かうのかを

予想して記述する。また，現在は学習指導要領で主体的・対話的で深い学びに向けた授業改善が求められていることから，学習の基盤となる資質・能力である「言語能力」「情報活用能力」「問題発見・解決能力」の側面から児童生徒の実態を記述すれば，児童生徒を多面的に理解することができ，学習指導の技術をいっそう高めることができる。

　最後に，「教材の側面（教材観）」は，その単元で取り組む教材を授業者がどのようにとらえたのかについて記述する。授業で取り扱う教材にもさまざまな種類がある。教科用図書のような教材は，単元の目標の達成に大きく関連するため，そこにあげられている文章や絵，図などをどのようにとらえ，授業で扱っていくのかを明らかにすることが非常に重要となる。また，単元や本時の目標を達成するための支援として活用する教材もある。これらは補助教材とよばれ，漢字ドリルや計算ドリル，地図帳などがそれに当たる。補助教材があることで学習者が学習内容を理解しやすくなったり，主体的・対話的に深く学んだりすることにもつながる。このように「教材の側面（教材観）」では，主となる教材（教科書）をどのように解釈し，その教材からどのような力を育成・発揮させるのかを記述することと，そして，学習者の深い学びを実現させるために授業者が必要に応じて用意する補助教材（上記にあげた補助教材に加え授業での学びを記述するワークシートやフォームなども含む）をどのように活用するのかを記述するのである。

　これらの側面を記述する際は，実施しようとする指導・支援が「資質・能力の三本柱」のどの部分に当たるのかを意識する必要がある。たとえば，実施する指導が「知識及び技能」を習得するための指導なのか，「思考力・判断力・表現力等」を発揮させるための指導なのか，それとも「学びに向かう力・人間性等」を高めるための指導なのかを明らかにしたうえで，授業者，学習者，教材の側面から記述することが単元（題材）での指導を明確にし，学習指導の技術を高めることにつながるのである。

3-2　単元（題材）計画と学習指導の技術

　「5. 単元（題材）計画」では「学習過程」「時」「学習目標・学習活動」「評価規準・評価方法」の項目をあげている。「学習過程」は総合的な学習の時間では

よく記述されているが，児童生徒が主体的に学ぶために教科学習においても学習過程を明らかにして授業を進めることが重要である。なぜなら，児童生徒が学習過程を把握することで次の過程がわかり，先を見通しながら学習を進めることができるからである。「総合的な学習の時間」では，探究のプロセスとして「課題の設定」「情報収集」「整理・分析」「まとめ・表現」の学習過程が示されている（文部科学省 2017c: 76）。また，教科学習においても学習指導要領解説に学習過程が示されている教科がある。さらに，学習指導要領には主体的・対話的で深い学びの実現に向けた授業改善の視点として「知識を相互に関連付けてより深く理解する」「情報を精査して考えを形成する」「問題を見いだして解決策を考える」「思いや考えを基に創造する」といった過程が示されている（文部科学省 2017c: 76）。「知識を相互に関連付けてより深く理解する」とは，調べたことや知っていることから，同じ意味・分類の情報を結びつけることである。これらの情報を結びつけることにより，物事を深く理解することができる。「情報を精査して考えを形成する」とは，課題に対して詳しく調べ，分析することをとおして，考えをつくり出すことである。「問題を見いだして解決策を考える」とは，わからないことや解決しなければならないことを見つけ出し，それをどのように解決していくのかという計画や解決方法を考えることである。最後に「思いや考えを基に創造する」とは，思ったことや考えたことを組み合わせ新しい価値・創造物をつくり上げることである。これらのことから教科学習においても学習過程が重要視されていることがわかり，授業者は，学習指導案を記述する際に上述した学習過程を，「5. 単元（題材）計画」に記述することが学習指導の技術を高めることにつながると考えられる。

　次に「時」および「学習目標・学習活動」である。「時」は，その授業が単元の何時間目にあたるのかがわかるように記述する。その際に公開授業を実施する時間（本時の目標や展開を記述する時間）の下に「本時」と入れることが多い。「学習目標・学習活動」は，その時間の目標と，目標を達成するためにおこなう学習活動を具体的に記述する。学習目標は，「2. 単元（題材）目標」で記述した文言を分割して配分し，単元が終了した際に単元目標が達成できるように記述する。また，目標を達成するための学習活動がいくつかある場合は，複数の活動を記述する。図7-3は，単元・本時・活動の目標の関係を示した図で

単元の目標

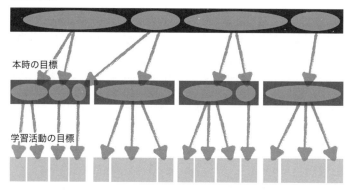

図7-3 単元目標，本時の目標，学習活動の目標の関係（筆者作成）

ある。図7-3のように単元の目標を達成するために，それらを分割して本時の
目標に配当する。そして，本時の目標を達成するためにさらに分割して学習活
動の目標としていくことで，それぞれの活動で取り組むべきことを明確にする
のである。単元目標を分割して本時や学習活動に配分することから，授業では
「知識及び技能」を習得するための時間・活動，「思考力・判断力・表現力等」
を発揮する時間・活動，「学びに向かう力・人間性等」を高めることにつながる
時間・活動が各活動で実施されていくことになる。このように分割して考える
ことが授業や活動で達成すべきことを明確にし，学習指導における技術を高め
ることにつながる。

　最後に，「評価規準・評価方法」である。ここには，「3. 単元（題材）の評価
規準」で記述した事柄を，先程記述した1時間1時間の学習目標と対応させなが
ら記述する。評価規準では，それぞれの時間の目標をもとに「知識及び技能」
を評価するのか，「思考力・判断力・表現力等」を評価するのか，「主体的に学
習に取り組む態度」を評価するのかを明らかにする。そして，どのような方法
でこれらの資質・能力を評価するかを記述する。たとえば，「知識及び技能」を
評価する場合であれば「ペーパーテスト（知識）」や「活動に取り組む様子の
観察（技能）」と評価する方法を記述する。このように記述しておくことで，授

業中に児童生徒を評価する際に，評価規準をもとに，事前に考えた評価方法で見取ることができるため，学習指導の技術の高まりにつながる。なお，「5. 単元（題材）計画」に評価規準を記述する際も目標と同様に「3. 単元（題材）の評価規準」に記述した事柄を落とすことなく記述する必要がある。

　このように授業をおこなう前に単元をとおして計画を立てることは，見通しをもって授業をおこなううえで非常に重要なことである。特に，児童生徒の主体的・対話的で深い学びの実現に向けた授業改善をするためには，単元のなかに「主体的に学ぶ」場面，「対話的に学ぶ」場面を散りばめ，それらをふまえてどのように深く学ぶのかということを事前に考えておかなければ，このような学びが実現しないことは自明である。このことから，単元（題材）計画は，学習指導案を書くときだけではなく，日常の営みとして計画を書く習慣を付ける必要がある。

3-3　本時の目標，本時の展開，板書計画と学習指導の技術

　「6. 本時の目標」とは，その時間に達成する目標である。したがって，単元（題材）目標の一部となる。また，単元計画に記した本時の学習目標と整合する。また，1時間の授業の目標であるため，「資質・能力の三本柱」のどの側面を育成するのかを明らかにして記述する。

　「7. 本時の展開」では，1時間の授業の流れを詳細に記述する。その際に「学習の段階／過程」「学習活動，教師の発問，指示，子どもの反応」「準備物，支援，留意点，評価規準及び評価方法」を実際の授業場面を想像しながら具体的に記述していく。まず「学習の段階／過程」を記述する際は，「導入」「展開」「まとめ」といった学習の段階を書くか，「収集（情報を集めること）」「整理・分析（情報を整理し分析すること）」「まとめ・表現（情報をまとめ，まとめたことを発表するなどして他者に伝えること）」といった学習過程を記述する。どちらを記述するかはそれぞれの学校の研究課題と関連する。このような，1時間の授業においても学習の段階や過程を意識することにより，それぞれの学習活動の意図を明確にできる。次に「学習活動，教師の発問，指示，子どもの反応」を記述する。「学習活動」とは，どのような活動をおこなうかを具体的に記述する。たとえば，「他者が書いた文章を読み合い，よかったところやアドバイ

スを記述する」といったように，児童生徒が何をするのかを具体的に記述することが重要である。本時の展開に記述する学習活動はすべて本時の目標を達成するための学習活動であり，ひいては，単元の目標を達成するためであることを忘れてはならない。

　「学習活動」のあとは，学習活動の目標を達成するための「発問」「指示」「子どもの反応」を考える。これらは，学習者全体を対象に考え記述する。「発問」「指示」を考える際は，児童生徒がこれからおこなう学習活動の意味を理解し，本時の目標達成に向けて活動を進めることができるように口語体（話をするような文体）で記述する。たとえば，先ほど例にあげた活動についての発問であれば，「同じ班の友だちが書いた文章を読む際は，どのようなことを考えながら読めばよいでしょうか」といった発問が考えられる。このように発問をすれば，学習者は「文章を読みながらよいと思ったところや参考にしたいところを見つけます」「読みながら文章がさらによくなるにはどのようにすればよいかを考えながら読みます」「この単元は，お互いの文章を読み合い，主張を明確にした文章を書くことが目的であるため，主張が読み手に伝わるかを考えながら読むことが大切であると思います」といった反応が返ってくると予想できる。そこで，これらを「子どもの反応」として記述する。その際に，最後に記した「子どもの反応例」のように本時の目標を達成することにつながる反応を記述しておくと，そのような反応が学習者から出てこなかった場合に，学習活動が目標の達成に向かうように，活動を修正する指示をタイミングよく出すことができる。

　「学習活動，教師の発問，指示，子どもの反応」を考えたあとは，「準備物，支援，留意点，評価規準及び評価方法」について記述する。「準備物」とは，学習活動の目標を達成するために準備するものである。たとえば，学習者に配付するワークシートや提示するプレゼン資料，ホワイトボードなどに貼る文章や絵・図である。これらを記述することで，学習者がどのようにすれば学習活動に取り組みやすくなるのか，本時の目標を達成できるのかを考えることができる。そして，準備物などをどのように学習者に提示するかを検討することが「支援」に当たる。「支援」は，すべての学習者におこなう場合と一部の学習者を対象におこなう場合がある。どちらも，学習活動を成立させ，本時の目標を達成

させるための行為である。支援を記述する際は「（授業者が）○○することにより，（学習者が）△△できるようにする」といったように，授業者のすべきことと，学習者ができるようになることを記述することで支援の意図や支援の対象を明確にできる。「留意点」は，「準備物」を提示する際や「支援」をする際に気をつけることである。たとえば「○○のタイミングで，ワークシートを配付する」や「○○に困っている子どもに▲▲を渡す」など，授業をおこなっている最中に指導者が忘れてはならないことを記述しておく。「準備物」「支援」「留意点」を分けて記述しておくことにより，授業中に児童生徒をきめ細やかに観察し，適切な対応ができる。「評価規準及び評価方法」では，本時の目標が達成されたかを評価する学習活動に対応させて記述する。したがってほとんどの場合，本時の展開の後半に評価規準および評価方法が記述されることが多い。「評価規準」は，単元の評価規準の一部であり，「知識及び技能」「思考力・判断力・表現力等」「主体的に学習に取り組む態度」のいずれかに属し，単元（題材）計画と整合する。そして，児童生徒を評価するために，どのような評価方

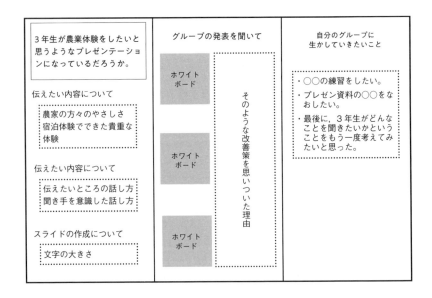

図 7-4　板書計画の例（点線に囲われた部分が児童・生徒の反応）（筆者作成）

法（ノートの記述，活動の観察，発表の様子）を選択するのかを評価規準とセットにして記述する。

最後に「8. 板書計画」についてである。板書計画は，その時間にどのようなことを黒板やホワイトボードに書くのかを考え，記述する。その際に，授業者が書くことと，児童生徒の発言をもとに書くことを区別して記述しておくと板書をする際の混乱を防ぐことができる。「板書計画」を学習指導案に記述しておくことにより，本時で必ずおさえなければならない重要な文言を明らかにできる。また，近年は1人1台のタブレット端末が導入されたこともあり，授業中に非常に多くの情報を扱うようになっていることから，板書に残す情報を吟味する必要があり，板書計画を事前に考えておくことは，学習者が本時の目標を達成するうえで非常に重要なことである。

4　まとめ

このように，学習指導案を作成することにより，単元の流れや授業のイメージを具体的にすることができるようになり，学習指導の技術を高めることにつながると考えられる。是非とも1時間ごとに授業を考えるのではなく，単元（題材）をとおして教材研究をおこない，見通しをもったうえで授業を実施する習慣を身につけていただきたい。

演習
1

学習指導要領に示されている目標をもとに，単元（題材）計画を作成してみよう。単元（題材）計画を作成する際は，目標を分解し，どのような順序で子どもたちに指導すればよいかを考えることがポイントとなる。

演習 2

教科書をもとに以下の項目で本時の展開を書いてみよう。

①本時の学習活動を決めよう。
②それぞれの学習活動でどのような発問・指示をするかを考えよう。
③教師の発問・指示から子どもたちがどのように反応するかを考えよう。
④子どもたちが，主体的・対話的に学ぶことができるようにどのような
　支援をするかを考えよう。
⑤子どもたちをどのように評価するかを考えよう。

演習 3

これまでに受けた授業・セミナーを思い出し，本時の展開の形式でまとめてみよう。たとえば，大学で講義を受ける際に，「授業をされている先生がどのような目標で授業をされているのか」「その先生はどのような学習活動を設定されたのか」「どのような支援をされたのか」，また，「どのように受講者を評価されようとしているのか」を考えることで授業の構成を理解できるようになるだろう。

 読書案内

①マルザーノ，R. J.・ケンドール，J. S.（著）黒上晴夫・泰山 裕（訳）2013　教育目標をデザインする：授業設計のための新しい分類体系　北大路書房
②若松俊介　2020　教師のいらない授業のつくり方　明治図書出版

第8章 インストラクショナルデザインを活用した指導案を作成する

根本淳子

> **目 標**
>
> 9教授事象に沿って学習指導案を書くことができる。ARCSモデルを参考に，学習者の動機づけを高めるための教育方法の工夫について説明できる。

> **キーワード**
>
> ADDIEモデル，ARCSモデルでの授業デザイン

1 目標に向かった授業づくり

1-1 よい学びに必要なもの：めざすゴール

　児童生徒の学びを積み重ねて確かな成果にしていくためには目標が重要となる（第6章参照）。学習指導要領のなかでは育成すべき資質・能力が示されている（第1章参照）。この資質・能力の育成をめざして教科ごとに目標が設定され，さらに単元や日々の活動へと落とし込まれていく。学びは小さな目標の積み重ねであるため，目標は子どもにとっても教師にとっても学びの道標となる。

　目標とあわせて必要なことが，単元と各回の授業計画である。授業計画は，目標達成に向けた日々の授業づくりの基本である。子どもたちにとっても教師にとっても，楽しく実りある授業をつくっていくために，本章では，授業の準備となる指導案を実際につくり込むための方法について学んでいこう。

1-2　5つの目標の種類

　まず，学習成果（目標）は複数の種類に分けられることについて触れる。学習目標の分類についてはさまざまな研究がなされているが，本章では，アメリカの教育心理学者であるガニェ（Robert M. Gagné）の学習成果の5分類を取り上げて解説する。

　学習成果の5分類は，対象とする学習を学習成果の質的な差によってまとめられたもので，「言語情報」「運動技能」「知的技能」「認知的方略」「態度」の5つに分けられる。表8-1を見ながら確認していこう。

表8-1　ガニェの学習目標の分類と資質・能力の3要素との関係
（稲垣・鈴木（2015：47：表4-2と表4-3）をもとに作成）

5分類	成果の性質	目標の具体例	行為動詞	資質・能力の3要素
言語情報	名称や単語などの指定されたものを覚える。	人の体に関する英単語を書き出すことができる。	言う，書く。	生きて働く「知識・技能」
運動技能	体の一部や全体を動かす／コントロールする。	なわとびで二重跳びを5回以上連続でできる。	おこなう，実演する。	
知的技能	ルールや原理，概念を理解して新しい問題に適用する。	前置詞のあとに置く代名詞の例を複数あげることができる。	区別する，選ぶ，分類する，例をあげる，つくりだす。	未知の状況にも対応できる「思考力・判断力・表現力等」
認知的方略	学び方や考え方を意識して工夫・改善する。	教科書を自分なりに工夫してノートにまとめることができる。	採用する。	
態度	個人の選択や行動を方向づける。	地球にやさしい生活を心がけようとする。	選ぶ，○○しようとする，○○しないようにする。	学びを人生や社会に生かそうとする「学びに向かう力・人間性等」

　たとえば，「言語情報」は，名称や単語などの指定された物事の名称を覚える・記憶する学習である。言語情報の学習を学習目標として書き表す場合，「人の体に関する英単語を書き出すことができる」などと表現できる。「書く」は

言語情報の学習が到達できたかを示す行為動詞である。目標はその学習ができたかどうかを観察可能な動詞で表現する。読者のなかには，「わかる」という表現は目標として活用しやすいと考える人もいるかもしれないが，「わかる」では，本当に何をどこまでわかったのかを判断・確認することがむずかしい。表8-1で示された各分類で用いる動詞を活用して，あいまいな表現は避け，できるようになったことを具体的に確認できるように目標を記述するのが望ましい。

　「言語情報」以外のほかの分類も同じように目標を検討していく。対象とする目標が5分類のどれに当てはまるのかを確認して，学習者を主体に，何を身につけてほしいのかを目標として明示しよう。

　学習目標は，授業設計の中核である。一方で，魅力的な学習目標を設定しても，それに対応した学習活動や評価がおこなわれなければ，よい授業にはならない。5分類を活用して学習目標を設定しつつ，目標・評価・学習内容（活動）の3要素のバランスがとれた授業づくりを意識しながら，授業内容を固めるとよいだろう。

1-3　授業デザイナーに必要な視座：構造化・系列化と課題分析

　単元での学習目標は学習指導要領において示されているが，それだけでは毎回の授業の展開を考えるには不十分である。子どもたちの確かな学びを育むために，教えたいことがどれぐらいあって，その前後の関係は何かを整理しておくこと，つまり全体の構造を明らかにすることが必要だ。この構造と前後関係を整理する作業を，構造化と系列化とよぶ。学習しやすい単位に分けることが構造化で，理解しやすい順番に並べていくことが系列化である。毎回の活動はあくまで単元やその学年の活動の一部であるので，教えたい内容の全体像をとらえ，バラバラでちぐはぐな授業を避けるための準備が必要といえる。

　構造化と系列化をおこなう手法を，課題分析という。課題分析図とよばれる図を用いて表すことで，全体像を把握しやすくなる。対象となる単元では何をどこまで教えるのか，それをどのような順番で学ぶのかを図で見えるかたちにしていく道具である。

　課題分析図はガニェの5分類に応じて図の種類が分かれている。表8-2はそれぞれの書き方をまとめたものである。言語情報は覚えておくべき情報のそれぞ

れの関係を結びつけることを意識した「クラスター分析」を用いる。運動技能は，ステップ型とよばれ，手続きを順番に並べていくので，何をおこなうかを書き出していくことで整理ができる。知的技能と認知的方略は，あるルールを学習し応用できるように知識の順序性，つまり上下関係を整理するための「階層分析」を用いる。態度の学習は，知識として知っておくべきこと，それをどのように活用するのかという複数の学習成果が混在するので「複合型」とよばれている。

表8-2　学習課題の種類に応じた課題分析の手法とその特色（鈴木（2002）をもとに作成）

ガニェの5分類	言語情報	知的技能	認知的方略	運動技能	態度
学習成果の性質	・指定されたものを覚える ・宣言的知識 ・再生的学習	・知識を未知の事例に適用する力 ・手続き的知識	・自分の学習過程を効果的にする力 ・学習技能	・筋肉を使って体を動かす／コントロールする力	・ある物事や状況を選ぼう／避けようとする気持ち
課題分析の手法	クラスター分析	階層分析	階層分析	手順分析	階層／手順分析 クラスター分析

（課題分析の手法の各欄には，学習目標・下位目標・項目・ステップからなる図が示されている）

これらは，それぞれの学習成果に合わせてつくられているが，図の描き方は各自が使いやすいように調整してもよい。大事なことは，目標が決まったあとに，どのような内容や構成で授業回を設定していくのかを確認する作業を設けることである。課題分析が「何を・どこまで・どのように教えるか」の全体像を整理するツールであることをふまえ，可視化することで授業づくりの効果や

効率化を高めていこう。

2　9教授事象を使ってデザインする

2-1　授業に含まれるべき要素

　次に，教えたい内容を限られた授業のなかでどのように組み込んでいくのか
を考える。まず，授業の基本構成について再確認したい（第7章参照）。1時間
の授業は「導入」「展開」「まとめ」の3部で構成されることが多い。「導入」は
これまでの授業で学んできたことを確認して，その授業で何を学ぶのかを示し，
「展開」では「導入」で示した新たな内容や理解を深める活動をおこなう。「ま
とめ」では，その時間学習したことが何かを再確認し，次への導入も含む。こ
の流れをつくることで，児童生徒も学習の見通しをもって学びに向かいやすく
なるだろう。

2-2　それぞれの事象に合わせた活動を入れ込む

　授業にどのような内容を盛り込んでいけばよいのかの手がかりとなる，ガニ
ェの9教授事象を用いた授業展開について解説する。9教授事象は学習の5分類
と同じくガニェによって認知心理学の情報処理モデルに基づき提唱された，授
業で新しい知識や技能を習得することを支援するための枠組である。

　表8-3に示す9つの事象が入るように授業を組み立てると，子どもの学習を
支援するために必要な活動の漏れを防ぐことにもつながる。また，「導入」「展
開」「まとめ」に対応させて整理していくと，学習支援のプロセスでのそれぞれ
の役割がわかる。

　この9つの事象をひとつずつ確認していこう。9教授事象のうち事象1～3が
授業の「導入」に相当する。新しい学習への準備として，授業に耳を傾けさせ，
目標を知らせ，学習に必要な既習事項を思い出してもらうことが重要である。
「導入」で方向づけ（事象1）や学習目標の確認（事象2）をおこなうことがで
きれば，授業の方向性が伝わり，安心感や期待感を高めることができるだろう。
さらに，事前に学習して長期記憶にしまい込んである基礎知識・技能（前提条

表8-3　ガニェの9教授事象 (鈴木 (1995) をもとに作成)

段　階	事　象
導　入	1.　学習者の注意を喚起する
	2.　授業の目標を知らせる
	3.　前提条件を思い出させる
展　開 (情報提示＋学習活動)	4.　新しい事項を提示する
	5.　学習の指針を与える
	6.　練習の機会をつくる
	7.　フィードバックを与える
まとめ	8.　学習の成果を評価する
	9.　保持と転移を高める

件) を使える状態にする (事象3)。

　「展開」は授業の中核部分であり，9教授事象では新しい事項を提示する活動 (事象4・5) とその理解を促す活動 (事象6・7) に分けることができる。新しい事項を提示する (事象4) だけでなく，既知 (事象3) と未知 (事象4) をつないで理解を助けるために説明を補足し (事象5)，理解できたかどうかを確認・修正する活動 (事象6・7) によって力をつけていく。

　「まとめ」は学習したことの振り返りや定着を促す活動である。9教授事象では，事後テストをおこない，内容理解を確認・評価する (事象8) ことで自信を高めて学習の継続を促すはたらきかけにする。さらに，忘れた頃に復習の機会をつくる (事象9) ことで，定着を図り発展的活動を促す。

　ここで示した9つの活動は，必ずしもすべてを教師主体でおこなう必要はない。学習者に一部の事象を委ねることが可能であり，題材や対象とする子どもによって9つの活動の重みづけも変わる。たとえば，予習用の教材を渡し，授業で扱う内容をあらかじめ読んでくるように指示することは，情報提示に相当する事象4を学習者主体におこなわせていることになる。学年などに合わせて，授業へ主体的に参加させるために，どの事象を誰が担うかを考える手がかりにしてほしい。

　実際の授業では，授業時間に十分おこなえない個別練習を宿題にして実施することもあるだろう。学習内容や単元の見通しを，反復して伝えることも重要

である。復習の時間は家庭学習として設けることもあれば，授業内で個人・協
働の学びを学習者が選択できるように用意することも考えられる。このように，
9つの事象すべてを含めず，特定の事象にしぼる場合もあり得る。このバラン
スは全体をみながら判断するのがよい。

　授業の役目は，学習目標に向かってより意図的かつ体系的な支援を提供するこ
とにある。各回の授業に意義と価値をもたせて，学習目標を達成するには，子
どもにとってわかりやすく理解しやすい授業を構成し，小さな目標を積み重ね
ていくことが大事である。

表8-4　ガニェの5つの学習成果と学習支援設計の原則（鈴木（1995）をもとに作成）

学習成果	言語情報	知的技能	認知的方略	運動技能	態度
指導方略 （事象4）	覚えてほしい情報を整理して示す。	新しい方法や法則を用いた例を段階的に示す。	方略の使い方や効果を説明する。	手本を見せる。	モデルとなる行動選択を示したり，ケース事例を紹介する。
学習の指針 （事象5）	比喩や図・枠組みを活用する。	規則を思い出せる手がかり・多種多様な例の提示，誤りやすい箇所を指摘する。	他の場面での適用例・方略使用場面の見分け方を示す。	注意点の指摘・成功／失敗例の差の説明・イメージ訓練をおこなう。	その行動を選択する重要性について解説する，他者や世論の動向を紹介する。
練習とフィードバック （事象6・7）	ヒントつきで再認（正しいものを選ぶ）させ，のちに再生（書き出す）の練習をする。自分独自の枠組みを考えて整理させる。覚えていないことを取り出してくり返し練習できるようにする。	単純で基本的な事例からより複雑で例外的な事例を出す。常に新しい事例を用いる。誤答の原因に応じた下位技能の復習をする。	無意識でもその学習方法を活用できるように，長期的な練習で，採用されるまでくり返す。ほかの学習課題に取り組むなかでの学び方を振り返る機会をつくる。	手順を意識した補助つき実演から，自立した実行へ。全手順ができたらスピードやタイミングを磨く練習を重ねる。	疑似的な選択行動場面（あなたならどうする）と選択肢別の結末の情報による疑似体験を提供する。意見交換による揺さぶりと深化をさせる。
成果の評価 （事象8）	あらかじめ提示された情報の再認または再生をする。可能であれば，覚えるべき項目を全対象に評価する。	未知の例に適用させる：学習したルールすべてを活用して解く問題を出す。	学習過程の観察や自己描写レポートなどを用いて学習過程を評価する。	リストを活用し正確さ，速さ，スムーズさをチェック。	行動の観察または行動意図の表明の場を設定する。一般論でなく個人的な選択行動を扱う。

3　学習活動への動機づけ

3-1　主体的な学びに必要な要素：動機づけ

　学習がうまくいっていると思われる様子を浮かべてみよう。子どもたちが自分ですすんで活動したり、みずからすすんで質問や提案をしたりする様子などを思い浮かべたのではないだろうか。学びに向かう姿勢をとらえるうえで重要なのが「動機づけ」である。動機づけには、外発的動機づけと内発的動機づけの2種類が存在する（第4章参照）。外発的動機づけによる学習とは、報酬や賞罰など外的な要因からなされる学習である。教員や保護者あるいはクラスメイトからの励まし、また、次のテストでいい点をとってご褒美をもらうことは外的動機づけによる学習である。対して、子どもがみずからすすんで、学習内容や学習活動に取り組んでいるのであれば、内的動機づけにより学習がなされている。内的動機づけによる学習では、自分で教科書を読み進めたり、わからない部分があれば調べ学習をおこなったりと自発的な活動がみられる可能性が高まる。学習内容や学習活動に意欲的になり、楽しさや達成感が得られるのであれば、その学びの継続性も期待できる。

3-2　ARCSモデル

　教師からすれば、この動機づけを味方につけて授業をしたいところだ。そこで、教育心理学者のケラー（Keller 2010）が提唱したARCS（アークス）モデルについて紹介する。これまでのさまざまな分野の研究や実践報告には「学習意欲を高めるための作戦」が提案されている。ケラーはこれらの提案を調査し、さらに、心理学やコミュニケーション研究などで明らかにされてきた動機づけの理論を整理した結果、4つの側面に分類した。この4つの側面とは、注意（Attention）、関連性（Relevance）、自信（Confidence）、満足感（Satisfaction）で、その頭文字をとってARCSモデルと名づけられた。

　学ばせたい内容に子どもの「注意」を向けて「おもしろそうだな」と思わせる。ほかの学習など今後につながる「関連性」を示し「やりがいがありそうだな」と気づかせる。あと少しでできそうだと「自信」をもたせ、最後に「でき

た！」「やってよかった！」という「満足感」を高める（図8-1）。

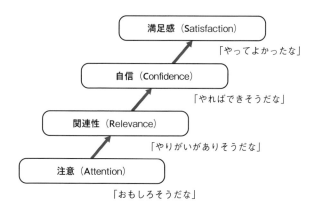

図8-1 ARCSモデル（鈴木（2002）をもとに作成）

ARCSモデルは，授業1コマを動機づけの視点で確認する場合も，個々の子どものやる気を分析する際にも活用できる。対象とする子どもたちの学年や特徴，取り組んでいる学習課題，学習環境に合わせて，学習意欲を高めるための作成を取り入れていこう。

〈1〉注意の側面：おもしろそうだな

授業で新しいことを学んだり，予想していたことと違うことが起こると，「おもしろそうだ，何かありそう」という気持ちになり，好奇心や期待が子どもたちのなかで高まる。このように「注意」の側面が刺激されていると，学習に入りやすくなる。

【注意の下位項目】

A1　知覚的喚起：学習者の興味を引くため何ができるか。

A2　探究心の喚起：どのようにすれば探究の態度を刺激できるか。

A3　変化性：どのようにすれば学習者の注意を維持できるか。

〈2〉「関連性」の側面：やりがいがありそうだな

　たとえば，主体的な学習として，すでに学習した内容を，子ども自身が自分の言葉でまとめて説明・議論する活動を設定したとする。この場合，テーマが子どもたちにとって興味深いものでなければ「関連性」が確保できない。いやいや取り組むのではなく，子どもたちが進んでやる気持ちになるためには「やりがい」が必要だからである。

【関連性の下位項目】

R1　親しみやすさ：どのようにすれば学習者の経験と教材とを結びつけることができるか。

R2　目的指向性：どのようにすれば学習者の目的と教材を関連づけられるか。

R3　動機との一致：いつどのようにすれば学習派の学習スタイルや興味と教材とを関連づけられるか。

〈3〉「自信」の側面：やればできそうだな

　学年の低い子どもに対して全部自分で調べさせるというような，最初から無理難題と思えることに挑戦させるのは「自信」を高めていく活動としては適切ではないだろう。中間目標を設けるなど，段階的に「自信」を積み重ねていくための支援が必要となる。「やればなんとかできる」という成功への期待感が「自信」の側面に重要となる。

【関連性の下位項目】

C1　学習欲求：どのようにすれば学習者が前向きな成功への期待感をもつように支援できるか。

C2　成功の機会：学習経験が，学習者自身の能力に対する信念をどのように支えたり高めたりするのか。

C3　コントロールの個人化：どのようにすれば学習者は自分の成功が自分の努力と脳力によるものであると確信するか。

〈4〉「満足感」の側面：やってよかったな

「やってよかった」と思える側面が「満足感」である。学習意欲を維持させることは重要でかつむずかしい。そこで，努力が報われたことを感じられる配慮が重要となる。学習発表会で成果を披露したり，なかなかうまくいかなかったことが最後には有終の美を飾れるようにすることで「満足感」を感じることができれば，次の学習への意欲も高まるだろう。

【満足感の下位項目】

S1　自然な結果：どのようにすれば習得した知識やスキルを活用する機会を提供できるか。

S2　肯定的な結果：どのようにすれば学習者の成功を肯定的にとらえて強化できるか。

S3　公平さ：どのようにすれば学習者の成果を常に一定に保つことができるか。

常に内的動機づけがなされ，子どもたちがひとりで前に進んでいくことが望ましいが，好きな教科と苦手な教科があったり，得意不得意があったりする。内発的と外発的な動機づけをどのように織り交ぜて授業を進めるか，また，子どもをどのように独り立ちさせていくことができるか。両者をバランスよく使い分けていきたい。

3-3　ARCSモデルを活用した授業デザインの検討

「学習意欲を高めるための作戦」はすべて使う必要はない。子どもたちがすでにやる気がある場合は，使いすぎるのは避けるべきである。なかには，やる気がありすぎて困ってしまう子どもがいるかもしれない。このような場合は，まず学習意欲のどの側面に当てはまるのか，観察してみるとよい。もしも，「注意」に偏っていれば，次につなげる「関連性」や「自信」をもたせる活動になるように改善の余地がある。たんにおもしろいだけではなく，「満足感」のある授業へと一工夫考えるための手がかりとしてARCSモデルは役立つだろう。

ここでは，学習意欲の点検表を用いた授業方略の検討について紹介する。表

8-5では，数学の文字を使った式の単元における1単位分の授業（中学生）を，ARCSモデルで分析し，この授業でどのような動機づけ方略を用いることができるのかを検討している。まず，縦軸に示された，「学習者の特徴」と「学習課題」というふたつの授業設計に必要な要素それぞれに対して，ARCSモデルを用いて分析する。（＋）は動機づけがされていることを示し，（－）はやる気を損なう要因を示す。動機づけは十分されているのか，不足しているのかを一目で確認できる。「学習者の特徴」と「学習課題」をARCSで分析したあと，ARCSモデルの4側面それぞれに対してどのような動機づけ方略ができるかを検討した結果が「本時での動機づけ方略」である。「学習者の特徴」と「学習課題」の視点からの分析結果から，授業内容をより理解してもらうための工夫の具体案を導くという流れだ。例示のように，学習者の特徴と授業内容に対する子どもたちの様子をふまえて，方略を考えることが可能となる。

表8-5　動機づけ授業方略検討の一例（根本・鈴木（2018: 47）をもとに作成）

設計要因	ARCSカテゴリー			
	注意	関連性	自信	満足感
学習者の特徴	進級したばかりなので不安もあるが期待もある。（＋）	数学を身近な課題と思う生徒と思わない生徒がいる。（－）	仲間と交流できる。（＋）	間違えたくないという不安がある。（－）
学習課題 （学習者の学習課題に対する態度）	マグネットや紙という教材（＋）新しい学習への期待。（－）	日常生活の課題にも活用できそう。（＋）	文字アレルギーを引き起こしてしまう可能性あり。（－）	理解度を自分で確認できる。（＋）
本時での 動機づけ方略	画用紙とマグネットを用意し，黒板に貼り，具体物から考える。	小さい数では数えることができるが，大きな数では実演できないことを確認し，文字を使うことの利点を伝える。	・班で話し合いを深める。 ・補助に入った教員と机間指導をおこなう。	実際に文字の式を書かせて，数が大きな場合でも小さい数と同じように計算できる。

4　よりよい授業をつくるための視点づくり ─────

　ここまで，授業づくりに役立つ方法について紹介してきた。本節ではよりよい授業づくりの指針を提示する。

4-1　学校学習の時間モデル

　授業はクラス全体を対象にした学びであり，また，子ども一人ひとりの学びをつくる場でもある。同じ指示をしても全員がまったく同じスピードで進むことはあり得ない。その時点における個々の関心や理解度に応じて進んでいくであろう。

　学校学習の時間モデルは，学習に必要な時間が一人ひとり異なるという考えのもとにキャロル（J. B. Caroll）によってつくられた学習率（課題達成の度合い）の式モデルである（図8-2）。学習成果の差は，個人の資質（生得的な能力，知能指数など）に起因するものではなく，その学習者がよい成果を収めるために必要な時間を使わなかったことが原因と考えて授業の工夫や改善策を模索しようとした結果，生まれたモデルである。

　学習率を高める5つの要因を表8-6に示す。学習の機会を増やして学習を持続することができれば学習に費やされる時間（分子の2要因）を増やすことが可能であり，学習の難易度や教え方を変える（授業の工夫をする）ことで学習に必要な時間（分母の3要因）を減らすことができると考える。教師として授業を工夫するためのチェックポイントとして5つの要因を参考にしてほしい。

学習に必要な時間が，一人ひとり異なるという前提で何が工夫できるかを整理したモデル！

$$学習率 \ = \ \frac{学習に費やされた時間}{学習に必要な時間} \ = \ \frac{学習機会 \times 学習持続力}{課題への適性 \times 授業の質 \times 授業理解力}$$

図8-2　キャロルの学校学習の時間モデル（鈴木（1995）をもとに作成）

表8-6　学校学習の時間モデルの要因（市川・根本（2016）をもとに作成）

学習に費やされる時間を左右する要因	学習機会（許容された学習時間）	ある課題を学習するためにカリキュラムのなかに用意されている授業時間。
	学習持続力（学習意欲）	与えられた学習機会のうち，実際に学ぼうと努力して，学習に使われた時間。使われた時間の割合が高ければ高いほど学習持続力が高いとみなす。
学習に必要な時間を左右する要因	課題への適性	理想的な学習環境において，ある学習者が課題達成にかかる所要時間。短時間なら適性が高い。
	授業の質	教師自身が実施する授業だけでなく，教科書，問題集，コンピュータ教材などにも当てはまる。質が高い授業が短時間。
	授業理解力	授業の質の低さを克服する学習者の力。一般的な知能と言語能力が高いと，授業理解力も高い傾向がある。

4-2　学習者に合わせた学びの組み立て

　本章では，教えたい学習の内容によって学習活動は異なることをふまえ，どのように授業の組み立てを考えることができるかを紹介してきた。大切なことは，同じ学習成果を期待しても，対象となる子どもたちを見て，学習活動を用意することである。話し合いや教え合いから学ぶ場合も，一人ひとりで取り組むことがよい場合もあるだろう。活動に幅をもたせるためにも，全体をとらえ，どのような授業展開ができるかを考えることが重要である。教室では，多様な子どもたちと向き合うことになるだろう。教室にいる子どもたちが同じ活動をする場合もあれば，個々のニーズ応じて，選択性の課題を用意するほうがよいこともあり得る。全体を見ながら，一人ひとりに合わせた対応を可能にするためには，まずは，授業設計とその準備が重要である。本章で紹介した，9教授事象，目標の5分類，ARCS動機づけモデルなどを味方につけて，子どもにとっても実施者である教師にとっても魅力ある授業・学習活動をつくってほしい。

次の（ア）から（ケ）は，ガニェの9教授事象のどれに当てはまるか，事象の番号を答えよう。

（ア）前時の授業で取り上げた段落に何が書かれていたかを確認する（国語）。

（イ）学習した表現を使って伝える活動を，隣の人とくり返す（英語）。

（ウ）前方支持回転の活動で，教師がフォームについてアドバイスをする（体育）。

（エ）間違いの多かった連立方程式の問題を，少し期間をおいてから確認する（数学）。

（オ）はじめに鎌倉大仏の耳の大きさがどれぐらいか示す（社会）。

（カ）ハードル用具の扱い方や活動でのルールを教師が説明する（体育）。

（キ）「さまざまなものの重さを量り，目盛りを読み取ることができるようになろう」と教師が説明する（算数）。

（ク）電気が通るものと通らないものの実験結果を，ワークシートにまとめる（理科）。

（ケ）文章と図表を関連づけて読んでみるように指導する（国語）。

（解答は次ページ下）

作成したい授業をひとつ取り上げて，表8-5を参考にしながら，ARCSモデルの4要因で分析して動機づけ方略を検討しよう。

これまでに受けた授業のなかで印象に残った授業をひとつ取り上げて，「学校学習の時間モデル」で分析してみよう。

以下の点についても検討しよう。

・個人差への対応についてどのような工夫がされているか？

・追加するとすれば，どのような工夫をすることができるか？

 **読書案内**

①市川 尚・根本淳子（編著）鈴木克明（監修）　2016　インストラクショナルデザインの道具箱101　北大路書房
②向後千春　2015　上手な教え方の教科書　技術評論社

第 9 章　協働的な学びを考える

渡辺雄貴

目　標

協働的な学びの実現に向けて，目標に応じた手法を選択できる。
児童生徒同士でグループワークを円滑に推進する際の手法や工夫
について説明できる。協働的な学びの際の教師の役割について説
明できる。

キーワード

協働的な学び，個別最適な学び，ピア，協働学習，ジグソー，ICT
協働

1　時代背景と学習指導要領での位置づけ

　現代社会は，Society5.0 とよばれる人工知能（AI）や，ビッグデータ，Internet
of Things（IoT），ロボティックスなどの先端技術の高度化，産業や社会生活へ
の導入など，情報技術を中心とした急激な変化に対応する人材の育成が求めら
れている。中央教育審議会（2016）は，このような時代背景を受け，「何ができ
るようになるか」「何を学ぶか」「どのように学ぶか」をそれぞれ定義している。
この「何ができるようになるか」が，育むべき資質・能力としてとらえること
ができ，文部科学省（2019）は，学習指導要領のなかで，この資質・能力の3
つの柱を定めている。具体的には，①実際の社会や生活で生きて働く「知識及
び技能」，②未知の状況にも対応できる「思考力，判断力，表現力等」，③学ん

だことを人生や社会に生かそうとする「学びに向かう力，人間性等」である。

　さらに，中央教育審議会（2021）は，具体的に，以下の資質・能力を掲げ，学習指導要領の着実な実施が重要としている。

・自分のよさや可能性を認識するとともに，あらゆる他者を価値ある存在として尊重し，多様な人々と協働しながらさまざまな社会的変化を乗り越え，豊かな人生を切り開き，持続可能な社会の創り手となる資質・能力
・文章の意味を正確に理解する読解力
・対話や協働を通じて知識やアイディアを共有し新しい解や納得解を生み出す力
・体力の向上や健康の確保など，どのような時代であっても変わらず重要な力
・他者への思いやり
・対面でのコミュニケーションを通じて人間関係を築く力など

　また，前述の中央教育審議会（2021）は，学習指導要領で示された資質・能力の育成のためには個別最適な学びと協働的な学びの一体的な充実が必要とし，個別最適な学びと協働的な学びを合わせて考えるようにしている。個別最適な学びでは，新たに学校における基盤的なツールとなるICTも最大限活用しながら，多様な子どもたちを誰ひとり取り残すことなく育成すること，協働的な学びでは，子どもたちの多様な個性を最大限に生かすことをめざしている。本章では，この協働的な学びについて，個別最適な学びなど関連する事項とともに考えていきたい。

2　個別最適な学びと協働的な学び

　中央教育審議会（2021）は，子どもの個別最適な学びとは，授業者の「個に応じた指導」と子ども視点で整理されたものとして定義している。この「個に応じた指導」は，「指導の個別化」と「学習の個性化」から構成されるものである（第1章参照）。

また，個別最適な学びが「孤立した学び」に陥らないよう，探究的な学習や体験活動などを通じ，子ども同士で，あるいは地域の方々をはじめ多様な他者と協働しながら，あらゆる他者を価値のある存在として尊重し，さまざまな社会的な変化を乗り越え，持続可能な社会のつくり手となることができるよう，必要な資質・能力を育成するとしている。さらに，協働的な学びを充実することも重要とし，集団のなかで個が埋没しないよう，主体的・対話的で深い学びの実現に向けた授業改善につなげ，子ども一人ひとりのよい点や可能性を生かすことで，異なる考え方が組み合わさり，よりよい学びを生み出していくようにすることが大切であるとしている。

　中央教育審議会（2016）は，「何ができるようになるか」「何を学ぶか」「どのように学ぶか」において，主体的・対話的で深い学びの観点からの授業改善を求めている。学ぶことに興味や関心をもち，自己のキャリア形成の方向性と関連づけながら，見通しをもって粘り強く取り組み，自己の学習活動を振り返って次につなげる「主体的な学び」と，子ども同士の協働，教職員や地域の人との対話，先哲の考え方を手がかりに考えることなどを通じ，自己の考えを広げ深める「対話的な学び」の促進をめざしている。これらから，習得・活用・探究という学びの過程のなかで，各教科などの特質に応じた「見方・考え方」をはたらかせながら，知識を相互に関連づけてより深く理解したり，情報を精査して考えを形成したり，問題を見いだして解決策を考えたり，思いや考えをもとに創造したりすることに向かう「深い学び」の実現をめざしているといえる。

　各教科における授業改善は，どのようになっているだろうか。ここでは，数学科における授業改善を紹介するが，読者が教員として勤務している，あるいは教員免許を取得しようとする学校種別，専門教科においてどのようになっているかは学習指導要領などで詳細を確認してほしい。

　文部科学省（2018）は，高等学校数学科における授業改善のなかで，「単元など内容や時間のまとまりを見通して，その中で育む資質・能力の育成に向けて，数学的活動を通して，生徒の主体的・対話的で深い学びの実現を図るようにすること。その際，数学的な見方・考え方を働かせながら，日常の事象や社会の事象を数理的に捉え，数学の問題を見いだし，問題を自立的，協働的に解決し，学習の過程を振り返り，概念を形成するなどの学習の充実を図ること」を規定

している。これは，生徒の数学学習にかかわる目的意識をもった主体的活動というこれまで重視してきた数学的活動を学習指導においてより明確に反映させ，学習活動の質を向上させることを意図しているといえる。

さらに，数学的活動のなかで，事象を数理的にとらえ，数学の問題を見いだし，問題を自律的，協働的に解決する過程を遂行することとしており，これは，従前の学習指導要領の「数学学習に関わる目的意識をもった主体的な活動」と本質的には変化がないといえる。

このように，各教科の特性に応じた協働的な学びを充実させ，主体的・対話的で深い学びの観点からの授業改善につなげることが求められる。

ここまでの，時代背景と学習指導要領での位置づけや，個別最適な学びと協働的な学びをまとめると図9-1のようにとらえることができる。児童生徒の資質・能力の育成のための授業改善をおこなうにあたり，協働的な学びを充実させることが重要な要素のひとつとなるということがわかる。

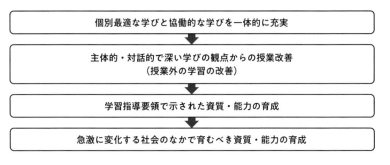

図9-1　背景のまとめ（筆者作成）

3　協働学習の学術的・心理学的な位置づけと意味合い ──

授業をどのようにおこなうかという方法，すなわち授業方略や学習方法は，そ

の時代の教育心理学的な学習理論に影響を受けている。これは，学習者のニーズや社会のニーズを表しているといっても過言ではない。

　1900年代初頭から，行動主義心理学が台頭した。行動主義は，「人間を研究することは，人間の行動を研究することであり，人間の行動は刺激と連合していると考える理論」としてとらえることができる（吉田 2000）。この時代は，個別学習が盛んにおこなわれ，いわゆるドリル学習が主流となった。さらに，時代が進み，1950年代から，認知主義が主流となる。認知主義では，行動主義を批判的にとらえ，学習プロセスを明確に説明し，深い知識を理解させようとする理論（永岡ら 2012）とされている。リーサーとデンプシー（Reiser & Dempsy 2013）によると，行動主義も認知主義も個人でおこなう側面が強いと指摘している。

　また，1980年代から主流になったのが，構成主義である。久保田（2000）は構成主義を，次の2点から説明している。

・知識はその社会を構成している人々の相互作用によって構築されている。現在私たちが理解している世界は，客観的な実在としての真理を写し取ることにあるのではなく，社会的相互作用の所産としてのものである。
・私たちが世界を理解する方法は，歴史的および文化的に相対的なものである。つまり，私たちの理解の仕方は，おかれている歴史や文化に強く依存した形を取っている。

　構成主義の学習観に基づいた学習法のひとつに「協働学習」がある（村上ら 2022）。構成主義の学習環境として，リーサーとデンプシー（Reiser & Dempsy 2013）は，以下の4点をあげている。

・学習しようとしている内容に関する真正な活動に学習者を取り組ませる。
・学ぼうとしていることに対する多角的な視点にふれる機会と協働の場を提供する。
・学習者が自分自身の学習目標を設定し，学習の進捗を管理することを支援する。

・学習者が何をどのように学んでいるかを振り返ることを促す。

　このような教育心理学研究の変遷のなかで，協働学習は誕生したと考えられる。しかし，授業者が授業方略を選択する際，自身が学習者として経験したことのない授業方略は選択しづらい。すなわち，自分が習ったときと同じ方法で教えてしまうという「教育の再生産」が起こってしまう。村岡と本田（2013）も，教育界において「構成主義」「社会構成主義」を実践できておらず，「行動主義学習観」から抜け出せていないと指摘している。授業者自身が育った学習観ではなく，目前の学習者の学習観に合わせた授業設計が求められる。

　協働学習を授業でおこなおうとするとき，その実践例などを調べる際，協働学習，共同学習，協調学習などさまざまな専門用語があることに気づく。友野（2016）は，グループ活動で学ぶ方式について，「共同学習」「協同学習」「協調学習」「協働学習」などのよび方がされているものの，英語でいえば基本的にはCooperative LearningとCollaborative Learningのふたつであり，これをどの用語（訳語）に対応させるかが定まっていないと指摘している。本章においても，「共同学習」「協同学習」「協調学習」「協働学習」について，特に断りがない限り，適宜用いることとしている（第3章3節も参照のこと）。

4　協働学習の技法

　協働学習は，前述の定義のほかに，学習者は互いに情報を提供し学び合うことによって各自の思考や理解を深め，それぞれのゴールをめざす学習とされている（津田 2015）。また，多様で異質な学習者が，お互いの能力やスキル，地域や文化的な資源を共有し，対等なパートナーシップと信頼関係を構築することで，同質的な組織内学習ではとうてい不可能な高い学習目標や課題の達成を可能とする（坂本 2008）考え方などもある。さらに，ケーガン（Kagan 1994）は，協働学習の成功要因（PIES）として，①互恵的支え合い（Positive interdependence），②個人の責任（Individual accountability），③平等な参加（Equal participation），④同時進行の相互行為（Simultaneous interaction）を

あげている。この4つの要因を参考に，授業を設計することが重要である。

以下に，具体的な協働学習の技法を紹介する。

4-1　ピア・ラーニング（Peer Learning）

ピア・ラーニングは，学習者同士が互いに協力しながら学び合う学習手法である。学習者中心の参加型授業で，協働的な学習を促すことができる。具体的には，ピア・ティーチングとピア・インストラクションがある。

ピア・ティーチングは，授業に関連する基礎・中レベル程度の内容について相互に教え合うことであり，ピア・インストラクションは，学生に対して問題を提示し，その問題について話し合わせることである。

4-2　ブレインストーミング

ブレインストーミングは，複数のメンバーが自由にアイデアを出し合う集団発想法で，ほかの人の評価を恐れずにアイデアを出すことが重要とされている。

4-3　KJ法

KJ法は，川喜田二郎が考案した「効果的な研究・研修方法」として考案したものである（川喜田 2017）。具体的には，大量のデータから有用な知識を取り出す技術であり，ブレインストーミングで出されたアイデアから類似のものをグルーピングしてまとめ，グループに名称をつけていくことで，アイデアを集約していくことが可能である。

4-4　コンセプトマップ

問題解決の道筋を，言葉や短いフレーズに表し，それらの関係がわかるように視覚的に整理する方法である。大きな模造紙などを用意すると，活動が促される。グループ学習において，話し合いのなかでコンセプトマップを作成する活動をおこなってみると，個々の生徒の知識のばらつきなどがわかり，さらに知識を広げることにつながる。授業が進むにつれ，コンセプトマップが広がっていくことで，知識の広がりも可視化することができる。たとえば，単元の中心的な概念を真ん中に記述し，授業が進むにつれて概念を書き足していくなど

の活動が考えられる。

4-5　ジグソー法

　ひとつの長い文章を3つの部分に分割し，それぞれを3人グループのひとりずつが受け持って勉強し，それを持ち寄って互いに自分が勉強したところを紹介し合って，ジグソーパズルを解くように全体像を協力して浮かび上がらせる手法である。活動は大きく，①ホームグループでの活動，②エキスパート活動，③ジグソー活動の3つに分けることができる。ジグソー法を用いると，多角的な視点から事柄を考察することができる。たとえば，「環境問題」を取り上げ，エキスパート活動では，「気候変動」「大気汚染」「海洋汚染」などのことを学習し，ホームグループでは，「わたしたちの生活で気をつけることは」など，それぞれのエキスパートグループで学んだことを整理しながら，議論をおこなうなどが考えられる。

4-6　知識構成型ジグソー法

　ジグソー法の手法に基づき，学習者同士のかかわり合いをとおして，一人ひとりが学びを深めることを目標とした手法である。明確な問いを設定し，学習の前後で問いに対する解答を求めることで活動をおこなう。具体的な活動は，以下の6段階に分かれる（東京大学 CoREF 2019; 三宅 2015）。

　①問いの設定：複数の知識を組み合わせることで解けるような問いを提示。
　②個人学習：学習者は，活動前にひとりで問いに対する解答を作成する。
　③エキスパート活動：問いを構成する各知識について学習する。
　④ジグソー活動：ホームグループに戻って知識を共有し，問いに解答する。
　⑤クロストーク：クラスで発表し，グループごとの解答を比較する。
　⑥個人学習：すべての活動をもとに，あらためてひとりで解答を作成する。

4-7　DOUBLE-DOUBLE

　ジグソー法の複雑さを解消することを目標に開発された協働学習技法のひとつとして，島と渡辺（2021）が開発した手法である。具体的には，以下の5つ

の手順によって構成される。

①教師は，内容が関連するふたつの問題を用意する。
②4人グループを組み，そのなかでふたりペアを2組つくる（ペアA・ペアB）。
③各ペアが異なる問題に取り組み，それぞれの問題の解答を作成する。
④教師がランダムにペアAとBから学習者をひとりずつ指名し，指名された学習
　者は自分のペアで考えた問題と解答について，もうひとつのペアに説明する。
⑤グループで，各ペアで解いたふたつの問題の共通点や相違点について話し
　合いをしたり，ふたつの問題を統合した内容の発展的課題を解いたりする。

4-8　問題解決型学習（Problem-Based Learning: PBL）

　学習者の答えがひとつに決められていない問題について，解決する経験をと
おして学んでいく学習方法である。市川と根本（2016）では，提示された課題
について，学習者が仮説を立て，自分たちで調査することをくり返しおこなう
ことが推奨されている。具体的には，以下の4つの原理に基づいて設計される。

①問題を選ぶ際には，真正であり，教科のカリキュラムに合致しており，そ
　のうえで教科横断型の思考を促すものとすること。
②チューター（学習者を支援するスタッフ）の役割は，学習者のメタ認知ス
　キルと問題解決者としての専門性とを伸ばすよう支援することである。
③学習目的の達成を確かめる際には真正な評価をおこなうこと。
④経験から学んだことを確かなものにするために，報告会を継続的におこな
　うこと。

　要するに，「問題」が，具体的で実際の真実味のあるものであることが必要と
なる。ジグソー法で触れた「環境問題」を例とするならば，「大気汚染はどのよ
うに減らすことができるか」のように，生徒にとって比較的身近な話題を取り
上げるのがよいとされている。
　活動のポイントは，学習者はグループで能動的に問題解決に取り組むこと，題
材とする問題は，多面的な視点からとらえられ，構造が明確でないものである

こと，各グループにチューターを配置し，チューターは問題解決に有効な方略を学習者に考えさせるように促すことなどである。

4-9　チーム基盤型学習（Team-Based Learning: TBL）

　問題解決学習と比較すると，チューターが不要で，PBLに比べて，人的コストの低い手法である。具体的には，以下の4つの段階によって学習を進める。

　①学習者は授業の前に予習をおこない，定着度を測る個人テストを受ける。
　②個人テストと同じ問題について，グループで議論をしたうえで再度解答する。
　③授業者からのフィードバックを受ける。
　④学習内容に関する応用問題に取り組む。

　この手法は，チームで学習していくことになるため，チームのメンバーに迷惑をかけてはならないという心理もはたらき，また，個人テストがあることで，授業時間外の学習も促進されることが期待される。さらに，グループ活動において，協働が促され，深い学びにつながる。扱う問題は，「環境問題」のようなオープンエンドな問題で答えが複数あるものでもよいだろう。

4-10　課題解決型学習（Project-Based Learning: PrBL）

　学習者がみずから問題を見つけ，さらにその問題をみずから解決する能力を身につける学習方法である。少人数のグループで，提示された事例をもとにグループワークやディスカッションをおこない，事例のなかから問題点を見つけて解決をめざすこととなる。
　問題を見つけ「どうしてそうなるのか」「何をすればよいんだろう」など教師が支援することも大切だろう。
　これらの手法は，思いつきで試してもうまくいかないことがあるため，授業設計の際に，設定した学習目標に対して，適切な活動はどういったものかをあらためて考えてみる必要がある。さらに，活動を想定した設計をすることも大切である。また，慣れないうちは短い時間で試すなど，試行錯誤をしていく必

要がある。インターネット上には，さまざまな教科，単元の指導案や，活動報告があるのでそういったものを参考にするのもよいだろう。

　主体的・対話的で深い学びを実現する際，学習者一人ひとりの前提知識は異なることを想定し，協働学習をおこなうことで，この前提知識を一定レベルまでそろえることができる可能性がある。「孤立した学び」ではなく，学習者が協働した個別最適な学びを探索しよう。

5　協働学習の授業方略

　前節で紹介したさまざまな技法を，学習目標や内容に合わせて，適宜用いる際に，どのような指導が適しているのだろうか。スンら（Sung et al. 2017）は，個別学習より協働学習をする学習者のほうが学習成果を向上できると報告している。それは，教師が適切な指導をしたときであることはいうまでもない。したがって，協働学習において，教師（授業者）の必要性は高いといえる。活動をどのように設計し，学習者の学習を導くかは教師の力量である。たとえば，ファン＝デ＝ポール（van de Pol et al. 2015）は，教師は学習者がどのような問題を解いているのか把握し，必要なときに介入する必要があるとし，介入が適切でなければ，協働学習の質や学習成果を下げかねないと指摘している。また，ケンドラーら（Kaendler et al. 2014）は，グループ分けの指示だけでなく，複数のグループの状況を把握し，介入が必要かどうか判断し，必要ならどのようなことをするか考える判断力が必要と指摘している。ファン＝リューエンとヤンセン（van Leeuwen & Janssen 2019）は，具体的に，どのような介入が考えられるか，その項目と定義をまとめている（表9-1）。

　前述のファン＝リューエンとヤンセン（van Leeuwen & Janssen 2019）は，効果的な授業方略として，学習者にフィードバックを与えることに関しては，学習者にヒントを与えたり質問したりすること，学習者自身に学習過程を制御させることとしている。一方で，効果的でない授業方略として，教師が学習者の協働中に介在しすぎたり不在だったりすること，教師が効果的な協調行動を説明したり，その模範を示すこと，学習者が教師へ依存しすぎたり過剰な統制を

表9-1　介入の方法（van Leeuwen & Janssen（2019）をもとに作成）

項　目	定　義
促　進	解決策や詳細な指示は与えずに，ヒントや注意喚起をおこなう
質　問	学習者から特定の情報を要求する
激励・賞賛	励ます，ほめ言葉
説明・モデリング	直接的な答えや情報を提供する，学習者に進め方を示す
フィードバック	学習者の行動や作業を評価する
要　約	学習者がおこなったことを要約する，言い換える

されることなどをあげている。学習者自身に学習を制御させる必要がある一方，教師依存にならないようなバランスが大切だと考えられる。

　また，竹高と渡辺（2021）は，中等教育数学科の授業設計において主体的・対話的で深い学びの実現に向け，学習者が受け身の授業を変えることが求められている現状において，授業方略を導入するにあたり，深い学びを実現しなければならないことや，新たな授業方略を用いても失敗してしまうリスクなどさまざまな障壁が存在し得ることも指摘している。したがって，自身の教科や授業内容などに鑑みながら，いろいろな技法を試し，授業者自身のものとしていく必要があるだろう。

6　ICTを活用した協働学習

　1人1台端末環境を整備し，授業者だけでなく学習者もICTを利用するという，GIGAスクール構想（文部科学省 2020）によって，学習環境は大きく変化している。この構想によって，2024（令和6）年度までに，全学年の1人1台端末環境整備が完了する予定である（文部科学省 2022）。

　ICTを活用した協働学習の指針について，文部科学省（2014）は，以下の図9-2のなかで，「「一斉指導による学び（一斉学習）」に加え，「子供たち一人一人の能力や特性に応じた学び（個別学習）」，「子供たち同士が教えあい学び合う協働的な学び（協働学習）」」を例としてあげている。これによると，ICTを活用

図9-2　ICTを活用した指導方法の開発（文部科学省 2014）

した協働学習の例は，発表や話し合い，協働での意見交換，協働制作，学校の壁を越えた学習の4つが確認できる。

　マーサーら（Mercer et al. 2019）はICTを活用し，対話が媒介されることで，ICTがアイデアを共有し知識を協働で構築するための対話空間を創造し，構築した成果物を保存し，あとで再検討，修正，再利用することを可能にすると指摘している。

　授業者として，どのような学習活動のなかで，ICTを活用するかを考えながら適宜用いることで，より効果的な協働学習に発展できると考えられる。また，効果，効率，魅力を高めるための授業設計のなかで，今まで板書していたことをICTに置き換えることによって効率化し，協働学習を授業のなかに挿入していくといったことも考えられる。たとえば，数学の授業で作図をチョークと大きな三角定規で演示することがあるが，デジタル教科書などを用いて，動画を視聴させることにより，その時間を机間指導にあて，個々の学習者の作図を指導することなどが可能となる。

自身が今までに経験した協働学習による活動を3つ取り出し，①学年，②科目，③技法が，どのようなものだったかを整理し，授業者がどのような学習目標で協働学習を取り入れたのか，その意図を考えてみよう。

自身の専門科目において，任意の単元を取り出し，インストラクショナルデザインの諸理論によって，学習目標，評価方法を設定し，授業方法において協働学習を取り入れた指導案を作成してみよう。

演習2において作成した指導案を，ICTを活用した協働学習を取り入れた授業がどのように設計できるか，検討してみよう。

 読書案内

①R. A. リーサー・J. V. デンプシー（著）鈴木克明・合田美子（監訳）　2013　インストラクショナルデザインとテクノロジ：教える技術の動向と課題　北大路書房
②市川 尚・根本淳子（編著）鈴木克明（監修）　2016　インストラクショナルデザインの道具箱101　北大路書房
③加藤 浩・望月俊男（編著）　2016　協調学習とCSCL　ミネルヴァ書房

第10章 教育番組，映像コンテンツの活用を考える

宇治橋祐之

> **目標**
>
> 映像コンテンツ活用の背景や映像コンテンツ活用の意義について説明できる。映像コンテンツを活用した授業実践例や配慮すべき点について説明できる。映像コンテンツを活用した授業を設計できる。

> **キーワード**
>
> 教育番組，映像コンテンツ活用，メディアミックス，著作権

1 教育番組，映像コンテンツ活用の背景

　教育番組，映像コンテンツを活用した授業は，映画を教育に活用する試みがおこなわれた1920年代から数えると，ほぼ100年の歴史をもつ。特に1953年のテレビ放送開始，1959年のNHK教育テレビ開局後は，初等中等教育を中心に放送番組の利用が広がっていった（宇治橋 2019）。また1985年から授業を開始した放送大学や，2012年にアメリカではじまった「MOOC（Massive Open Online Courses）」，2013年に設立された一般社団法人日本オープンオンライン教育推進協議会（略称JMOOC）などにより，放送・通信で送られる映像コンテンツを高等教育や社会教育の場で利用する機会も増えている。特にGIGAスクール構想により1人1台の情報端末が小学生・中学生に配付され，コロナ禍でオンライン授業が広がった2020年代は，教員の自作も含め多くの映像コンテン

ツがYouTubeなどの動画プラットフォームに公開されるようになった。

　こうした教育番組，映像コンテンツの利用状況については，NHK放送文化研究所が継続的に全国調査をおこない，ウェブサイトで公開している。2021年度は全国の小学校教師を対象に調査を実施した（宇治橋・渡辺 2022）。調査では2021年の10月から12月に，全国の小学校1万9,525校から系統抽出した1,400校から，各学年担任の教師4,200名に郵送で回答を依頼し，全体の回答率は62.1%であった。表10-1は2021年度の「授業における教師のメディア教材の利用」の結果の抜粋である。小学校教師を対象とした調査は2021年度の前は2018年度におこなっており，比較のためにその結果も掲載した。

表10-1　授業における小学校教師のメディア教材の利用（2021年度・抜粋）
（宇治橋・渡辺（2022）をもとに作成）

	(%)
NHK for School利用（テレビ「NHK学校放送番組」あるいはウェブサイトNHK for Schoolで公開されている「NHKデジタル教材」の利用）	**88** (67)
指導者用のデジタル教科書	66 (65)
「NHKデジタル教材」以外のインターネット上のコンテンツや動画，静止画	**62** (47)
独自に撮影したり，編集したりして，あなたや他の先生が作成した教材〈自作教材〉	44 (43)
ラジオ番組やCDなどの音声教材	*32* (50)
学習者用のデジタル教科書	29 (－)
市販のビデオ教材やDVD教材	*20* (34)

注1：2021年度（*n*=2,607），（　）内は2018年度の値（*n*=2,440）。
注2：太字は2018年度に比べて有意に増加したことを，イタリック体は有意に減少したことを示している（95％水準）。
注3：学習者用のデジタル教科書は2021年度調査の新規項目。

　GIGAスクール構想を挟む2018年度と2021年度の結果を比べると，「NHK学校放送番組」あるいはウェブサイトNHK for Schoolで公開されている「NHKデジタル教材」を利用した「NHK for School利用」と「「NHKデジタル教材」以外のインターネット上のコンテンツや動画，静止画」の利用が増えている。これはGIGAスクール構想により，学校のインターネット環境が整い，授業で教育番組だけでなくインターネットの映像コンテンツを利用しやすくなったため

と考えられる。一方で「ラジオ番組やCDなどの音声教材」「市販のビデオ教材やDVD教材」は利用が減っている。今後は「学習者用のデジタル教科書」の利用が増えると予想され，映像を利用して学習する場面はさらに増えていくと考えられる。

中学校，高等学校の授業における教育番組や映像コンテンツの利用は小学校ほど多くはないが，塾や予備校で映像コンテンツの利用が進んでいることや，動画を視聴できる教育アプリが増えていること，そして小学校で映像を使って学ぶ世代が増えていることを考えると，授業での映像コンテンツの活用について知ることは重要である。その際に，長い歴史をもつ教育番組の授業での活用の方法を知ることで，今後の映像コンテンツの活用にも応用できるであろう。

2　教育番組，映像コンテンツの特性

2-1　教育番組

教育現場で利用できる映像コンテンツにはさまざまな種類があるが，その映像の内容だけでなく制作目的を確認しておくと，授業設計の参考になる。たとえば，放送局が「学校教育又は社会教育のための放送の放送番組」として放送をおこなっている教育番組は，放送法で下記のように定められている。

> 基幹放送事業者は，国内基幹放送等の教育番組の編集及び放送に当たつては，その放送の対象とする者が明確で，内容がその者に有益適切であり，組織的かつ継続的であるようにするとともに，その放送の計画及び内容をあらかじめ公衆が知ることができるようにしなければならない。
> この場合において，当該番組が学校向けのものであるときは，その内容が学校教育に関する法令の定める教育課程の基準に準拠するようにしなければならない。（放送法　第106条2）

放送法で定められたほかの3種の番組（報道番組，娯楽番組，教養番組）と異なり教育番組は，たとえば「歴史を学ぶ中学生」などの対象を明確にして，一定

の期間に一定の事項について段階的に学べるように番組を編成することや，学習の機会があることを広く知らしめるために事前に放送の内容を示すこと，そして学校教育が対象の番組の場合は学習指導要領に準拠することが求められているのである。

さらにNHKでは，国内番組基準の「第2章 各種放送番組の基準」で，学校放送番組について以下のように記している。

第3項 学校放送番組
1 学校教育の基本方針に基づいて実施し，放送でなくては与えられない学習効果をあげるようにつとめる。
2 各学年の生徒の学習態度や心身の発達段階に応ずるように配慮する。
3 教師の学習指導法などの改善・向上に寄与するようにつとめる。

特に，「教師の学習指導法などの改善・向上に寄与する」と定めていることから，授業で児童生徒に番組を見せるだけでなく，教師あるいはこれから教師をめざす大学生などに，新規の学習指導法などを伝える役割があることを示している。

放送番組に限らずほかの映像コンテンツにおいても，このように映像制作の目的や意図を把握することが必要であると考える。また，教育番組，映像コンテンツを活用する際には，その映像がどのような状況で利用されることを想定して制作されているかを把握しておくことも重要である。

2-2 学校放送番組の種類

『放送教育大事典』（全国放送教育研究会連盟・日本放送教育学会 1971）では，教師が介在しない場で学習者が利用する直接教授番組と，教師と学習者がいる場で利用される学校放送番組について，次のように整理している。

【ダイレクトティーチング】
直接教授番組の類型の一つ。すなわち視聴者が放送を利用する場合，授業の全体を放送に依存することになる。この時，視聴者は教師など他の指

導者の指導や助言にたよらず放送を教材の中心としてとらえ，テキストなどの併用によって学習を進行することができる。（全国放送教育研究会連盟・日本放送教育学会 1971）

たとえば教育番組では，主として全国の通信制高校生の自学自習に役立つことを目的に制作されている NHK 高校講座や，英語をはじめとする語学講座の番組が該当する。これらの番組では，事前に公開されるカリキュラムに沿って，順次放送がおこなわれる。学習者はその番組を視聴し，テキストを併用することで，個人で学習を進めていくことになる。教師が介在しない映像コンテンツという点では，MOOC も同様に位置づけられるであろう。

また学校放送番組についてはふたつの類型を示している。

【ベイシック・プレゼンテーション】
　学校放送番組で，その内容が学習指導要領と直結して教育の目的を果たし，教科等の基礎的内容を放送番組自体が独自の系統性をもって提供するもの。（全国放送教育研究会連盟・日本放送教育学会 1971）

【カリキュラム・エンリッチメント】
　教室教師に放送によって最新の教材や，豊富な実例・例証を提供し，教育課程の限界を広げもしくはこれを打ち破り，教室教師の教授の充実を助けようとするもの。（全国放送教育研究会連盟・日本放送教育学会 1971）

NHK のテレビ学校放送番組は，当初は複数学年を対象とした総合的な内容のカリキュラム・エンリッチメント型の番組が多かった。その後，放送時間の増加に合わせて学年や教科に対応し，年間の放送本数に合わせて系統性をもたせたベイシック・プレゼンテーション型の番組も増えてきた。教師は授業の目的に応じて使い分けをおこなってきた。

2-3　教育番組と教材
さらに NHK では 2001 年度から放送番組のウェブサイトでの公開を順次はじ

めるともに，クリップとよばれる短い動画や，双方向教材，教師向け利用案や
ワークシートなどを統合したNHKデジタル教材の公開をはじめた（菊江 2003）。
2022年度現在，NHKデジタル教材を引き継ぐ，学校教育向けポータルサイト
NHK for Schoolでは，表10-2で示すように番組とクリップという2種類の映像
を公開している（宇治橋 2021）。

表10-2　NHK for School の番組とクリップの違い（宇治橋（2021）をもとに作成）

	番 組	クリップ
長 さ	10分，15分など	1分程度から3分程度まで さまざま
シリーズタイトル，カリキュラム	あり（年間20本など）	なし
ストーリー，キャラクター， レギュラー出演者など	あり	なし

　番組は10分や15分という決まった長さがあり，それぞれのシリーズの番組の
長さは固定されている。1時間を単位とする放送番組の編成におさめる必要が
あるためである。一方クリップは，インターネットで公開することを前提に制
作されているので，時間の長さに制約はなく，それぞれの長さは異なる。
　時間の長さは内容にもかかわる。番組は通常10分や15分の長さでその教科の
ある単元の内容を網羅しており，教室で集団視聴することで，「見通しをもつ
こと」や「課題を発見すること」，あるいは「振り返りをすること」などに向
いている。一方クリップはある事象を伝えるのに最適な時間で制作されており，
「個別に選択して視聴すること」や，「くり返し視聴すること」に向いている。
　たとえば中学校社会科（歴史的分野）や高等学校地理歴史科を対象とした番
組『レキデリ』（2020年度から放送）は，歴史資料デリバリー会社「レキデリ」
が届ける資料から，歴史の素朴な疑問を読み解くことをコンセプトにした番組
である。その第1回は「稲作は社会をどう変えた？」というタイトルで，日本に
稲作が広がった弥生時代の中頃，狩猟採集から農耕中心の暮らしの変化で社会
はどう変わったのかを探究する内容が10分にまとめられている。この回のウェ

ブサイトには関連するクリップとして,「弥生時代の村のようす」（1分56秒）や「登呂遺跡」（1分55秒）などが掲載されている。番組は10分全体で大陸との交流をとおして農耕が広まったことで人びとの生活が変化したことがわかるように,クリップは個別の事象についてわかるように構成されている。

また番組にはシリーズのタイトルやカリキュラムがあるが,クリップにはない。先の『レキデリ』は2023年度現在,古代・中世・近世・近現代の内容を扱う番組計25本で編成されており,中学・高校で学ぶ歴史分野を網羅している。一方クリップはそれぞれの時代ごとの内容を扱うものがあるが,まとまったカリキュラムのかたちはとっていない。

さらに番組にはストーリーがあり,キャラクターやレギュラー出演者がいるが,クリップにはそれらはない。たとえば『レキデリ』は歴史番組の収録現場を舞台としており,プロデューサーとディレクターが次回の番組を相談しているなかで,毎回「歴史上の素朴な疑問」の壁にぶつかる。そこで歴史資料デリバリー会社「レキデリ」から資料を届けてもらい,いろいろな視点で調べるという構成で統一されている。異なる回を視聴する際もストーリーのイメージがもちやすく,継続的に視聴することで登場人物の成長と重ね合わせて学習を進めやすくなる。一方クリップは辞書のように個別の内容を知りたいときにわかりやすいタイトルがつけられており,検索して視聴することで必要な情報を得ることに向いている。キャラクターやレギュラー出演者もおらず,すぐにナレーションで説明がはじまり,自然現象や社会事象を焦点化して見せるように構成されている。

このようにNHKの教育番組や映像コンテンツでみるだけでも,その目的により,映像の構成や長さ,ストーリー展開などが異なっている。教育番組や映像コンテンツを授業で利用する際には,その内容だけでなく目的や表現形式にも留意して教材研究をおこなうことで,効率的かつ効果的な授業を設計できるようになるであろう。

3 教育番組，映像コンテンツを活用した授業設計 ─────

　教育番組，映像コンテンツの特性をもとに，授業でどのように活用できるかについては，放送教育・視聴覚教育で長く研究が積み重ねられている。ここでは「授業のどの場面で利用するか」「教科ごとにどのように利用するか」「ほかのメディアとどのように組み合わせて利用するか（メディア・ミックス）」の3つの視点をみていく。

3-1　授業のどの場面で利用するか

　ひとつ目は，「授業のどの場面で利用するか」という視点である。一般に初等中等教育の授業は45分や50分の時間で導入，展開，まとめの段階がある。映像を見せる場合には，その目的に応じて見せる場面を考えることが必要である。

　たとえば児童生徒の「関心・意欲・態度を高める」目的であれば，導入の場面での利用が効果的である。学校放送番組は多くの場合，対象学年の児童生徒と等身大のキャラクターが，学習課題に沿ったかたちで動いていくストーリーになっている。教室の児童生徒全員で映像を見て，課題をつかんだり，登場人物に共感したりするなかから関心・意欲・態度が高まると考えられる。

　「思考・判断を揺さぶる」ために利用したいときには，展開場面で見せることが考えられる。これは1時間の授業のなかでの展開場面でも，単元全体の中盤あたりの展開場面でも同様である。児童生徒が，教科書で学習したり，実験・観察や調べ学習などをおこなって単元の学習を進めてきたところに，新たな情報を提示したり，異なる考え方を示したりすることで，思考・判断を揺さぶり深めていくことができる。

　「知識の定着を図る」ために利用したい場合には，まとめの場面が有効である。番組で取り扱われる事象やキーワードはすでに授業で扱っているとすると，その意味や内容をコンパクトに振り返ることで知識の定着が図れる。

3-2　教科ごとにどのように利用するか

　ふたつ目は「教科ごとにどのように利用するか」という視点である。堀江・

浅野（1998）では，フェニックス（Phenix 1964/1984）による「知識を特徴づ
ける概念や概念形成における意味づけ」の6つの領域と，初等中等教育の教科
の「ねらい・内容・方法」を組み合わせ，さらに7つ目に「総合的な学習」を
追加したうえで，それぞれの領域における放送番組の利用法を示している。そ
の主な内容は現在にもあてはまると考えられるので，概要を以下に示す。

①象徴的思考活動の領域の教科（国語，算数・数学，外国語など）
・国語・算数などの教科は言語，数字という象徴的な記号の操作が中心
で，主な学習方法はドリル学習で個別的学習要素が強い。
・算数・数学における「具体から抽象への思考操作」「抽象的な世界のイ
メージ化」，国語における文学鑑賞などで放送番組の特性が生かせる。
②体験的・経験的な思考活動を主とする領域（理科・社会など）
・もともとこの領域は，掛け図，模型，スライド，写真など，数多くの
視覚教材が活用されており，これらの発展として放送番組がある。
・学校では得られない経験が代理経験ではあるが得られ，世界を拡大す
る。
③審美的感性の陶冶の領域（音楽・美術・文学など）
・一般向けの教育・教養番組でもこの領域の番組が多く，放送の特性，特
にメッセージの特性を生かすことができる。
④倫理・道徳観の確立を目的とする領域（道徳）
・一般にマスメディアの効果として議題設定（agenda setting）があるが，
道徳番組でもドラマなどの形式で議題設定がおこなわれている。
・放送の特性として，子どもの現在に即した新しい議題設定をおこなえ
るので，有効性を発揮できる。
⑤健康の維持に教科の基盤がある領域（体育，保健）
・モデルとしての役割が大きい。個々の学習者に応じた映像の再現がで
きるとさらに有効性を発揮できる。
⑥生活技術の習得に教科の基盤がある領域（技術・家庭，安全）
・体育の場合と同様に，個人的技術のトレーニング，モデル提示として
の有効性がある。

・自分の生き方，身のまわりを見つめ直すことにつながりやすく，子どもみずからが発信する活動につなげられる可能性が高い。
⑦総合的学習での利用
・学習者が学習課題に興味・関心をもつために，リアルで今日的な事実や課題を教室のなかに持ち込むことができる。
・世界規模で情報を得ることができる。

　それぞれの教科・領域の特性と，放送番組あるいは映像の特性の組み合わせを考慮することで，さまざまな授業を展開することができると考えられる。

3-3　ほかのメディアとどのように組み合わせて利用するか（メディア・ミックス）

　3つ目は「ほかのメディアとどのように組み合わせて利用するか（メディア・ミックス）」という視点である。水越（1986）は，「個々の刺激体，要素としてのメディアムをある意図のもとに組み合わせ，重ねることによって，単品の刺激体，単一メディアムでは期待しえなかった新しい質の刺激を創り出そうとするところ」がその特質であるとした。そして水越（1990）で「基幹メディア」と「副次メディア（複数で異質なものであることが多い）」の利用について，実際の実践をもとに類型を分析している（図10-1）。

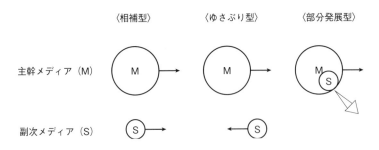

図10-1　メディア・ミックスの類型（水越（1990: 161）をもとに作成）

「相補型」は，「主幹メディアと副次メディアとが，同じねらいをもち，扱う素材は違っても，また違えることによって，相互に補足し合い，補強し合う関係で使われる」活用の仕方である。たとえば環境教育で自動車の排気ガスについての映像資料と，酸性雨についての読み物資料を提示する方法である。「ゆさぶり型」は，「提示された複数の情報そのものに矛盾や対立があり，そのことによって視聴者が当惑し，ゆさぶりを受け，結果的にはより深く，本質的な探究へ向かおうとする動機づけになる」という活用の仕方である。たとえば地域学習で自然環境の豊かさなどのよい点だけでなく，交通網が整っていないなどの不便な点の資料を提示する方法である。「部分発展型」は，「メイン教材を映像で出し」「ある部分だけをもういっぺん教室実験で詳しくやる」という活用の仕方である。

　実際の授業では，これらの視点を組み合わせ，たとえば総合的な学習の授業の展開段階で，「思考・判断を揺さぶる」ために，リアルな課題の提示や，複数の異なる映像情報の提示をおこない，学習を深めていくような設計が考えられる。

4　教育番組，映像コンテンツを活用した授業実践例や配慮すべき点

　教育番組，映像コンテンツを活用した授業実践については，日本教育メディア学会あるいは日本教育工学会の論文誌に掲載されたり，NHK for SchoolやNHK高校講座のウェブサイト，あるいは全国放送教育研究会連盟とNHK財団によるウェブサイト「放送教育ネットワーク」などに実践事例が掲載されたりしている。また，1980年代以後のデジタルメディア利用の変遷をふまえたうえでの代表的な放送教育実践については，木原（2015）にまとめられている。これらの実践事例が参考になるであろう。

　実際の授業で映像を利用するにあたっては，著作権に配慮することも重要である。特にGIGAスクール構想により1人1台の情報端末が小学生・中学生に配付され，コロナ禍でオンライン授業が広がったことで，教師がさまざまな映像教材を制作・配信するだけでなく，児童生徒も映像を制作・配信することが増

えてきており，これまで以上に留意が必要である。

　学校教育における著作権の考え方については，2018年度に改正された著作権法第35条で，下記のように定められている。

　　（学校その他の教育機関における複製等）
　　第35条　学校その他の教育機関（営利を目的として設置されているものを除く。）において教育を担任する者及び授業を受ける者は，その授業の過程における利用に供することを目的とする場合には，その必要と認められる限度において，公表された著作物を複製し，若しくは公衆送信（自動公衆送信の場合にあつては，送信可能化を含む。以下この条において同じ。）を行い，又は公表された著作物であつて公衆送信されるものを受信装置を用いて公に伝達することができる。ただし，当該著作物の種類及び用途並びに当該複製の部数及び当該複製，公衆送信又は伝達の態様に照らし著作権者の利益を不当に害することとなる場合は，この限りでない。
　　2　前項の規定により公衆送信を行う場合には，同項の教育機関を設置する者は，相当な額の補償金を著作権者に支払わなければならない。（以下略）

　この補償金（授業目的公衆送信補償金）を扱うのが授業目的公衆送信補償金等管理協会（SARTRAS）である。学校などの教育機関はSARTRASに補償金を支払うことで，個別に著作権者などの許諾を得ることなく，教員が他人の著作物を用いて作成した教材を生徒の端末に送信したり，サーバにアップロードしたりすることなどが可能になった。なお利用にあたっては制度を利用する教育機関の設置者（教育委員会や学校法人など）が補償金を支払うことになっている。

　ただし，著作物の教育利用に関しては，制度の運用のための環境整備が進められているところである。そのため権利者団体と教育関係者が共同して「著作物の教育利用に関する関係者フォーラム」を設置し，文化庁，文部科学省，有識者などより助言を得つつ，ウェブサイトで運用指針などを公開しているので，最新のものを参照してほしい。

たとえば「改正著作権法第35条運用指針（令和3（2021）年度版）」では「授業」について，「学校その他の教育機関の責任において，その管理下で教育を担任する者が学習者に対して実施する教育活動」と定義しており，「入学志願者に対する学校説明会，オープンキャンパスでの模擬授業等」「教職員会議」「保護者会」などは「授業」には該当しないとしている。

また授業での利用例として「A）許諾不要，無償で著作物を利用できると考えられる例」「B）許諾不要で利用できるが，補償金の支払いが必要だと考えられる例」「C）著作権者の許諾が必要だと考えられる例」をあげている。映像にかかわる事例でCに該当するものとしては「絵本の読みきかせ動画を，クラウド・サーバにアップロードし，幼児児童生徒が自宅からいつでも視聴できるようにする」「様々な分野に関するTV番組を授業で自由に使えるようにするため，継続的に録画し，クラウド・サーバにアップロードして蓄積し，ライブラリ化しておく」があげられている。

いずれの場合も，「当該著作物の種類及び用途並びに当該複製の部数及び当該複製，公衆送信又は伝達の態様に照らし著作権者の利益を不当に害する」かが判断の基準となる。なお，個別の動画配信サービスの授業での利用に関しては，その利用規約を確認することも必要である。

授業に限らず，映像を視聴するだけでなく制作・発信する機会は今後増えていくであろう。授業で映像を利用する際には，著作権についても児童生徒に伝えていくことが大事であると考える。

演習 1

これまでの経験を振り返り，教育番組や映像コンテンツを利用した授業と，自分自身で教育番組や映像コンテンツを選択した視聴について，次のような観点で整理してみよう。

①学年や教科，どのような場面で利用されていたか。
②教科書や資料集などとは，どのような違いがあったか。
③授業での視聴と，授業外・個人での視聴にはどのような違いがあったか。

演習
2

NHK for School や NHK 高校講座などから番組を選択し，授業で利用する
観点から番組分析をしてみよう。

①学習内容をどのような順序で示し，時間内に構成しているか。
②出演者の行動やナレーション，テロップなどに注目して，映像・音声・
　文字でそれぞれどのような情報を伝えているか。
③教科書のある教科の番組と，総合的な学習（探究）の時間や特別活動，
　特別支援など教科書のない教科・領域の番組ではどのような違いがあるか。

演習
3

NHK for School や NHK 高校講座などから番組を選択し，下記の観点から，
どのような授業でどのように利用できそうかを考えてみよう。

①単元全体のどこに位置づけるか。
②授業時間のどこに位置づけ，前後にどのような活動をおこなうか。
③一斉で視聴するか，個別あるいはグループ単位で視聴するか。

 読書案内

①日本放送協会放送文化研究所　2015　多様化する子どもの学習環境と教育メディア
　丸善プラネット〈https://www.nhk.or.jp/bunken/book/media/12.html〉（最終確認日：
　2023年4月1日）
②NHK for School × タブレット端末活用研究プロジェクト　2018　タブレット端末を
　授業に活かす　NHK出版

第11章　タブレット端末の活用方法を考える

黒上晴夫

> **目 標**
>
> 1人1台端末（タブレット端末）導入の背景について知り，1人1台
> 端末をどのような意味で有効に活用するかについてイメージをもち，
> どのようにすればそれが実現できるか計画が立てられる。

> **キーワード**
>
> 1人1台端末（タブレット端末），遠隔会議システム，調べ学習，
> 意見提出，表現，協働学習，自己調整学習

1　コンピュータ導入に関する小史

　コンピュータを学校に導入する試みは，それがPC（パーソナル・コンピュータ）とよばれるようになった1970年代（インテルによる1971年にマイクロプロセッサの開発以降）からすでにはじまっていた。しかし，正式に義務教育でコンピュータを扱う授業は，1989（平成元）年の学習指導要領を端緒とする。その後，約30年かけて，情報教育やコンピュータを活用した授業の扱いが，徐々に増やされてきた。それは，社会の情報化の流れを受けて学習内容が情報や情報機器と切り離せなくなってきたことに由来すると同時に，情報化社会で有用な人材であるためには，情報リテラシーを身につけることが求められているということも大きな要因である。

表11-1　情報教育カリキュラムの導入（筆者作成）

学習指導要領の告示	〈小学校〉	〈中学校〉	〈高等学校（普通高校）〉
平成元年 1989年	コンピュータに触れ，慣れ，親しませる	「情報基礎」新設	
平成10・11年 1998～99年	「内容の取り扱い」に情報手段を活用する学習活動を記載	「情報とコンピュータ」に改称 ・マルチメディアの活用 ・プログラムと計測・制御	普通教科「情報」（必履修）新設 ・情報A，情報B，情報C
平成20・21年 2008～09年		「情報に関する技術」に改称 ・ディジタル作品の制作	科目名変更 ・社会と情報，情報の科学
平成29・30・31年 2017～19年	プログラミング体験の導入	「情報の技術」に改称 ・ネットワークを活用した双方向性のあるコンテンツのプログラミング ・プログラミングによる問題解決	科目名変更 ・情報I（必履修）：コンピュータやシミュレーションによる問題の発見・解決 ・情報II（選択履修）：情報システムのデザイン

2　コンピュータの整備

　コンピュータを使う授業をおこなうには，クラスの児童生徒数分のコンピュータが必要で，そのため各学校にコンピュータ教室がつくられてきた。しかし，コンピュータを文房具のように使えるようにするには，常時使える環境が望ましい。それを推進してきたのは，国があらゆる領域でのIT化を推進するために掲げてきたe-Japan構想や教育振興基本計画などである。

　その実現に向けて，国はコンピュータの整備を含む多額の予算も投じてきた。予算の効果をみるための調査が毎年実施されてきたが，それによるとコンピュータ1台あたりの児童生徒数（コンピュータ1台を何人の学習者が共有することができるか）が少しずつ小さくなってきていた。

　そして，第3次教育基本計画（2018～2022年）では，その目標値が3クラスに

1クラス分（1台あたり3人）と示されるまでになった。しかしその完了に先立って，2019年には「学校教育の情報化の推進に関する法律」が施行され，またGIGAスクール構想が打ち出された。GIGAは，Global and Innovation Gateway for Allの略で，すべての義務教育段階の児童生徒に対して，5年間（2023年まで）で1人1台端末の環境や高速通信ネットワークを整備することをめざすものであった。

　ここに，2019年末の新型コロナウイルスによるパンデミックが到来する。その影響で，時の政府は2020年3月2日から全国一斉の臨時休校措置を要請した。この措置は春休みに入るまでつづき，さらに新年度になると再び臨時休校措置がとられ，5月下旬頃まで継続されることになった。この間，通学できなかった児童生徒の学習をどう保証するかが，大きな議論となった。学校年度を半年ずらし，9月入学にすることなども検討されたが，「学びを止めない！」という標語のもと（経済産業省 2020），オンラインで自宅待機中の学習者に授業を届けることがめざされた。その実現のため，GIGAスクール構想を前倒しして，2020年度中に小学校1年から中学校3年までの1人1台端末の環境を完成させることを目標に，早くも同年4月7日の臨時閣議で2,292億円の補正予算が組まれた（端末整備，学校のネットワーク，家庭でのオンライン学習環境の整備などを含む）。そうはいっても，すぐにそのような学習環境が完成することはなく，整備完了率は8月末では37自治体（2%）でしかなかった。それでも，2020年度末には98.5%の整備完了率に至り，翌2021年度には端末納入に関しては完了したといってよい。

　本来，緊急事態に対応して遠隔授業によって「学びを止めない！」を実現するはずだった予算措置だが，それには間に合わず，年度当初から同時双方向のオンライン指導ができた学校は，早くから端末導入を進めていた一部の私立学校や自治体に限られていた。それでも，新型コロナ感染症による臨時休校がその後何度も発生するなかで，オンライン指導の実施率も徐々に上がってくる。学校によっては，学級児童生徒の半数が登校し，半数はオンライン授業を受けるようなこともおこなわれるようになっていった。三脚と端末が常に教室に置かれ，いつでもオンライン授業ができるように環境を整えた学校もあり，またオンライン授業をサポートするため，テレビ会議システム以外の授業支援システ

ムを導入した自治体も急増した。

　新型コロナ感染症が学校にもたらした影響は甚大であったが，それによって生み出すことができた，義務教育段階での1人1台端末とそれを用いた学習をサポートする環境は，学習方法に転換をもたらす好機とすべきだろう。30年以上かけてめざしてきた情報教育や情報活用のための土台がようやく完成したのである。

3　1人1台端末の活用

　「学びを止めない！」でめざされた学習とは，何を意味していたのだろうか。遠隔会議システムを使って，オンライン授業を提供しようとしたわけだが，それは従来通りの学習成果を維持することが目的であった。では，その学習成果とは何か，である。いわゆるテストで測定できる学習成果だけが対象となるのなら，オンライン授業でもカバーできる可能性はある。整備した端末によって，家庭でドリル学習に取り組ませれば，よりよい成果をあげることも可能かもしれない。しかし，学校で培う学力はそれだけではない。2017年告示の学習指導要領で掲げられた資質・能力の3つの柱は，「知識・技能」「思考力・判断力・表現力等」と「学びに向かう力・人間性等」であった。テストで測定できるのは，主に知識とある種の思考力である。学校は，そこから漏れ落ちる資質・能力についても育成する責務がある。そして，1人1台端末はそれらの育成とも深くかかわっている。休校措置の頻度が下がってきた現在でも，1人1台端末は十分に価値がある…というより学校で日常的に使える環境だからこそ，より価値を生み出す使い方を検討したい。以下でその活用法について，みていこう。

3-1　遠隔会議システムの活用

　休校時の学習機会の保障として脚光を浴びた遠隔会議システムであるが，ほかにも利用価値がある。NHKの報道で，休校期間中には，不登校の子どもが遠隔授業に参加したと伝えられた（NHKニュース 2020）。このような話は，その他の地域でも数多く聞く。授業が配信されることによって，登校できない要因

が取り除かれたように感じたのだと考えられる。ICTを活用した不登校支援に早くから取り組んでいる東京学芸大学では，名古屋市教育委員会での調査を公開している。それによれば，対象者55名全員が，「スタディサプリ（学習動画を見ることができるアプリケーション）」を活用した学習支援に肯定的である。授業動画については，使ったこと／見たことがあるとした対象者全員が，やはり肯定的に回答している。

　これらは，学習保障の視点からみれば，朗報である。ただ，通常の運営に戻った教室が，そのまま遠隔授業を継続するわけではない。遠隔授業で授業に参加できる学習者に対して，名古屋市教育委員会のようにどう授業を提供しつづけることができるか，検討していく必要がある。

　遠隔会議システムは，学校間の交流にも活用できる（稲垣 2004）。福島県旭小学校は同笹原小学校と，①ほかの地域の文化を理解したり，自分たちの学校や地域を再認識したりすること，②相手に伝わるように発表し話し合うことでコミュニケーション能力の向上を図ることを目的として交流学習をおこなった（二本松市立旭小学校 2022）。また，山梨県のふじさくら支援学校では，同鳴沢小学校の子どもたちとリモート交流をおこない，ゲームやクイズをおこなったことが報告されている（ふじさくら支援学校 2022）。

　これらの研究や実践は，学級同士を結ぶものなので，必ずしも1人1台端末は必要ではない。しかし，個別に，あるいはグループで相手を決めて，他校の学習者や地域の人びと，専門家などと交流し，ふだんは入手できない情報を交換しながら学習を進めるようなことも考えられる。特に，中・高での総合的な学習（探究）では，個別に課題を設定することも多い。そういうときのコミュニケーション手段として，各自が所持する端末は重宝する。

3-2　デジタル教科書

　1人1台端末で実現できるようになったのが，学習者用デジタル教科書の活用である。デジタル教科書は，従来の教科書を使った場合に比して，学習をいっそう充実するために，「拡大縮小，ハイライト，反転，リフロー，音声読み上げ，総ルビ，検索，保存」などの機能をもつ。また，デジタル教材との一体的使用を想定したビルトイン機能として「動画・アニメーション，ドリル・ワー

ク，参考資料」などが例示されている（文部科学省 2019）。

　特に英語においては，ネイティブの発音が聞けたり，会話文で話者の片方だけを再生して練習をしたり，自分の発音を録音して振り返ったり評価し合ったりすることができる。

　このように，学習者用デジタル教科書がもつ機能は，それぞれの教科の特徴に合わせて自律的な学習をサポートするものであり，それをどのように学級全体での学習活動と組み合わせて有効に活用するか検討していく必要がある。

　なお，デジタル教科書についての詳細は，第12章を参照されたい。

3-3　プログラミング

　2017年告示の小学校学習指導要領に示されたプログラミング体験は，5年生算数における「正多角形の作図」と6年生理科の「電気の性質を利用した道具」が例示されており，総合的な学習の時間では探究的な活動のなかでの実施について触れられている。中学校では，技術・家庭科では「生活や社会における問題を，ネットワークを利用した双方向性のあるコンテンツのプログラミングによって解決する活動」がプログラミングの学習場面として示されている。1人1台端末が実現したことで，すべての学習者がプログラミングを実際に同時におこなうことができるようになった。プログラミングの学習においては試行錯誤が非常に重要で，それは各学習者が自分でおこなうべきものである。

　例示された学習をおこなう際には，教科書に手順が示されているため，それに従って進めれば問題なく実施できる。しかし，それだけではプログラミングに求められる柔軟な思考が十分に育まれるか不安はある。

　学校にはプログラミングを学習するためのさまざまな教材が導入されている。それらは，より早くからプログラミングの感覚を身につけたり，より高度なプログラミングを可能にするようにつくられている。自走するロボットをプログラミングしたり，さまざまなセンサーを組み合わせて複雑な動作を実現したりするような創意工夫を楽しめる体験を提供している学校も少なくない。学習者のプログラミングに対する興味・関心をうまく育てるように導入し，形式的に命令を打ち込むだけの学習にならないように注意したい。

　小学校でのプログラミング体験が学習指導要領に示されたことによって，プ

ログラミングに対する関心が急速に高まった。プログラミングを学ぶことができるオンライン環境が数多く提供され，プログラミング・スクールも次々に開校された。こういった学習機会も機に応じて活用したい。

3-4　記録とその利用

　1人1台端末で重要なのは，それがカメラでありビデオでもあるということである。これまで，たとえば生活科で町に出るとき，子どもたちはメモやワークシートを持って，現地で見たものをスケッチするなどしてきた。それを教室に持ち帰って発表させようとすると，正確な情報が得られないということもあった。そのため，教師が写真やビデオで活動を記録しておき，それを使いながら授業を進めるなどの工夫をしてきた。しかし，今では子どもが自分で写真やビデオに記録できる。教室では，自分で記録してきたものを使ってまとめたり，発表したりすることができる。

　5年生の「水のはたらき」の授業では，築山の上から溝にそって水を流して，溝が曲がるところで何が起こるかを実験するような活動がある。その場面をビデオで撮影しておき，教室に帰ってからグループのメンバーで映像を共有し，一人ひとりどのように侵食が進むかを確かめるというような使い方が可能である。わかったことを発表する際にも，そのときの映像情報を使うことができる。

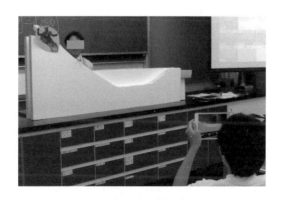

図11-1　斜面を転がる玉の実験をスロー撮影
（上越教育大学附属中学校で撮影）

このように，実験を映像で記録する経験を積んでくると，大事な場面はスロー撮影するような子どもが現れる。図11-1は，中学校理科で斜面に応じて転がる玉の速さがどう違うかを実験している場面である。ひとりの生徒がそれを自発的にスロー撮影し，クラス全員に共有して，各自実験結果をまとめるという流れになった。それはどのように映像記録をとればどんな学習が可能かを生徒自身が考えて，すぐに実行できる環境があればこそである。

3-5　調べ学習の深化

各自が所持する端末では，通常，検索エンジンが使える。学習指導要領総則に「学習の基盤となる資質・能力」として問題発見・解決能力があげられていることから，学習者が自分で課題をもって探究的に学ぶことは，総合的な学習（探究）だけでなく，どの教科においても求められている。

もちろん，教科書や資料集，図書室の資料なども情報収集のリソース（情報源）となり得るが，必要に応じてそれ以外の場所から情報を集めることが必要になる。その際，各自が検索ツールをもっていることは，たいへん重要である。

子どもが検索サイトを使うのに不安を感じる向きもある。学校からのアクセスに自動的にフィルタリングをかけるサービスを利用している自治体もある。「Yahoo! きっず」は，子どもが使うことを前提とした検索エンジンである。これらは，検索結果のフィルタリング機能をもっており，安心して使うことができるだけでなく，学年・教科・テーマ別のポータルサイトになっていて，NHK for Schoolの動画やマルチメディア図鑑などに効率よくアクセスできる。

3-6　全員の意見の提出

これまでよく，「1日1回は発言しよう」というように促され，学習者自身がそれを目標としてきた。それは，1時間の授業で発言できる学習者に限りがあり，気が弱かったり少し考え込んだりすると発言機会が得られないからである。「1日1回」を実現するためには，発問に対しては，躊躇なく挙手して意見を言わなければならなかった。

しかし，1人1台端末環境で授業支援システムが動いていると，各自が同時に自分の意見を提出（投稿）することができる（図11-2）。授業中におこなわれる

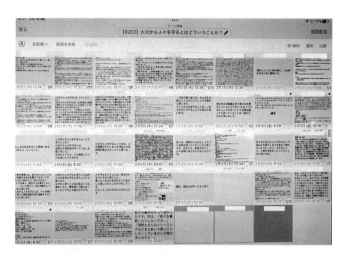

図11-2 授業支援システムによる考えの提出（ロイロノート）

重要な発問が5回あるとして，それらに全員が自分の意見を書いて提出することで1時間に5回発言したことになる。さらに，提出した考えを相互に読み合えるような設定をすると，全員の意見が活かされた話し合いができる。そして，このことは大きく授業展開を変えることになる。

この機能によって，挙手で発表させるときと違って，教師がどの意見を取り上げるかを事前に決めることができる。これは，提出された意見の状況に応じて授業を組み立てていく際に大きな助けとなる。

3-7 表 現

パワーポイントなどのプレゼンテーション・ソフトを使うことは，ビジネス社会では当たり前になっている。学校でも，かねてよりグループ発表などで利用はしてきた。1人1台端末は，発表を個別化するのに役立つ。一人ひとりがスライドを作成し，それを見せながら発表することができる。

図11-3は，「すがたを変える水」の授業で，加熱によってアルコールが飛ぶときの粒子イメージを描いて，互いに見せ合って説明している場面である。このようなグループでの話し合いの風景は，1人1台端末環境が実現してから見るこ

図11-3　グループでイメージの説明（京都教育大学附属桃山小学校で撮影）

図11-4　発表の録画でリフレクションする（府中市立府中学園で撮影）

とができるようになった。

　図11-4は，発表の本番に備えて，小中一貫校で中学年の児童がスライドを用いて中学生に説明し，それを中学生が録画している場面である。この後，発表の仕方や内容について，このペアで振り返りながら改善していた。「表現」と「記録」を組み合わせた学習の仕方である。

3-8　協働学習

　授業支援システムには，意見やイメージを送り合う仕組みが組み込まれてい

る。グループの各メンバーが考えを送り合って，グループの意見にまとめるような場面では，口頭での話し合いも重要だが，調べてきたデータ，描いた図形などを1か所に集めて操作できるようにすると，それを効率よく扱える。ロイロノートの共有ノートやGoogleスライドなど，各メンバーが自分の端末から同時にひとつの画面を操作できるような仕組みを使えば，より効率のよい作業が可能になる。

　端末で，シンキングツール（思考ツール）のテンプレートなどが使える場合，協働的に考えをつくり出す作業が促される。まず，同じツールを使って各自でアイデアや情報を書き出す。考える視点や方向がツールによって共通化されているので，互いの考えを把握しやすくなり，話し合いが効率的に進む。

3-9　自己調整学習

　2021年3月に次期学習指導要領改訂に向けて，中央教育審議会答申が公表された（中央教育審議会 2021）。そこには，「子供が自らの学習の状況を把握し，主体的に学習を調整する」という文言がある。必ずしも自己調整的な学習にICTが必要というわけではない。しかし，1人1台端末の環境によって，より多くの子どもが自己調整的に学ぶことができ，その成果も期待できる。

　自己調整学習は，資質・能力の3つの柱のうち，「自ら学ぶ力」と関連が深い。みずから学ぶというのは，自分で計画を立てて学習をおこないながら，それを自分自身あるいはグループで振り返り（メタ認知），問題点があれば改善し，学んだことを既有知識や実社会と関連づけるようなことである。これらのことを，効率的におこなうには，各フェーズでつくったもの（計画書，学習の成果物，評価シートなど）が1か所で管理できていてることが望ましい。1人1台端末は，まさにそれを可能にする。

　自己調整的な学習を実施するのは，かなりむずかしく，準備が必要となる。ひとつは，学習者のスキル育成である。自分で情報を集めて整理・分析し，意見をつくるためには，それぞれのフェーズを実行できる「情報活用能力」をもっていなければならない。ひとつは，端末を活用してそれらの活動を進める方法や手順について，もうひとつはそれらの考え方についてのスキルである。

　一方，学習の文脈がうまく設定されることも重要である。学習者が何をすべ

きかを具体的にイメージできて，しかもやる気が起きるような課題が提示され，発達や課題内容に応じたサポートが得られることで，学習が進められる。どのように端末を活用するか，どのような視点で整理するかなどが，状況に応じて示されることが必要だろう。

　端末を用いた自己調整学習についての実践は，まだ多くはみられないが，木村（2023），立石（2022）などが参考になる。

3-10　生成AIの活用

　生成AIは教授・学習にどのような影響を与えるか，という問題が提起されている。1人1台端末だと，個別に生成AIが使える。しかし，使わせてよいのか。生成AIは，質問に対して整った表現で回答を返してくれる。その回答を学習者がそのまま使ったら学習にならない。しかし，一方で，これから社会に出ていく学習者は，新しく，しかもきわめて優秀なテクノロジーであるからこそ，使いこなせるようになるべきだという考え方もある。つまり，積極的に使わせるということだ。

　では，どのような使い方が考えられるのだろうか。ひとつは，自分が調べたいトピックについて，どのようなイメージをもてばよいのか参考にすることである。生成AIが提供する回答を参考に，自分自身で再調査する。こうすると，やみくもに調べるよりもはるかに効率がよくなる。生成AIの回答には，インターネット情報に存する誤りが潜在的に含まれる。それを検証する意味でも，再調査は重要である。

　もうひとつは，自分で書いた意見や主張についての批評をもらうことである。自分の書いた文章を，「よりわかりやすく修正して」というような指示とともに入力すると，修正された文章が提供される。「説得力があるように」「論理的に」なども試してみて，比較するのもよい。それを参考に，自分の文章らしくなるように再修正するというような使い方である。

　今後，生成AIはより進化する。そのなかで，どのように使えば学習者自身の資質・能力の伸長に寄与するか，慎重に検討していく必要がある。

4　まとめ

　1人1台端末の活用法の一部をみてきたが，ほかにも，AR（Augmented Reality）教材などのビジュアル教材を使う，通信機能を使う，シミュレーションができるアプリを使う，などさまざまな使い方が考えられる。一方で，端末を使うことで手書きの習慣が身につかない，情報モラル教育が追いつかない，などの心配事も枚挙にいとまがない。メリットをうまく引き出しつつ，デメリットを慎重に避けて使うにはどうすればよいか，それぞれの学校で知見を蓄積していきたい。

あなた自身が1人1台端末（タブレットPC）を授業で使ってきた経験を振り返り，学びが深まったと思う授業でのタブレット端末の利用方法についてグループで意見交換をしてみよう。

1人1台端末を有効に活用する方法とその効果についてグループで考えてみよう。またその方法を導入するにあたり，教員として配慮すべき事柄についても考えてみよう。

 読書案内

①木村明憲・黒上晴夫（監修）堀田龍也（監修）　2020　単元縦断×教科横断：主体的な学びを引き出す9つのステップ　さくら社
②田村 学・黒上晴夫　2017　田村学・黒上晴夫の「深い学び」で生かす思考ツール　小学館

第12章　デジタル教科書の活用を考える

中川一史

```
目　標
```
デジタル教科書活用の学習効果を説明できる。デジタル教科書普及においての課題をあげることができる。

```
キーワード
```
デジタル教科書，GIGA スクール構想，アクセスのしやすさ，3段階の活用，課題

1　児童生徒1人1台端末時代への突入

　中央教育審議会初等中等教育分科会が2021年に公開した，「「令和の日本型学校教育」の構築を目指して：全ての子供たちの可能性を引き出す，個別最適な学びと，協働的な学びの実現（答申）」によると，「協働的な学び」は，「ICTの活用により空間的・時間的制約を緩和することができるようになることから，「協働的な学び」もまた発展させることができるようになる。同時に，同じ空間で時間をともにすることで感覚を働かせながらお互いに刺激し合うことの重要性も改めて認識する必要がある」としている。たしかにコロナ禍において，オンライン学習や家庭学習では，ICTはなくてはならないものになった。しかし，空間的・時間的制約の緩和は，教室内においても起こり得る。むしろ，紙のノートやワークシートですぐに共有できなかった内容について，日常的に共有をおこない，協働的な学びの場面に寄与できると思われる。もちろん，「協働的な

学び」の場面だけに着目するのではなく,「教師が支援の必要な子供により重点的な指導を行うことなどで効果的な指導を実現することや,子供一人一人の特性や学習進度,学習到達度等に応じ,指導方法・教材や学習時間等の柔軟な提供・設定を行うこと」などの「指導の個別化」と,「教師が子供一人一人に応じた学習活動や学習課題に取り組む機会を提供することで,子供自身が学習が最適となるよう調整」する「学習の個性化」で構成されている個別最適な学びと一体的に充実していくことで,主体的・対話的で深い学びの実現に向けた授業改善につなげることができる（図12-1）。

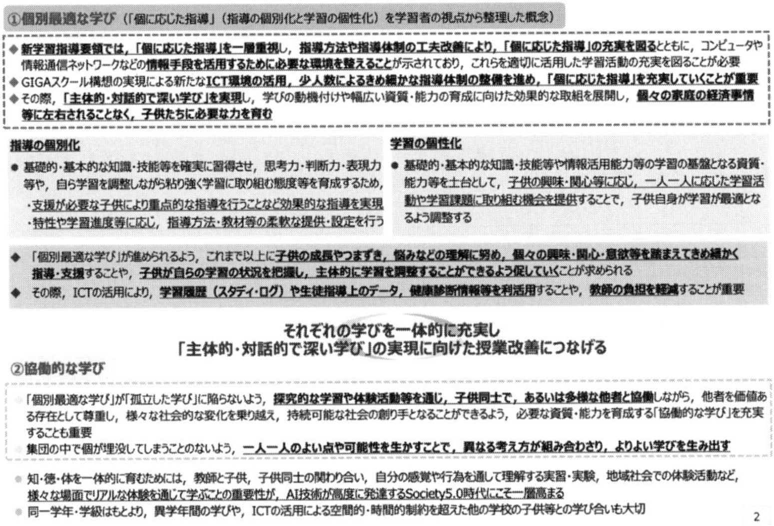

図12-1　2020年代を通じて実現すべき「令和の日本型学校教育」の姿（中央教育審議会 2021）

　この話の実現においては,国のGIGAスクール構想などにより,児童生徒に端末などの教育用コンピュータがいつも1人1台手元にあって,日常的に使えるようになったことが大きい。2022年10月に文部科学省から公開された「令和3年度学校における教育の情報化の実態等に関する調査結果（概要）（令和4年3

月1日現在)」によると，本調査で初めて端末などの教育用コンピュータ台数が児童生徒数を上回った（図12-2）。

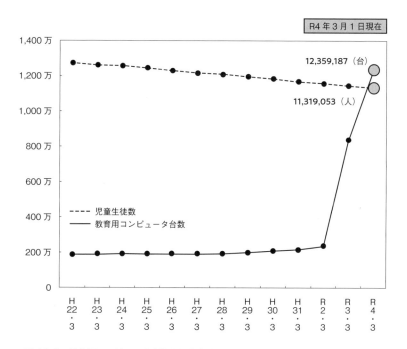

R4年3月1日現在

図12-2　教育用コンピュータ台数と児童生徒数（文部科学省（2022a）をもとに作成）

2　デジタル教科書の学習効果

　デジタル教科書については，学校教育法等の一部を改正する法律（平成30年法律第39号）が2019年4月1日から施行され，教科書の内容を記録した電磁的記録である教材（デジタル教科書）が教科書として認められるようになった。この対象は，電子黒板などで主に教師が提示用に使う「指導者用デジタル教科書」ではなく，個々の端末で主に児童生徒が学習用で使う「学習者用デジタル

教科書」である。2020年代に入り，先に示したGIGAスクール構想により，児童生徒1人1台端末環境の整備が全国の学校で一気に進み，ここに学習者用デジタル教科書普及の土台ができた。

　学習者用デジタル教科書のデジタル教科書部分は，主に拡大，書き込み（消去），保存などの標準的な機能に加え，特別な配慮を必要とする児童生徒に対応できるような教科書のカスタマイズができる機能（背景・文字色の変更，ルビ，音声読み上げなど）までを示す。そこに，オンラインで接続可能な多様なリソースとして，本文抜き出し機能や，動画・アニメーション機能，ドリル・ワークシートなどのデジタル教材部分があり，円滑なアクセスを期待している。そして，情報を共有できる大型提示装置での表示や協働ツール・クラウドツールとの連動などが考えられる（図12-3）。

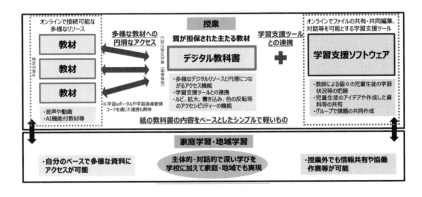

図12-3　デジタル教科書・教材・ソフトウェアのあり方（※一部抜粋）（中央教育審議会 2022）

　ただ，デジタル教材部分や学習支援ソフトウェアなどについては，国が保障するデジタル教科書部分ではないので，各自治体や学校が独自に予算化して用意することになり，今後，この部分では自治体差や学校差が懸念される。

　図12-3からは，家庭学習・地域学習におけるデジタル教科書の活用も見て取れる。発行法第2条によると，教科書とは，「小学校，中学校，義務教育学校，高等学校，中等教育学校及びこれらに準ずる学校において，教育課程の構成に

応じて組織排列された教科の主たる教材として，教授の用に供せられる児童又は生徒用図書であり，文部科学大臣の検定を経たもの又は文部科学省が著作の名義を有するもの」（下線筆者）と，まさに「教えるためのもの」と示されている。しかし図12-3からは，教師がいないところで，かつ，授業以外での活用を促しているのである。つまり，これまでの教える（教わる）ための教科書から学ぶための教科書への移行と理解することができる。

3　デジタル教科書の7つのアクセスのしやすさ

デジタル教科書を使わなければ授業ができないかといえば，そのようなことはない。しかし，アクセスのしやすさは，飛躍的に増す。そのしやすさとは，表12-1の7つである。

表 12-1　7つのアクセスのしやすさ（筆者作成）

その1：書きやすい・消しやすい
その2：動かしやすい・試しやすい
その3：共有しやすい・連動しやすい
その4：大きくしやすい・着目しやすい
その5：くり返しやすい・確認しやすい
その6：残しやすい・比べやすい
その7：説明しやすい・まとめやすい

3-1　その1：書きやすい・消しやすい

デジタル教科書の本文や画面には，児童生徒はよく書き込む。図12-4は，小学校6年生の国語・説明文における学習者用デジタル教科書に書き込んだ画面の一部である。紙の教科書は，いくら書き込んだものを消しゴムで消せるからといっても，頻度はけっして高くない。デジタルで容易に消せるのとはわけが違う。消す手間も少ないし，一瞬で消えることにより学習者の思考を止めない。

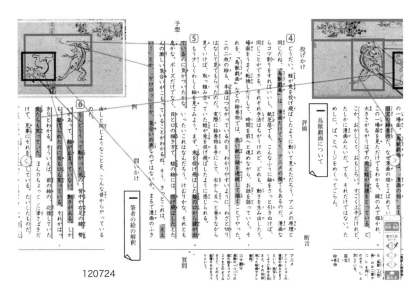

120724

図12-4　デジタル教科書の記入のしやすさ

（学習者用デジタル教科書＋教材『国語6年』（光村図書）；横浜市立荏子田小学校　浦部文也教諭提供）

3-2　その2：動かしやすい・試しやすい

　デジタルなので，試行錯誤したり，分類，整理したりすることができる。図12-5は，試行錯誤して自分の考えを深める場面である。

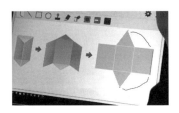 

図12-5　デジタル教科書の試行錯誤のしやすさ（文部科学省 2022b）

3-3　その3：共有しやすい・連動しやすい

　協働ツールや学習支援ソフトウェアを活用することでデジタル教科書以外の活用も，全国でよくみられるようになった。図12-6は，思考の経緯を書き込んだものが瞬時に共有できるため，根拠をもって友だちに説明することが容易になる場面だ。

図12-6　デジタル教科書の共有のしやすさ（文部科学省 2022b）

3-4　その4：大きくしやすい・着目しやすい

　デジタル教科書の一部を細部まで拡大して見ることができる（図12-7）。拡大するということは余計な情報を排除して注目するということにもなる。また，友だちなどに示す場合にも，見せたい箇所を焦点化することになる。

図12-7　デジタル教科書の拡大のしやすさ（文部科学省 2022b）

3-5　その５：くり返しやすい・確認しやすい

　デジタル教科書だけではなく，端末でほかのデジタル教材や撮影・録画した
ものを確認するときも同様の効果が望める。また，一人ひとり端末が手元にあ
ることで，自分のペースで漢字の書き順やネイティブの発音の速さを調整しな
がら，練習ができる。

図12-8　デジタル教科書の確認のしやすさ
（学習者用デジタル教科書＋教材『国語１年』（光村図書）

3-6　その６：残しやすい・比べやすい

　保存できることにより，あとで活用することができたり，授業内のはじめ・
中・終わりで書き込みの内容を比べたりすることができる（図12-9）。さらに今
後，教育データと連動することで，学習履歴の活用の可能性が広がる。

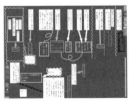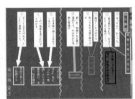

図12-9　デジタル教科書の保存のしやすさ
（学習者用デジタル教科書＋教材『国語６年』（光村図書）；横浜市立荏子田小学校　浦部文也教諭提供）

3-7　その7：説明しやすい・まとめやすい

　デジタル教科書上に自分なりに書き込んだり整理したりすると，それを見せることや，説明することもしやすくなる。これまではメモやノートはまとめるためのもの，プレゼンテーションは伝えるためのものと役割を分けていたが，デジタル教科書では，これらの役割がシームレスになる（図12-10）。

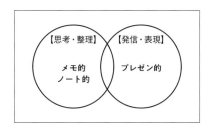

図12-10　シームレスな活用（筆者作成）

　いずれにしても，この7つのしやすさは，能動的な個々の学びの場を保障することになる。ただそのためには，学習者がどれだけ主体的に教材や資料に入り込めるか，そのために，教師が時間などの保障をどうするかがキーになる。

4　子ども主体の学びとデジタル教科書

　デジタル教科書活用の段階には3つの段階が存在する（図12-11）。第一段階は，「（活用の）アイデアを広げてみる」「とにかく使ってみる」段階である。端末活用そのものにもいえることだが，「端末活用はツールのひとつなので，目的ではなく手段である」と，指摘する方もいる。正論であることは間違いないのだが，使ってみないことには，各児童生徒のツールとしてもなじまない。まずは使ってみて，「こう使えそうだ」というアイデアを広げてみることが重要である。

　第二段階は，「ならでは，の使い方を追究する」「従来の教材・教具との関連を検討する」段階である。デジタル化することでどんなメリットがあるのか，ア

ナログツールとの選択・組み合わせはどうするのか，について検討する。「ICT活用効果はどうあるべきか」と話題になってきたのが，この第二段階である。教師が指導用デジタル教科書を活用（提示）する場面でも，このことが問われてきた。

それに対し，第三段階は，「児童生徒がみずから活用法を判断する」「個別最適なメモ力をつける」段階である（図12-11）。実は，第一段階の「広げてみる」「使ってみる」，第二段階の「追究する」「検討する」の主語は，ほぼ教師である。それに対し，第三段階の「判断する」「つける」主語は児童生徒である。これまでの一斉授業が主だった使い方から，児童生徒自身で学習が最適となるよう調整するような使い方へと変貌を遂げる。しかし，端末活用そのものについても，この第二段階から第三段階へのギアチェンジは容易ではない。児童生徒の情報活用能力を全教科・領域横断的につけていったり，ツールなどを自由に選択する機会をしっかり保障したりすることが必要だからである。

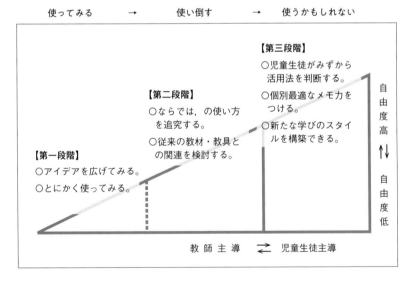

図12-11　デジタル教科書活用段階（筆者作成）

佐藤ら（2021）や筆者らは，主流である一斉授業の授業方法を脱し，「自己内決定」「交流」「振り返り」をくり返す学習者用デジタル教科書を活用する際の授業モデルを提案している（図12-12）。たんに正解を導き出すことから，意味のある思考活動へ学習者用デジタル教科書を活用していくための授業プロセスを示している。

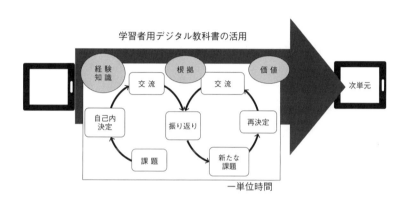

図12-12　学習者用デジタル教科書を活用する際の授業モデル
（佐藤ら（2021）をもとに作成）

5　デジタル教科書の課題

　ただ，デジタル教科書普及においては，現時点において課題が山積である。大きく分けて，「活用の検討に関する課題」「制度や統一の課題」「端末環境そのものの課題」「教員のICT活用指導力の課題」が存在する。

5-1　活用の検討に関する課題
〈1〉授業のあり方の検討

　これまで述べてきたように，デジタル教科書の活用方法は，動画などを使えたり，学習支援ソフトウェアで共有ができたりと，紙の教科書と同様にはならない。これにともない，教師主体の一斉授業から児童生徒主体の学びへ，その

授業のあり方の検討を進めていく必要がある。このことは，デジタル教科書に限らず，1人1台端末環境普及の今後にも影響を与えることになると思われる。

〈2〉紙の教科書とデジタル教科書との関係の検討

当面のところ，教科書は紙の教科書を主に，学習者用デジタル教科書を併用して使っていくことになる。そうなると，どのように使い分けていくのか，あるいは両方を使っていくのか，の検討が必要になってくる。双方のメリットを活かしながら，上手にかかわっていくことが求められる。端末の普及状況にもよるが，今後，学習場面ごとの活用事例が多数公開されると推測される。

5-2 制度や統一の課題
〈1〉検定制度の検討

現在，デジタル教科書部分は紙の教科書の内容をベースとして質を保証している。しかし，昨今のデジタル化にともない，一部紙の教科書であっても，QRコードがついていて，検定制度の弾力化も見え隠れする。今後，どこまでどのように教科書検定とするのか，検討の時期にきていると考えられる。

〈2〉無償給与やライセンス費用の検討

これも現時点ではあるが，無償給与の対象は紙の教科書である。今後，どちら（あるいは両方）が無償給与の対象となるのか，また，デジタル教科書の場合，ライセンス費用の検討も必要となり，家庭で使う場合でもデジタル教科書が使えるようライセンスの規制を緩めてほしいという要望もある。

〈3〉標準的な機能の検討

複数の会社の教科書を使うと，デジタル教科書の表示エンジンであるビューアも異なることがある。ビューアの統一規格が必要であるかどうか自体の検討も含め，今後さらなる機能の検討に進むことになるだろう。また，デジタル教科書の使用開始時に必要なアカウントの設定にかかわる手順や登録すべき情報など，デジタル教科書の導入・管理に関すること，さらには，学習や操作の履歴などの記録の方法や保存場所のあり方などについても，どのように統一でき

るか，今後の検討事項である。

5-3　端末環境そのものの課題

〈1〉端末環境の充実

デジタル教科書の活用に限ったことではないが，児童生徒1人1台端末環境になって，クラウド配信で全校児童がほぼ同時に接続することが多くなった状況では，ボトルネックが生じ，活用できないということも起こってきている。今後，情報通信ネットワークのさらなる充実など，自治体がネットワーク整備の見直しに迫られることも出てくるであろう。

〈2〉端末活用の慣れ

そもそも，学習者用デジタル教科書は端末上で動く。端末の使い方に慣れていなければ，デジタル教科書の活用もままならない。また，家庭における使用にあたっては，家庭におけるネットワーク環境整備の有無にも左右されるとともに，児童生徒の発達段階をふまえた有害情報などへの対策も必要になってくる。この点も，児童生徒の活用の慣れに影響してくると思われる。

5-4　教員のICT活用指導力の課題

〈1〉教員の指導力の向上

本項目も，デジタル教科書の活用に限ったことではないが，教員のICT活用に関する得意・不得意で児童生徒の使用頻度に差が出てしまうことが懸念される。そのような意味では，教員が安心して児童生徒に使わせる場を保障するなど，教員の指導力の向上が望まれる。

〈2〉有効な研修方法の確立

教員の抵抗感や授業での展開に資する研修方法の確立も急務である。各自治体や学校での活用段階によって，内容を臨機応変に対応させていくことも重要になってくる。今後，有効な研修方法の確立に関しても知見を積み上げていく必要がある。

このように，現時点でまだまだ課題が多いデジタル教科書の活用・普及であるが，教科書のあり方を見直す節目にきていることも事実である。これまで示してきたように，主に学校の授業で使われてきた教科書が今後，自己学習でも活用できるようなものになるため，家庭でも使われるようになるだろう。また，これまでの教師主体の教科書から児童生徒主体の教科書になっていくだろう。学習者用デジタル教科書は，これまでの教科書の概念を変えていくとともに，GIGAスクール児童生徒1人1台端末環境活用普及において，欠かせないものになるだろう。

配信機材学習者用デジタル教科書のデジタル教科書部分には，どのような標準的な機能があるかについて考えてみよう。

デジタル教科書普及においての課題を考えてみよう。

①中川一史（編著）　2021　小学校国語「学習者用デジタル教科書」徹底活用ガイド：GIGAスクール・1人1台端末に対応！　明治図書出版
②中川一史・村井万寿夫・小林祐紀（編著・監修）　2022　GIGAスクール構想〈取り組み事例〉ガイドブック：小・中学校ふだん使いのエピソードに見る1人1台端末環境のつくり方　翔泳社
③中川一史・赤堀侃司（編著）　2021　GIGAスクール時代の学びを拓く！PC1人1台授業スタートブック　ぎょうせい
④中川一史・小林祐紀・兼宗 進・佐藤幸江（編著）　2020　カリキュラム・マネジメントで実現する学びの未来 STE(A)M教育を始める前に　翔泳社

第**13**章 遠隔・オンライン授業，教材作成を考える

今野貴之

目　標
遠隔・オンライン授業を実施するにあたっての工夫や配慮すべき点について説明できる。遠隔・オンライン授業で活用する教材の作成方法や配慮すべき点について説明できる。

キーワード
オンライン，遠隔授業，同時双方向と非同期，個別最適と協働的の調整

1 遠隔・オンライン授業の形式と特徴

　2020年の一斉休校を皮切りに，ICTを用いて遠隔で授業がおこなわれる「遠隔・オンライン授業」が初等中等教育において実施されるようになってきた。このような授業の形態は，従来の教師と学習者が同じ場所で対面し授業が実施される「対面授業」と比べ，内容・方法ともに学習者への伝わり方が異なるため，授業設計や配信のための機材などにも配慮する必要がある。さらに，学習者の学び方も異なることから，遠隔・オンライン授業の授業設計をする際には独自の配慮が必要となる。つまり遠隔・オンライン授業は対面授業の内容・方法をそのままおこなえばよいというわけではないのである。

　まず，遠隔・オンライン授業の形態は大きくふたつの実施方法に分けられる。同時双方向型と非同期型である。

同時双方向型とは，教師がビデオチャットシステムを用いてリアルタイムで授業を配信する形式であり，教師と学習者は別々な場所からシステムを利用している。具体的には，教師は自身のパソコンやタブレットなどで授業をおこない，その音声と画面を学習者に配信し，学習者はその内容を聞き，質問したり意見を述べたり，学習者同士で議論し合ったりする。このように教師と学習者が離れた場所にいても授業が実施できるというメリットがある。その一方で，対面授業で用いていた黒板を使った情報提示や教師の自作教材やプリントの利用，学習者同士の授業内容に関する即座の相談などがおこないにくいなどのデメリットもある。

　同時双方向型には，教師と学習者がそれぞれ異なる場所から授業に参加する形態だけではなく，対面授業を組み合わせたハイブリッド（hybrid）型授業もある。たとえば，教師が事前に授業内容を録画し，オンライン上でそれを公開し，学習者は自分のペースで動画を視聴する。その後の対面授業では録画内容を参考にして学習者同士で議論したり，その議論をもとにしてプレゼンテーションを協働で作成したり，対面でおこないやすいことや対面でしかできないことに学習時間をあてる。ほかには，対面授業をオンラインで同時配信することで，学習者が授業を受ける場所を選択でき，学校に登校しにくい学習者への配慮ともなり得る。このようにハイブリッド型授業は学習内容の習得をより確実にし，学んだ知識を活用する時間を増やすことが可能となる。

　さらに，細かくみていくとハイブリッド型授業として，「ハイフレックス（HyFlex: Hybrid-Flexible）型授業」と「ブレンド（blend）型授業」に分けられる。ハイフレックス型授業は，教師は教室で対面授業をおこない，学習者は自身の状況に応じて対面授業を受講するか同時双方向型のオンライン授業を受講するかを選べる方法である。教室に入れる人数に制限がある場合はこの方法が適しているといえるが，あらかじめ学習者ごとに対面かオンラインでの参加かを決めておく必要があるだろう。状況によって対面授業の実施が不可能になった場合にも，すべての授業内容を同時双方向型のフルオンライン授業に移行することが容易である。しかしながら，教師側からすれば目の前の学習者だけではなくオンラインで参加している学習者にも配慮したり，チームティーチングを取り入れたり，学習環境の設定がこれまで以上に大変になることから授業

にかかる負担は大きくなる。

　ブレンド型授業は，授業の目的に合わせて対面授業とオンライン授業を組み合わせる方法である。たとえば，単元の初回や対面が望ましい授業目的の場合は対面で実施し，それ以外はオンラインで実施するなどが考えられる。すべて遠隔・オンライン授業だけをおこなった場合は学習動機が継続しにくいことが報告されているが（鄭・久保田 2006），対面授業を組み合わせることで，学習動機を高めたり，感染リスクの軽減や教室環境の準備の負担軽減にもつながったりすると考えられる。

　次に，遠隔・オンライン授業のもうひとつの形式として学習者は自身のペースに合わせて授業を受けることができる非同期がある。教師は，授業録画や資料をLMS（Learning Management System）をとおして配付する。学習者は自身のペースで授業を受けることができたり，授業内容でわからないところはくり返し録画や資料を見返したりすることができるといったメリットがある。教師は学習者の理解を促しつつ，その理解度を把握したり，質問や意見に対応したりしていく。しかし基本的には個人で学習を進めていくことになるため，学習の見通しをもてていたり，学習意欲が高かったりすることが学習者自身に求められる。

　ところで遠隔・オンライン授業の形態ではないが，分散型授業というのもある。分散型授業は，教室に収容できる人数に制限がかかった場合に，人数や出席番号などで学習者をいくつかのグループに分け，ひとつのグループの学習者に授業を受講させ，次の回では別なグループに入れ替えるという方法である。コロナ禍下で急遽必要な場合に実施されている方法であり，分散登校とあわせておこなわれている。なお，初等中等教育では学級・学年閉鎖の間や，学級・学年ごとの分散登校などの短い期間に学習を継続するための方法のひとつとして遠隔・オンライン授業が取り入れられることが多い。さらに，学校に登校しにくい児童生徒のためにも遠隔・オンライン授業がおこなわれる。つまり，初等中等教育において，遠隔・オンライン授業と対面授業を組み合わせながら授業を実施している傾向がある。

　表13-1はこれらの遠隔・オンライン授業の形態と特徴を，学習者の授業場所をもとにして整理したものである。

表13-1　学習者の授業場所をもとにした遠隔・オンライン授業の形態と特徴
（田口（2020）をもとに作成）

時間　　　　　場所	教室	教室外（自宅など）
同時双方向型 （同期型）	（対面授業） （分散型授業）	フルオンライン型授業
同時双方向型 （同期型）	ハイフレックス型授業（ハイブリッド）	
同時双方向型 （同期型）	ブレンド型授業（ハイブリッド）	
非同期型	―	オンデマンド型授業

　対面授業では教師は直接学習者の学習状況を確認しながら進められるが，そのような対面授業の授業設計と遠隔・オンライン授業の状況は異なるだろう。遠隔・オンライン授業は表13-1のように多様な形態をとるため，学習目的・授業方法・評価は学習者の受講形態によって変化させる必要がある。たとえば，対面授業と同時双方型のオンライン授業が組み合わさるハイフレックス型授業の場合，教室において隣の席の学習者間とですぐに相談できる者もいれば，オンライン参加で意見交換がしにくい学習者も存在する。さらに教室とオンラインのそれぞれの学習者の間で意見交換をさせようとした場合にも配慮が必要となる。そのような配慮をおこなうのが大変であると考える教師のなかには，教師から学習者に対して，教科内容を効率的に伝達するような知識伝達の授業，言い換えれば「教師中心の教育」をおこなえばよいと考えるかもしれない。しかし，近年の学習指導要領や他国の教育状況をふまえると，たんに知識を与えるだけの授業はすでに時代遅れといえる。詳細に関しては第Ⅰ部にあるように，近年では「学習者中心の学び」を推進することが求められている。

　「学習者中心の学び」とは授業目標やその目標達成に向けた進め方などを教師が一方的に示すような授業ではなく，授業（学習）のゴール設定は学習者に委ね，それを支援することが教師の役割になるような授業である。つまり，教師が教え学習者が学ぶといった構造ではなく，学習者自身が学び教師はそれを支援するという，学校教育における「学び」の構造的な変化（パラダイムシフト）となる。遠隔・オンライン授業においても「学習者中心の学び」という構造的な変化を受け入れつつ授業をおこなうことが求められている。

2 教材作成と留意点

　遠隔・オンライン授業は対面授業のオンライン版ではない。教師と学習者のそれぞれの状況が対面授業よりも複雑になるし，そもそも学習者中心の学びを土台とした授業設計とそれに適した教材作成をおこなう必要がある。

　さらに近年では答えがひとつに決まっているような学習内容であれば，個人の情報端末で検索すればたいていのことがわかったり，アプリで反復練習をしたり，学習内容の解説動画などで視聴したりすることが簡単にできるようになっている。

　特に動画投稿サイトをはじめ各種解説動画などを視聴する学習者が増えていることは，動画に対する目が肥えているともいえる。それに加え，一般的に人の集中がつづく時間は10分から15分程度といわれていることから，教師が話している1時間分の授業動画を継続して視聴することは現実的にむずかしい。

　学習における映像視聴に関する研究では，学習内容の動画に関しては一定の条件下では，1倍速，1.5倍速，2倍速の提示速度を変えたとしても学習効果に影響しないことが報告されている（長濱・森田 2017）。これらのことからもわかるように，遠隔・オンライン授業における教材作成というのは，学習者の置かれている状況を配慮すると同時に，学習者へ何を学んでほしいかという，授業のねらいを変えていく必要があることがわかる。

　遠隔・オンライン授業と対面授業を組み合わせながら授業を進めていく方法として大阪市立大和川中学校の小谷拓教諭は，表13-2のような9つの教材を作成している。

　これらの教材は，単元ごとにひとつのパッケージとしてまとめられ，授業の1週間前より十分な情報が学習者に提示される。事前に学習者が教材内容を確認することができるため，単元テストや学期末テスト勉強での活用が可能な状況にされている。

　たとえば，中学校社会科地理分野の「九州地方」の単元において，6時間の時数を設定したとする。従来の対面授業であれば，1時間目は自然環境，2時間目は人びとの生活，3時間目は農業といったように授業の導入時に教師が各テ

表13-2　遠隔・オンライン授業と対面授業を組み合わせながら授業を進めるための教材例：大阪市立大和川中学校（筆者作成）

（1）	学習の進め方ガイド
（2）	ルーブリック（評価基準）
（3）	単元内容に応じたNHK for Schoolの番組
（4）	自作の授業動画（主に知識・理解の分野）（3〜5分/本）
（5）	授業動画についての板書・スライド
（6）	単元課題についての説明
（7）	シンキングツール（活用ツールは指定せず）
（8）	該当単元のAIドリル
（9）	自己評価シート

ーマに沿った学習目的や内容を設定し授業が展開される。言い換えれば学習者にとっては次の授業がはじまらない限り，その授業の具体的な目的などがわからないのである。ところがパッケージ教材としてまとめられていることにより，学習者は単元の最初に自分たちがどこに向かうのか，何を学習するのかを事前に理解することが可能となる。だからこそ6時間の時数の最後に「学習者自身に何ができていればよいのか」という見通しがもちやすくなるため，そこに向かって各時間何をするのかを自分で決めることにつながる。

　日々の授業を教師が教え学習者が学ぶといった構造ではなく，学習者自身が学び教師はそれを支援する「学習者中心の学び」という考え方のもとで実践されている。そのような実践における教材であるために，単元の学習中に，学級閉鎖や学年閉鎖，分散登校などで学校に登校できず対面授業が実施できなくとも，遠隔・オンライン授業に切り替えがしやすくなる。

　なお，遠隔・オンライン授業における教材作成の留意点は3つある。

　第一に，教材の分量や動画はできる限り短く（少なく），かつ，複数にすることである。教科書の内容や学習指導要領で示されていることをスライドにしてすべて伝えることは不可能である。しかし，特に大事な点に絞り，それらを端的にまとめさえすればいいかといえばそう簡単なものでもない。そこで前述の「九州地方」の単元教材でいえば，単元の最後に学習者に学んでもらいたい内容を「単元課題」として，たとえば①九州地方に外国船が多く来航するのはなぜ?，②各県について調査，③雨温図から気候の特徴を探る，④農・工業の特徴と自然環境との関連などの4つを示している。それらの単元課題をこなす

過程で「九州地方」においておさえるべき学習内容を組み込んでいた。すべての学習内容をスライドにまとめるのではなく，教師が自作した動画などを教材として含めるとよい。人の学び方には視覚からだけではなく聴覚からの情報も合わせたほうが記憶に残りやすいためでもある。

　さらに具体的にいえば，パッケージ教材に組み入れる自作の授業動画教材の時間は約3分から5分以内に収め，かつ，その内容は学習者が各自で「単元内探究学習」を進めていくためのガイドになるとよいだろう。これは短い時間の動画のほうが集中しやすく，くり返し視聴しやすくなるためである。また，教師に示された情報のみを用いて課題に取り組む限定的な学習ではなく，みずから情報を取捨選択して学習課題を明らかにしていくという探究的な学びにもつながるといえる。

　第二に，教材を与えれば学習者は勝手に学ぶわけではないということである。学習内容をスライドや動画資料など複数の教材で示したり，単元内容をパッケージとしてまとめたりすることで学習者も学習内容が最適化されているように感じられる部分もあるが，それだけでは学習者の学びが自動的に進むわけではない。学習内容が理解しにくい，あるいは，学習進度についてこられない学習者にとっては，学習内容がパッケージにまとまっていたとしても「どう活用していいのかわからない」という声が上がることもあるだろう。たとえばこれを「食事」で説明すると，生徒自身は授業をとおして「お弁当」「おせち」のようなまとまったものが食べられると思っているかもしれないが，教師はビュッフェ形式での食事の提供をしようとしているのである。教師は生徒自身に食べるものを選んでもらい，特に好きなもの（興味関心が高いもの）をより多く食べてもらいたいと願っているのである。ここに生徒と教師の認識のズレが起こるかもしれない。

　そこで，教材を示しつつ，対面授業との組み合わせや学習進度に合わせて教師は個別対応をする必要がある。しかしこれは学級すべての学習者に対して毎時間個別に対応をしていくという意味ではなく，支援を必要としている学習者に教師は時間をかけて対応をするという意味である。学級には学習進度が異なる学習者がいることが想定されることから，一部の学習者にとってはパッケージ教材を用いて自身で学習の見通しを立ててその単元に取り組むことが可能に

なる。これはむしろ個別最適な学びを促進する手立てとなり得る。つまり，教材を与えて終わりという放任的な授業ではなく，個々の学習者の学習進度に合わせた教師の対応が遠隔・オンライン授業においても可能になる。

　第三に，前述の2点目とも関係しているが，遠隔・オンライン授業においても学習進度に差が出ることが予想されるため，個別最適な学びと協働的な学びをふまえた授業デザインが必要である。たとえば，授業の最初には，なぜこの学習をおこなうのかという意味を説明したり，学習内容についての問いをつくらせたりして探究的な学びをはじめるための手助けを教師がおこなう。その後，各教材を用いて個々の学習者やグループでの探究学習などをいつでもどこでも，好きな教材から学習に取り組ませる。授業の途中では，単元テストで細かく到達度を測ることで苦手分野の洗い出しをしたり，AIドリルで学年にとらわれずに各自の苦手を克服する学習につなげられたりもする。学習内容のパッケージ教材をたんに紹介する，学習課題を示すだけでは学びが生まれないことから，学習者が置かれている状況と現在の学習単元にどんな関係があるのか，どこにどんな情報があるのかを伝える必要がある。授業において教師は「教える」のではなく「支える・支援する」というファシリテーターとして手助けする役割となるような授業デザインである。

3　個別最適な学びと協働的な学びとの関連 ─────────

　遠隔・オンライン授業で個別最適な学びと協働的な学びはどのように実現していくことができるのだろうか。

　第Ⅰ部で述べたように，個別最適な学びと協働的な学びにはICTを用いて個人の理解度に適した学習内容に取り組む「指導の個別化」と，個々の学習者の興味・関心に応じた学習機会を提供したり支援をおこなったりする「学習の個性化」がある。それを実現するための学習形態として加藤（2022）は，学力別指導（アビリティ・グループ学習），反転授業（フリップ・オーバー学習），小グループ学習（グループ協働学習），自由研究学習（インディペンデント学習）など10の学習プログラムを示している。しかしながらこれらの学習形態をおこ

ないさえすればよいという単純な話ではない。個別最適な学びと協働的な学びの一体的な充実を，たんなる形態論や手法の水準でのみ理解し実践するのは誤りであり，危険ですらあるともいわれている（奈須 2022）。「○○をすればよい」というように，教育手法として理解・実践すること自体が「教師中心の教育」の考え方から脱していないことを意味する。

　学習者中心の学びに向けて学級がすべて同じ学習に取り組むような集団主義的な一斉授業ではなく，教師は複数の学習形態を組み合わせて目の前の学習者を支援していくことが求められる。それは授業のはじめから教師が意図したようには進まないことがあるとともに，学習者の興味関心から学習課題や学習計画を立て，課題解決をめざしていくこともある。そうして個別最適な学びと協働的な学びがめざすのは，最終的には教師がいないところで自分たちだけで学び合い，問題を解決していく学習者である。遠隔・オンライン授業でも同様に，従来の一斉授業のような教育手法をそのまま適応するのではなく，表13-2に示したような多様な状況や学習者の様子に合わせて教材を選定したり，授業の方法を組み合わせたりすることになる。

　ところで，1時間の授業の流れにおいて，まずは個人の考えを整理し（個別学習），次に個人の考えを何人かが集まり考えをまとめ（グループ学習），最後にクラスに向けて発表するような形態がある。このような授業の流れは，個人の思考やグループでの話し合いを経ていることから学習者自身が授業をつくっているようにみえるかもしれないが，実際は授業目標に向かって，教師から指示された方法をクラスの全員が同じようになぞる「単線型」の授業であるといえる。一方，個別最適な学びと協働的な学びをめざした授業や，遠隔・オンライン授業による授業の方法は，単線型の授業でおこなうのではなく，それぞれの授業進度や興味関心をもとにして複数の方法が同時に起きる「複線型」の授業であることが起こり得る。たとえば同じ教室内の学習活動において個別学習やペア学習，グループ学習，教師からの一斉指導などが同時に起きているような状態である。もちろんこのような状態は遠隔・オンライン授業に限らず対面授業でもめざされるべきことである。

　教師は自分が受けてきた教育方法をくり返しておこなうことが多い。ほとんどの教師が教師中心の教育で学んできたため，自分が教師になっても無意識に

その考え方のもとで授業設計をしたり，知識伝達が教育であると考えてしまったりすることもあるだろう。しかし，遠隔・オンライン授業はほとんどの教師が受けたことがないなかからはじまってきた。学習者の状況把握から，どのような授業形態が学習者のためになるのか，教師の役割はどうしていったらよいのかなどまさに手探り状態であったといえる。

　自分が受けたことがない教育を創造するのは大変かもしれないが，そもそもどんなに若くして教師になったとしても，自分が受けてきた初等中等教育は一昔前の教育なのである。ICTの発展はもちろん，10年あれば世の中の状況はどんどん変わるため，自分が受けてきた教育はよいという価値観をいったん脇に置き，遠隔・オンライン授業を受ける学習者の学びのための授業設計をしてみるとよいだろう。

遠隔・オンライン授業のひとつであるハイフレックス型授業において「学習者中心の学び」を進めるために以下の点について教師の工夫を考えてみよう。

①本時の展開（本時の目標，授業の流れ，指導上の配慮，教師の役割など）
②配信機材

遠隔・オンライン授業において単元内容をパッケージにする際に，どのような評価基準を示したらよいか，自分が志望する校種・教科のひとつの単元を題材に検討し，説明しよう。

演習 3

遠隔・オンライン授業のみではなく，以下の点についてのメリットを考えてみよう。

①日々の対面授業
②校務の情報化
③自己評価・相互評価

読書案内

①赤堀侃司（著・監修）　2020　オンライン学習・授業のデザインと実践　ジャムハウス
②奈須正裕　2021　個別最適な学びと協働的な学び　東洋館出版社
③岩﨑千晶　2022　大学生の学びを育むオンライン授業のデザイン：リスク社会に挑戦する大学教育の実践　関西大学出版部

第14章 プログラミングを視座とする思考力の育成を考える

林 向達

> **目 標**
>
> プログラミング教育，プログラミングを視座とする思考力の育成に向けた知見や工夫について理解し，導入された背景や意義を説明できる。

> **キーワード**
>
> プログラミング，コンピューテーショナル・シンキング，自己調整学習，創造性，セマンティックウェーブ，論理的思考力

1 コンピュータとプログラミング

1-1 コンピュータによる問題解決

　数学的に計算できる問題であればコンピュータを使った問題解決で扱うことができる。この「計算できる問題」という説明から，一方で世の中には計算できない問題があふれており，コンピュータで扱える問題はかなり限定される，という印象を抱く人びとがいるかもしれない。しかし実際のところ，わたしたちが想像する以上に多くの問題を計算処理の対象として扱うことができる。コンピュータを使った問題解決を適用できる対象は幅広い。

　問題を数量化して数学的に扱う様を「計算論的（コンピューテーショナル：computational）」と表現し，具体的な対象を抽象化（abstraction）することをとおしてコンピュータに処理させる分野がいくつも存在する。

たとえば，人間が用いている日常言語（自然言語）をコンピュータが流暢に返すようになった事例は，テキストを数量化し，膨大なデータを計算処理にかけて機械学習させた，言語の抽象化による計算論的な成果だといえる（図14-1）。

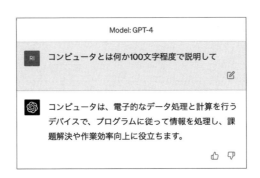

図14-1　人間の依頼に応答する生成AI（ChatGPT（OpenAI））

　計算論的に問題をとらえること，問題解決のためコンピュータで計算すること，計算処理を実行しているコンピュータを利用して何かしら解決を得る行為全般をコンピューティング（computing）とよぶ。コンピューティング・スキルの中核のひとつがプログラミングであり，これを体験・学習しておくことが重要となる。

1-2　プログラミングとは

　問題解決の方策に沿うようコンピュータを機能させるには，コンピュータが実行すべき処理を指示するコンピューティング・スキルが必要になる。

　プログラミング（programming）とは，コンピュータ上で直接実行する処理の手順を記した「指示書」を作成する行為・活動をさしている。指示書に当たるものをプログラムとよび，記述にはプログラミング言語を用いる。プログラミング言語で記述する作業をさすコーディングという言葉もある。

　解決したい問題を分析・整理して要件を明確化し，要件を達成できる処理方法（アルゴリズム：algorithm）を特定していく。それに基づきプログラムを設計し，実行したい処理をコーディングして実装することになる。

作成されたプログラム自体や作業過程にミスが混入することはめずらしくない。このようなプログラムを実行すると異常（エラー：error）が生ずる。プログラム自体の間違いはバグ（bug）と表現され，正しく実行できるようテストしながらプログラムを修正するデバッグ（debug）作業がおこなわれる。問題から要件を洗い出し，プログラムの作成・修正などを経て完成に至る一連の活動をプログラム開発とよんでいる。

1-3　コミュニケーション活動としてのプログラミング

　コンピューティングとは，コンピュータをエージェント（代理人）に見立て，さまざまな計算処理を代理実行してもらうことである。プログラミングは処理の目標や方法を伝達するコミュニケーション活動だといえる。

　文化や言葉が異なる人間同士のコミュニケーションに異文化理解や言語習得の課題があるように，コンピュータと人間のコミュニケーションにはコンピュータ環境への理解やプログラミング言語の習得といった課題がある。

　たとえば，プログラミング言語には，コンピュータが直接解釈できる機械語とそれを人間に理解しやすくしたアセンブリ言語がある。また一般には，人間が扱いやすい仕様を定めた高級プログラミング言語を使用することが多い。

　プログラミング言語は，文字ベースのコンピュータ環境を前提にしたテキスト型が多勢であるが，グラフィカルなプログラミング環境を構築して指示をブロックで表現する型も存在する。また，ビジュアルな状態の書き換えルールを直観的に伝えるプログラミング環境もある（図14-2）。

　ローコード／ノーコードといったプログラミングでは，可能な処理を絞り込

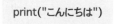

図14-2　テキスト型（左）ブロック型（中央）ビジュアル型（右）

むことで言語的操作を極力排し，コンピュータ画面上の簡便な操作のみでプログラムを完成させられるプログラミング環境も用意されている。

　自然言語処理の環境になると，自然言語を使ってコンピュータに処理を指示できる。人工知能（AI）プログラミングで目的に特化してコンピュータを学習させれば，人間がプログラミング言語を習得することなく，日常言語を介してコンピュータ処理を指示実行することが可能である。

　ただし，技術進歩により特殊技能としてのプログラミングの必要性が減少するにしても，その概念や技術に対する理解の重要性は変わらない。

2　プログラミングを視座とする思考の育成 ————

2-1　プログラミングを視座とする思考

　プログラミングの体験や学習は，問題解決という文脈のもとでコンピュータやAIを相手に，問題に対する認知や思考についてコミュニケートし結果を得るスキルの理解や習得をめざすものである。

　小学校段階では「プログラミング的思考」というコンピュータに意図した処理をおこなわせるために必要な論理的思考力の育成が位置づけられている。

　　小学校においては，児童がプログラミングを体験しながら，コンピュータに意図した処理を行わせるために必要な論理的思考力を身に付けるための学習活動を計画的に実施することとしている。その際，小学校段階において学習活動としてプログラミングに取り組むねらいは，プログラミング言語を覚えたり，プログラミングの技能を習得したりといったことではなく，論理的思考力を育むとともに，プログラムの働きやよさ，情報社会がコンピュータをはじめとする情報技術によって支えられていることなどに気付き，身近な問題の解決に主体的に取り組む態度やコンピュータ等を上手に活用してよりよい社会を築いていこうとする態度などを育むこと，さらに，教科等で学ぶ知識及び技能等をより確実に身に付けさせることにある。（文部科学省 2017）

学習指導要領の解説では，プログラミングの論理的な側面を生かしながら，それを支えるプログラミング言語やプログラミング技能が最終的なゴールとならないように注意深く論理的思考力を育むことを求めており，小学校段階でのプログラミングは論理的思考の視座として扱われている。

　視座となるべきプログラミングの論理性については，中学校技術・家庭科で解説されている情報処理の基本的な手順・構造である「順次，分岐，反復」を参照している。有識者会議報告書「小学校段階におけるプログラミング教育の在り方について（議論の取りまとめ）」では，論理的思考力を次のように定義し，情報処理の基本的な手順・構造は体験的に触れることとしている。

【プログラミング的思考】
　自分が意図する一連の活動を実現するために，どのような動きの組合せが必要であり，一つ一つの動きに対応した記号を，どのように組み合わせたらいいのか，記号の組合せをどのように改善していけば，より意図した活動に近づくのか，といったことを論理的に考えていく力 […]。

　このような，プログラミングを視座とする思考をメタ認知的にはたらかせ，コンピュータの活用に対する気づきや理解を深めていくことが小学校段階の基本となる。

2-2　コンピュテーショナル・シンキング

　コンピュテーショナル・シンキング（Computational Thinking: CT）は，情報科学やコンピュータ科学の教育における中核的な位置を占める概念である。教科 'Computing' を実施しているイングランドをはじめ，各国が育成目標として掲げており，用語定義も多数存在する。

　グローバーとピー（Grover & Pea 2023）は，CTの定義を「概念」と「実践」に分けたものを紹介している（表14-1）。

　概念の各要素は以下のとおりである。「論理と論理的思考」は，分析的な思考で用いられる論理演算（AND, OR, NOT）や意思決定における論理的思考などのこと。「アルゴリズムとアルゴリズム的思考」は，料理レシピ（調理手順）や地図アプリ（経路探索）といった課題達成のための手順とその処理方法を扱う

表14-1　CT概念と実践の定義（Grover & Pea（2023）をもとに作成）

CT概念	CT実践
1. 論理と論理的思考	1. 問題の分解
2. アルゴリズムとアルゴリズム的思考	2. コンピューティングによる成果物の作成
3. パターンとパターン認識	3. テストとデバッギング
4. 抽象化と一般化	4. 反復的改良（インクリメンタル開発）
5. 評価	5. コラボレーションと創造性発揮（広義の21世紀型スキルの一部）
6. 自動化	

スキルについて。「パターンとパターン認識」は，問題やデータから見いだされるくり返しパターンとそうした認識の応用など。「抽象化と一般化」は，具体を捨て複雑さを単純化するというコンピュータやプログラミングの重要な考え方。「評価」は，問題解決達成の時間やリソースの効率などについて目標や制約に基づき各要素の正確さと適切さを評価すること。「自動化」はコンピュータなどの機械による解決策実行の必要性認識や自動化するか否かについて見極めができるよう理解を深めることが含まれる。

　概念の理解だけでは具体的な課題との距離が遠くカリキュラムとして落としづらいが，実践による整理を組み合わせれば「その分野の専門家なら○○をする」という専門家の行動として思い浮かべるアプローチで問題解決過程をカリキュラムに取り入れやすい。

【コンピュテーショナル・シンキング（Computational Thinking）】
　2006年に研究者ジャネット・ウイング氏がコンピュータ科学への関心を喚起するために書いたエッセイで言及し，世界的な議論と注目を集めた用語。コンピュータ科学における理論や思考法を紹介しながら，コンピュータが浸透した現代社会にとって大変有用であると指摘し，それらを活用する能力を一般の人々にも広めようと呼びかけたものだった。
　ウイング氏自身による定義は「コンピューテーショナルシンキングとは，ある問題を定式化し，その解決策をコンピュータ（人間または機械問わず）が効果的に実行できるように表現するための思考プロセス」（2014年）とされるが，用語の定義や概念の捉え方に関してたくさんの議論が交わされ

続けている。各国ではこれを教育課程に導入する動きに至り，基礎的な概念の一部となっている。（林 2018）

2017, 2018（平成29, 30）年告示の学習指導要領までにCT育成の直接的な言及はないが，小中学校におけるプログラミング体験・学習や高等学校の共通教科「情報」の学習をとおして，情報科学やコンピュータ科学の中核的な概念であるCTの育成が自ずと内在していることは明らかである。

CTの概念と実践の枠組みに照らして教科書で取り上げられているプログラミング事例や学校の日常的なコンピューティングを意味づけ，情報活用能力との関係において，実際の問題解決のためのプログラミング活動で用いてみることがメタ認知的な思考を促進する正攻法であろう。

2-3 プログラミングと自己調整学習

問題解決のためのプログラミングには，自己調整学習（self-regulated learning）の過程が含まれる。伊藤（2012）がまとめたピントリッチ（P. R. Pintrich）らの学習方略の分類は，学習過程を組むための補助線を提供してくれる（表14-2）。

認知的方略カテゴリーは，思考の視座とすべきプログラミングそのものを学ぶ活動が，「何度もくり返して覚える」「言い換えや結びつけをする」「整理し要約する」「根拠や別の可能性を検討する」などの方略をはたらかせられるよう設計されているかどうかを検討するのに用いられる。

メタ認知的方略カテゴリーは，問題解決のためのプログラミングを実践する過程において，学習者が自身の現在地点の確認と目標に向けた自身の行動の制御をおこない自己調整していけるよう適切な支援が提供できているかどうかを考える起点となる。

リソース管理方略カテゴリーは，認知的方略，メタ認知的方略を含んだ学習過程そのものを支えるリソースの構成について検討材料を提供する。特にプログラミングや問題解決の初学者にとって，不安を感じずに学習活動に取り組める環境の準備は重要である。

たとえば，プログラミング初学者に向けて，メモ用紙や自習クイズ，「吹きだし法」などの問題解決過程の外化による工夫で自己調整学習を手助けするメタ

表14-2　ピントリッチらの自己調整学習方略リスト（伊藤（2012）をもとに作成）

上位カテゴリー	下位カテゴリー	方略の内容
認知的方略	リハーサル	学習内容を何度も繰り返して覚えること。
	精緻化	学習内容を言い換えたり，すでに知っていることと結びつけたりして学ぶこと。
	体制化	学習内容をグループにまとめたり，要約したりして学ぶこと。
	批判的思考	根拠や別の考えを検討すること。批判的に吟味して新たな考えを得ようとすること。
メタ認知的方略	プランニング	目標を設定し，課題の分析を行うこと。
	モニタリング	注意を維持したり，自らに問いかけたりすること。
	調整	認知的活動が効果的に進むように継続的に調整をはかること。
リソース管理方略	時間管理と環境構成	学習のプランやスケジュールを立てて時間の管理をすること。学習に取り組みやすくなるように環境を整えること。
	努力調整	興味がわかない内容やむずかしい課題であっても取り組み続けようとすること。
	ピア・ラーニング	仲間とともに学んだり，話し合ったりして理解を深めること。
	援助要請	学習内容がわからないときに教師や仲間に援助を求めること。

認知的教育介入の試みも報告されている（伊藤・椿本 2016）。

【メタ認知的教育介入のある教材】

　プログラミング関連の教材には，メタ認知的な教育介入の工夫を凝らしたものがある。架空の登場人物同士の会話を先行配置したものはその一つである。学習内容に対する会話内容がメタ認知の例示となっていることで知識を受容しやすくする工夫である。

　プログラムを学ぶには，実際のプログラム（ソースコード）を直接読むように推奨されることがある。その際に手助けとなるのが「コメント文」と呼ばれる注釈情報である。コメント文にプログラムに関する情報が充実しているとプログラムへの理解も深まる。市販の参考書には，このアイデアをふりがな形式で提示する工夫をしたものもある。

3 プログラミングの学習

　プログラミングについて学習を深めるには，コンピュータの概念や技術の理解や専門知識の習得を避けて通れない。理解・習得すべき概念や知識をどのように学べばよいだろうか。ここでは手がかりとして「ガイドつき探索」と「クリエイティブなプログラミング」を参照する。

3-1　ガイドつき探索

　カーゾンとグローバー（Curzon & Grover 2020）は，プログラミングの習得にはおおまかに「構文知識」「概念的知識」「方略的知識」が必要だとする。プログラミング言語に関する構文などの知識と，処理手順・構造といった概念の知識，構文や概念をどう使うのかというメタ的な方略の知識である。

　これらの知識の理解を，自主的探索的な学習だけでなく，ガイドつき探索（guided exploration）と組み合わせて学習することを提案している。

　ガイドつき探索活動を理論的に説明するのがメイトン（Maton 2013）の正当化コード理論におけるセマンティックウェーブである。概念や知識の理解の難易を「意味的密度（複雑さや正確さ）」と「意味的重力（文脈との距離）」でと

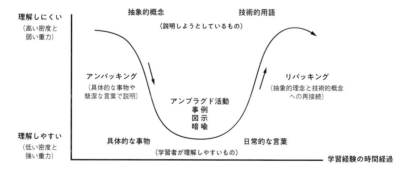

図14-3　セマンティックウェーブの横移動
（Curzon & Grover（2020）をもとに作成）

らえたとき，図14-3のように学習活動を波として描こうとするものである。

　理解しにくい概念や知識（意味的密度が高く意味的重力が弱いもの）を学習者が理解しやすいように具体的な事物や日常的な言葉（意味的密度が低く意味的な重力が強いもの）のガイドで理解する（アンパッキング）。そこで終わらず，学習者自身が下降してきた波を上昇するため，理解したことを抽象的な理念や技術的概念と直接つなぎ直していくこと（リパッキング）が重要となる。

　こうした意味の波を学習活動の状況把握に用いることで，授業の設計や実践へのフィードバック情報を得ることが可能になる。

3-2　クリエイティブなプログラミング

　アイデアの表現を目的にプログラムをつくるプログラミング活動がある。創造的プログラミングあるいはクリエイティブ・コーディング（creative coding）などとよばれる。ベリー（Berry 2022）はクリエイティブ・コーディングを理解するための特徴としてmaking（つくること），originality（独創性），quality（質追求），fluency（流暢さ），culture（文化）をあげる。生徒たち自身が考えたものを高い質をともなって流暢に表現できるようになることや，そのような創造的な成果を役立てたり奨励する社会・文化的な場が大事であるという考えである。

　学校でプログラミングに取り組むということは，クリエイティブな社会や文化を学校のなかから育んでいくことであり，そのような学校では，波の上下を自在に行き来できるように誰もがみずから行動することが必要になる。プログラミングを視座とする思考をはたらかせながら育めるのはそうした場であろう。

4　学習指導要領とプログラミング ──────────

4-1　情報教育とプログラミング

　学習指導要領における「プログラミング」の記述がはじまったのは，過去の高等学校専門教育科目からである。

　1970（昭和45）年告示の学習指導要領で，工業科・商業科にプログラミング

科目が導入され専門教育や職業・産業教育の範疇として扱われはじめた。

　1986（昭和61）年の「臨時教育審議会第二次答申」で，情報化の進展に対応する「情報活用能力」の育成が提言されると，1989（平成元）年告示の学習指導要領で，中学校「技術・家庭科」に新たな領域「情報基礎」が設けられた。新領域には「コンピュータの基本操作と簡単なプログラムの作成について」指導することが盛り込まれ，普通教育でのプログラミング教育がはじまった。

　1999（平成11）年告示の学習指導要領では，高等学校に新たな普通教科「情報」が設けられ，選択必履修とされた。しかし，教科設置の過程で「情報教育の基礎学問としてのコンピュータ科学は専門高校で学ばれるべき内容とされ，普通高校の内容としては縮小を余儀なくされ」た（大岩 2020）ため，プログラミングという文言は用いられず限定的な扱いがなされた。

　2008（平成20）年告示の学習指導要領では，中学校で授業時数確保の予備的手段を失うかたちとなり，「情報基礎」領域の時数確保がきびしい状況となった。一方，高等学校では「情報」科目の整理がおこなわれた。

表14-3　平成29，30年告示学習指導要領におけるプログラミングの記述
（筆者作成）

	小学校	中学校	高等学校
記載箇所	総則／算数〔第5学年〕／理科〔第6学年〕／総合的な学習の時間	技術・家庭〔技術分野〕D 情報の技術	共通教科「情報I・II」コンピュータとプログラミング
実施内容要旨	情報活用能力の育成を図るため，「児童がプログラミングを体験しながら，コンピュータに意図した処理を行わせるために必要な論理的思考力を身に付けるための学習活動」を各教科等の特質に応じて計画的に実施。	生活や社会における問題を，「ネットワークを利用した双方向性のあるコンテンツのプログラミングによって解決する活動」「計測・制御のプログラミングによって解決する活動」を通して，仕組みを理解し，安全・適切なプログラムの制作，動作の確認及びデバッグ等ができること。	「コンピュータで情報が処理される仕組みに着目し，プログラミングやシミュレーションによって問題を発見・解決する活動」。

2017, 2018（平成29, 30）年告示の学習指導要領より，小学校ではプログラミング体験が導入され，中学校では時数確保の課題は残りつつも内容面でプログラミング活動が拡充された。高等学校では共通教科「情報」として「情報I」が必履修科目とされ，プログラミングも含まれている。

表14-4　「小学校からの学習の積み上げ」（鹿野（2022）をもとに作成）

	情報デザイン	プログラミング	データの活用
情報Ⅱ	情報デザインを生かした コンテンツ作成	情報システムの プログラミング	データサイエンス ※数学Bと連携
情報Ⅰ	情報デザインの 方法と考え方 問題を発見・解決する手段 として活用	問題解決のための プログラミング コンピュータの仕組み モデル化・シミュレーション	データの活用 ※数学Ⅰと連携
中学校	技術・家庭科など 中学校の各教科等	問題解決のための プログラミング 計測・制御 ネットワーク＆双方向	簡単な統計
小学校	国語，図画工作など 小学校の各教科等	教科の中で体験する プログラミング 仕組みを知り，活用して 可能性を広げる	統計的考え方

4-2　情報活用能力とプログラミング

　情報通信社会に対応するために必要な情報活用能力は，1986（昭和61）年「教育改革に関する答申（第二次）」で育成の重要性が指摘されて以来，長らく議論や実践が積み重ねられ，2017, 2018（平成29, 30）年告示の小中高学習指導要領のなかで，言語能力，問題解決能力と並んで学習の基盤となる資質・能力のひとつとしてはじめて本文に記述され，以下のように解説されている。

　　情報活用能力は，世の中の様々な事象を情報とその結び付きとして捉え，情報及び情報技術を適切かつ効果的に活用して，問題を発見・解決したり自分の考えを形成したりしていくために必要な資質・能力である。（文部科学省 2017）

教育課程の実施にあたっては小中高学習指導要領のなかで「情報活用能力の育成を図るため，各学校において，コンピュータや情報通信ネットワークなどの情報手段を活用するために必要な環境を整え，これらを適切に活用した学習活動の充実を図ること。また，各種の統計資料や新聞，視聴覚教材や教育機器などの教材・教具の適切な活用を図ること」が求められている。

小学校では，情報活用能力の育成を図るなかで，プログラミングについては各教科等の特質に応じて学習活動を計画するよう本文に記述された。

児童がプログラミングを体験しながら，コンピュータに意図した処理を行わせるために必要な論理的思考力を身に付けるための学習活動。(文部科

表 14-5　情報活用能力の要素 (文部科学省 (2020a) をもとに作成)

A. **知識及び技能**	1. 情報と情報技術を適切に活用するための知識と技能	①情報技術に関する技能 ②技術と情報技術の特性の理解 ③記号の組み合わせ方の理解
	2. 問題解決・探究における情報活用の方法の理解	①情報収集，整理，分析，表現，発信の理解 ②情報活用の計画や評価・改善のための理論や方法の理解
	3. 情報モラル・情報セキュリティなどについての理解	①情報技術の役割・影響の理解 ②情報モラル・情報セキュリティの理解
B. **思考力，判断力，表現力等**	1. 問題解決・探究における情報を活用する力 （プログラミング的思考・情報モラル・情報セキュリティを含む）	事象を情報とその結び付きの視点から捉え，情報及び情報技術を適切かつ効果的に活用し，問題を発見・解決し，自分の考えを形成していく力 ①必要な情報を収集，整理，分析，表現する力 ②新たな意味や価値を創造する力 ③受け手の状況を踏まえて発信する力 ④自らの情報活用を評価・改善する力　等
C. **学びに向かう力，人間性等**	1. 問題解決・探究における情報活用の態度	①多角的に情報を検討しようとする態度 ②試行錯誤し，計画や改善しようとする態度
	2. 情報モラル・情報セキュリティなどについての態度	①責任をもって適切に情報を扱おうとする態度 ②情報社会に参画しようとする態度

学省 2017）

　この論理的思考力が，プログラミングを視座とする思考力として議論されて
きたことから「プログラミング的思考」と呼称され，延長線上としてコンピュ
テーショナル・シンキングにつながっていくものである。情報活用能力の要素
表（表14-5）のなかでも，問題解決のためのプログラミングを視座とする思考
が，学習の基盤となる資質・能力のひとつとして位置づけられていることがわ
かる。

　学校のコンピュータ環境の水準が1人1台の情報端末の割り当てに達し，デジ
タルやAIなどの技術変革に学校教育からもアクセス可能になっている。そんな
時代だからこそ，その過去と現在と未来を見通した問題意識のもとでコンピュ
ーティングを実践していくことが求められている。プログラミングへの挑戦は，
そのための価値ある実践のひとつである。

〈活動内容の考察と整理〉
「問題解決活動」と「プログラミング活動」を別々に考えたとき，それぞ
れに含まれる活動は何だろう。問題解決のためのプログラミングとして
両者をかかわらせた場合，活動に違うところはあるのか考えてみよう。

〈概念や知識のアンパッキングとリパッキング〉
以下の概念や知識をアンパッキングするときどんな具体例が使えるか。
学習者にリパッキングしてもらうためのアイデアを考えてみよう。

例：変数［アンパッキング→【説明】変数とは名前のついた小箱のよう
なもの【活動】小箱に数字や文字を書いたメモを小箱に納めて扱う。／
リパッキング→【概念】変数は数値などを格納するもの【操作】変数に
データを代入し，変数を指定して出力する。【アイデア】ブロック型プロ

グラミング環境で実際に変数を利用する場面の体験をとおして]

・プログラム
・アルゴリズム
・順次／分岐／反復
・「プログラミング的思考」
・クラウド

〈プログラミング教育の体系性や連続性〉
プログラミング教育が学校の教育課程に取り入れられるまでの過程を振り返り，現時点で小中高校がプログラミング教育をどう配置しているのかを確認しよう（キーワードなどを手がかりまたは切り口に；例：情報活用能力／教科との関係）。

読書案内

① ヘルマンス，F.（著）水野貴明（訳）2023　プログラマー脳：優れたプログラマーになるための認知科学に基づくアプローチ　秀和システム
② ノーマン，D.A.（著）岡本 明・八木大彦・藤田克彦・嶋田敦夫（訳）2022　人を賢くする道具：インタフェース・デザインの認知科学　筑摩書房

第15章 特別な支援を必要とする学習者へのICT活用を考える

植田詩織・岸磨貴子

目　標

特別支援教育におけるICT機器を活用した授業計画についてイメージすることができる。学習動作が困難な児童生徒が主体的に授業に参加することができる工夫を考えることができる。

キーワード

特別支援，肢体不自由児，VOCA，OriHime，視線入力，合理的配慮，インペアメントとディスアビリティ，GIGAスクール

1　特別支援学校（肢体不自由）の実態とICT活用

　肢体不自由児の実態はどのようなものだろうか。車椅子に乗っていたり，発話がなかったりとさまざまな実態が想像できるだろう。肢体不自由とは，身体の動きに関する器官が病気やけがで損なわれ，歩行や筆記などの日常生活動作が困難な状態であることをいう。肢体不自由児に多くみられる疾患としては，中枢（神経）疾患（脳性麻痺，リー脳症），神経筋疾患（筋ジストロフィー），脊椎脊髄疾患（二分脊椎，脊椎側弯症），骨関節疾患（骨形成不全症），遺伝子疾患（ダウン症），呼吸器疾患・（肺気腫）などさまざまな疾患がある。

　特別支援学校（肢体不自由）には，小学部・中学部及び高等部が設置されており，一貫した教育がおこなわれている。特別支援学校（肢体不自由）のなかには，学校が単独で設置されている形態のほか，医学的治療が必要な者を対象

とした障害児入所支援（医療型障害児入所施設など）と併設または隣接している形態などがある。そして，各教科および自立活動の指導にあたっては，児童生徒の障害の状態や特性および心身の発達の段階に合わせて，個別の指導計画を作成し，指導をしている。また，コンピュータや情報通信ネットワークなどの情報手段，視聴覚教材や教育機器などの教材・教具を効果的に活用し，個別指導やグループ指導を重視している。また，肢体不自由の児童生徒は，日常生活における直接的な体験や社会生活経験が乏しくなる傾向にあることから，実践的・体験的な活動を多く取り入れるよう配慮している。

　なかでも，ICT活用は重視されている。ICT活用の主な視点には，教科指導の効果を高めること，および情報活用能力の育成を図り障害による学習上または生活上の困難さを改善・克服することのふたつがある。前者の例として図15-1Aがある。図15-1Aでは，紙で各自書いたものやタブレット端末の画面サイズだと，見えにくさや書きにくさなどにつながることがあるが，大きなモニターに映し出しみんなで見ることで全員同じ環境下でディスカッションをすることができる。写真の事例では，思考ツールを大型モニターに映し出し，情報を整理している場面である。たくさんの情報を一度に処理するのがむずかしい児童生徒も，一つひとつ順番に全員で取り組むことで置き去りにされることなく授業に参加できる。後者の例として図15-1Bがある。図15-1Bでは，生徒がNHK for Schoolの番組視聴をとおして，「見る力」を身につける実践である。映像コンテンツが世の中に溢れている今，それらに触れる時間は多い。この実践において教師は，生徒にとって映像コンテンツがただ見て楽しむものだけでなく，生徒の自立につながるきっかけとなり得る。写真の事例で，教師は，発達障害などの困難がある人の特性が描かれた番組を生徒たちに視聴させ，生徒自身が自分たちについて他者にわかってもらうために，どのような方法があるのか，何に気をつけて伝えればいいのかを話し合わせ，生徒たちの自立に向けた自己表現の力の育成をめざしている。

　特別支援学校において，ICTを活用するうえで注意すべきことは，障害の状態や特性および，それにともなう学びにくさが多様であるため，それらを把握したうえで，何をどのように使うのかを判断，工夫することである。たとえば，肢体不自由の障害特性からくる学習面・生活面でのむずかしさには次のような

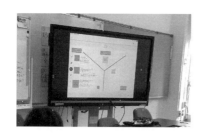 

A：教科指導の効果を高める例　　　　B：NHK for Schoolの番組を活用した
　　　　　　　　　　　　　　　　　　　映像視聴の力を育成する授業（情報科）

図15-1　特別支援教育におけるICT活用の事例（筆者撮影）

ものがある。ひとつは，上肢・下肢・体幹・発話などに関する機能障害のため，文字を書いたり，教科書をめくったり，手指を使って教材を操作したりする学習が困難になることである。また，感覚や認知がもたらすむずかしさもある。視力・聴力だけではなく，視知覚や視覚認知（目と手の協応，図地弁別，空間認知など）や基礎感覚（前庭感覚・固有感覚・触覚）のむずかしさなどをともなうことが多く，学習に多大な影響を及ぼす。外からでは児童生徒の感覚をとらえることができないため，姿勢保持や動作の困難に比べて周囲から気づかれにくい。ほかにも，経験や体験の不足がもたらすむずかしさがある。運動・動作，周囲の人びとから支援を受ける場面が多く，結果として，受動的になり，自発性が乏しくなりやすい。この場合，児童生徒自身でできるのか，支援が必要なのかの見極めが重要である。

2　特別支援学校（肢体不自由）におけるICT活用の事例 ──

　特別な支援を必要とする児童生徒に対して，なぜICT活用が重視されているのだろうか。特別支援学校におけるICT活用は，従来 Assistive Technology（支援技術：以下AT）や，Augmentative & Alternative Communication（拡大・代替コミュニケーション：以下AAC）といわれ，困難のある機能の補助，

代替手段として利用されてきた。図15-2はその事例である。図15-2AはVOCA（Voice Output Communication Aide）というもので，スイッチを押すたびに録音したメッセージが再生される機器である。言語に障害があり，コミュニケーションをとることが困難な児童生徒に活用されることが多い。図15-2Bは，ポイントタッチスイッチである。静電気を利用した，力のいらないスイッチであり，顔や指の小さい動きにも反応する入力用機器である。

A：VOCA（通称：ビッグマック）　　　　B：ポイントタッチスイッチ

図15-2　ATまたはAACの事例（筆者撮影）

　2020年からは，特別支援学校でもGIGAスクール構想実現の整備事業費として，タブレット端末，特殊マウス，入力支援スイッチ，視線入力装置などの入出力支援装置も整備されるようになった。これらは，学習上や生活上のさまざまな困難に対する支援として利用される。図15-3はその事例である。図15-3Aは視線入力装置である。目の動きをとらえ，マウス操作などができることでコンピュータを動かすことができる機器である。四肢麻痺のある児童生徒は，眼球運動を利用してコンピュータを操作したり，自分の好みを見て伝えたり，文字盤を活用したりしてコミュニケーションをとることができる。これまで意思表示がとらえにくかった児童生徒と一緒に取り組むことで，自分の見たいもの・好きなものを見て伝えるという活動につながり，支援者との関係性にかかわらない意思の表出につながると考えられている。図15-3Bは，分身型ロボットOriHimeである。タブレット端末などを使って，ロボットの上肢（首と腕）

をユーザーが遠隔で操作できる。病弱教育の現場でも活用されることが増えてきている。ユーザーは，ロボットの首や体を自由に動かせるため，ロボットの目の前に広がる世界とリアルにつながることが実感できる。OriHimeを活用することで，これまでは学校内・病院内でしか学習できなかった児童生徒が，学校外での環境に身を置き，外の社会人と触れ合いながら学習することができるようになった。

　ICTは，学校での学習上だけでなく，生活上でも欠かせない。現在はその多くがスマートフォンなど情報端末を所持，利用している。これまでみずから積極的にコミュニケーションをとることがむずかしかった児童生徒が，タブレット端末にVOCAのアプリをインストールし，教師や友だちをみずから呼びコミュニケーションをとる学習に日々取り組んでいる。それらは家庭のなかでも取り組むことができ，生活上でも何か困ったときに誰かをみずから呼ぶ，という取り組みにつなげられる。

A：視線入力装置　　　　　　　　B：分身型ロボットOriHime

図15-3　学習上や生活上のさまざまな困難に対する支援としてのICT活用 （筆者撮影）

　しかし，これらの活用において問題も生じている。たとえば，知的障害や発達障害をあわせ持っている児童生徒の場合，たくさんの情報を一度に処理することが苦手である。そのため端末を使って情報収集ができたとしても，その情報の正確性や真偽を見極めることはむずかしい。また，話すことに一生懸命に

なり，その先にいる相手への配慮ができず，コミュニケーションでトラブルを起こすケースもある。たとえば，ある児童生徒は，興味のあることには過度に集中をしすぎてしまったり，相手の気持ちを汲み取ることが苦手で対人関係でトラブルを招きやすかったりすることから，SNSの利用においてトラブルが起こりやすい。そのため，こうした問題解決のために特別支援学校でもソーシャルスキルや情報モラルの教育が必要になる。

3　学習者に応じた道具の選択，活用，工夫

　障害特性や支援の必要性は一人ひとり異なるため，それぞれの児童生徒にあったICTを選択，活用，工夫していく必要がある。ここで重要になるのが「工夫」の視点である。上述したように，特別な支援を必要とする児童生徒は多様であり，ある道具をそのまま使えば，支援につながるというわけではない。事例をもとに理解を深めていこう。

　図15-4は，児童生徒を支える教師の工夫の事例である。ひとつは，ビッグスイッチの活用である。図15-4Aは，自立活動を主とする教育課程に所属しているグループの学習場面である。ビッグスイッチは，入力用のスイッチで，家電製品やおもちゃなどとつなぐと，動かすことができる。写真の生徒は，言葉をとおして自分自身の思いや好みを伝えることがむずかしく，四肢を思うように動かすことがむずかしいため，取り組む活動が限られてしまう。この日は，ハサミを使う活動であったが，生徒はハサミを持つことがむずかしい。このような場合は，教師が代わりに作業をすることもあるが，写真のようにビッグスイッチを活用することで電動バサミのスイッチのON/OFFを切り替えることができるため，教師と話し合いながら一緒に取り組むことができる。

　図15-4Bは，準ずる教育課程でのグループ学習で，生徒が「一人でできる」ことを達成感として味わえるように工夫した場面である。準ずる教育課程では，各教育目標の達成に努めるとともに，障害による学習上または生活上の困難を改善，克服し自立を図るために必要な知識，技能，態度および習慣を養うことを目標としている。特別支援学校には，ホームルーム活動などの学級活動もあ

A：ビッグスイッチの活用事例

B：ビッグスイッチとi+padタッチャーの
活用事例

図15-4　児童生徒を支える教師の工夫（筆者撮影）

るが，個別指導やグループ指導を重視しており，障害特性に合わせたグループ分けが学年を超えてされている。そのひとつが準ずる教育課程である。写真の生徒は，言葉をとおして他者とコミュニケーションをとることができるが四肢に麻痺があり，学習面での困難さからみずから活動ができなかったり，思うようにうまくできなかったりしていら立ちを抱えてしまうことが多い。そこで，教師は，このような場面では生徒同士で共同的に取り組み，頼ったり頼られたりしながら活動することができるようにはたらきかける。生徒は，ICTを活用することで，自分のアイデアとして思いついたことも，友だちに「こうしよう。あんなふうにしたらどう」と提案したり，依頼したりしやすくなる。また，ビッグスイッチを手元に置いて，操作することでみずから操作し，学習に参加したり，自分でやってみたりすることができる。

　タブレット端末の画面のボタンを操作する際に，児童生徒のなかには腕を思うように動かして画面をタッチすることがむずかしかったり，指先が震えてしまったり，ピンポイントにタッチしたいボタンを押すことがむずかしいことがある。そういった場面では，自分で押して操作することが「できない」という消極的な気持ちを抱くことがある。結果，友だちや教師に自分のやりたいことを依頼して「やってもらう」という流れになりがちであるが，ビッグスイッチとi+padタッチャーを活用することで，手を伸ばさなくても，目の前のビッグスイッチを自分で操作「できる」という気持ちが生まれ，主体的に授業へ参加

する態度につながることがある。なお，i+padタッチャーとは，先端に静電ユニットがついており，iPadの画面の置いたところのみタッチ可能になるという機器である。ビッグスイッチとi+padタッチャーを活用した取り組みは，設置が簡易的であるためわかりやすく，家庭やデイサービスといった学校外でも活用されることが多い。準ずる教育課程に所属している生徒のなかには，家庭のiPadで余暇を楽しもうと思っても，自分で操作できないとなると，保護者に操作をしてもらう必要があり，家事をしているなかで毎回操作をしてもらうことになると，遠慮してしまい余暇を楽しむ機会が減ってしまう。しかし，i+padタッチャーを活用することで，自分ひとりで操作することができ余暇を楽しむことができている。

　このように，道具の使い方や使う目的も一律ではなく，ICT機器をマニュアル通りに使うというよりむしろ，その児童生徒の状況に応じて教師および保護者とのコミュニケーションをとおして，工夫をしていくことが求められる。

　特別支援学校には，教師以外にも看護師，理学療法士や作業療法士，言語聴覚士などのさまざまな資格をもった者が働いており，さまざま視点から児童生徒の個別指導を考えている。以下は，発話でのコミュニケーションはむずかしいが視覚優位（目から入ってくる情報を処理することが得意なこと）の様子がみられる生徒（仮名アン）に対して，視線入力を使ううえでどのように工夫するかを検討する担当教師（以下，教師），ICT担当者（あるいはICT担当教員），理学療法士のやりとりである。

［視線入力を活用して子どもの環境づくりに取り組む教師らの会話］

教師：アンちゃんは，視覚優位な気がする。よく，目で合図をしているように受け取れるし，追視で物を追っているようにも思う。

ICT担当：視線入力を活用して，どのくらい物をとらえているのか，追視をしているのか実践してみましょう！

————実践中————

理学療法士：左緊張が強いため，左に向いて物を見ようとしているね。

ICT担当：視線の動きを記録したデータでも，画面左側をよく見ていることがはっきりしています。しかし，左から右へとゆっくりスライドさ

せて静止画を見せると，眼球が左から右へと動いて追視している様子が
あるので，その練習をしてみましょうか。

理学療法士：姿勢をまっすぐにしながら，首の左緊張が緩むように頭に
手を軽く添えて補助してあげながら取り組んでいきましょうか。

教師：静止画を画面右に提示するだけだとあまり興味を示していないよ
うに思います。

ICT担当：静止画を左から右，上から下など動かして提示してみると，追
視している様子がわかるので，静止して提示するよりも，動かしながら
提示してあげるほうが，アンちゃんにとってはとらえやすいのかもしれ
ませんね。

　この会話からもわかるように，ICTを活用する際には，担任だけで実践をす
るのではなく，ICT教育を専門とする教師や理学療法士の資格をもつ教師など
が一緒に考え活用の工夫を考えていくことが多い。障害特性に合わせて学習方
法も複雑化している特別支援教育では，多様な専門家の協働が重要である。

　また，教科横断の視点も重要である。特別支援学校における教科横断の例と
して，プロジェクションマッピングを活用した美術の学習がある。生徒がiPad
で描いたイラストをプロジェクターで映し出し，鑑賞し合うなどの実践がおこ
なわれている。このようにICTを活用して，児童生徒の特性を把握することで，
ホームルーム活動や自立活動以外にも，ほかの教科学習での学習面につなげる
ことができる。

4　特別支援学校における個別最適化した学びの事例 ───────

　特別支援学校においても，個別最適化の考えは重要である。個別最適化とは，
「指導の個別化」と「学習の個性化」に整理され，児童生徒が自己調整しながら
学習を進めていくことができるよう指導することである。では，実際の教育実
践でどのようなICTを児童生徒の実態に応じていかに活用されているのかにつ
いてエピソードをもとに説明していく。最初に紹介するのは，VOCAを活用し

た生活科の授業実践である。図15-2のようなスイッチ型の物もあれば，タブレットのアプリケーションとしても存在している。

◇エピソード1：教師Aの教室における合理的配慮に関するエピソード
【はい・いいえを伝えてみよう】

　教師Aは，20代なかばの女性の教師である。専門は理科であるが，現在，自立活動を主とする教育課程の総合的な学習の時間を担当している。教師Aは，生徒の意思表示を大切に考え，これまでさまざまな工夫を考えて取り組んできた。そのひとつにICT活用もある。

　プレゼンテーションソフトを活用して，ひとつのスライドに「はい・いいえ」の2択を提示したり，絵カードを挿入して何択か選択できるイラストや写真を提示したりする教材をつくる。児童生徒はそのひとつのスライドを見ることで，友だちや教師，保護者とのコミュニケーションがはじまる。iPadのアクセシビリティの機能を使って選択肢を選ぶ方法もあれば，視線入力で選択肢を選ぶ方法もあるなど，自分の好みを相手に伝えることができる手段は個に応じて取り組んでいく。アクセシビリティの機能は，ズーム機能を使って画面を大きく見せたり，スイッチコントロール機能と図15-4のビッグスイッチと組み合わせて選択をしたりすることができる。絵カードを提示して選択をするという方法を好む児童生徒もいるが，ICT機器を活用すると「音」という聴覚情報も一緒に得ることができる。たとえば，「はい」を選んだ場合，音声でも「はい」と流れ，選択したこと・ものが何であるのか理解が深まる。キャラクターの絵を選んだらキャラクターの声が聞こえてくるなど，伝えることで楽しいと思える仕掛けが，児童生徒のもっと伝えようと思う意欲につながっていく。

　児童生徒が選択し，伝えてくれることで，「日直をしたい？　したくない？」の意思や「何色で書きたい？」といった色の選択など授業のなかでの取り組みにも変化が出てくるようになる。

　このエピソードで重要な概念のひとつに合理的配慮がある。合理的配慮とは，

特別な支援を必要とする児童生徒の人権が障害の有無にかかわらず保障されるとともに，教育や就業，そのほか，社会生活に平等に参加できるよう，それぞれの障害特性や困りごとに合わせておこなわれる配慮のことである。2013（平成25）年6月に制定された「障害者差別解消法（正式名称：障害を理由とする差別の解消の推進に関する法律）」により，この合理的配慮を可能な限り提供することが，行政・学校・企業などの事業者に求められるようになった。学校生活で合理的配慮を実現させるためには，児童生徒一人ひとりの困りごとが多様であるため，本人や保護者と相談をしながらそれぞれのニーズに合わせた合理的配慮を考える必要がある。エピソード1では，教師Aが，生徒自身の意思を表出するうえで，iPadのアクセシビリティ，視線入力，絵カードなど多様な方法を準備している。このように，ICTを活用することで，身体機能の状態や体調の変化などに応じて，意思の表出を補助し，他者と触れ合う機会を提供することができる。学校教育における合理的配慮の例として，ほかにも，拡大教科書やタブレット，音声読み上げソフトを利用して勉強できるようにする，色覚特性に配慮して教材を作成する，資料やテストはUDフォントを使用するなどがある。

　ふたつ目の事例は，iPadとビッグスイッチやポイントタッチスイッチ（図15-4）を使って操作する支援機器を活用した音楽科の授業実践である。

◇エピソード2：音楽における教師Bの多様なICTの組み合わせのエピソード

【自分の力で音を鳴らしてみよう】

　教師Bは，音楽科の教師である。iPadのアプリの「GarageBand」を活用し，自分なりに動かせる身体を使って音を表現してみる取り組みをおこなった。ある子どもは画面に両手をおいて，小さな力で指を動かしてピアノを奏でた。ある子どもはiPadにi+padタッチャーという支援機器を付け，首を動かして棒スイッチを操作しバイオリンの音を奏でたり，ある子どもはポイントタッチスイッチを使って口元を動かしてドラムを奏でたりと，子どもの実態に合わせて同じ学習活動であっても，使うICT機器を工夫して実践している。

この事例は，教師がさまざまな道具を使って生徒のことを知り，生徒の関心に気づいて授業を生み出している。特別支援学校の生徒のなかには肢体，精神面から自己表現がむずかしいと感じている生徒が少なくない。かれらは，自己表現ができないのではなく，また，自己表現のやり方がわからないのではなく，そのための手段がないのである。伝える手段があれば伝えたいと思うし，会話する手段があれば会話したいと考える。そこで，教師は一人ひとりの生徒に合ったかたちの手段を試行錯誤しながらつくり出している。教師Bは，iPadのアプリ「GarageBand」を活用するうえで，生徒一人ひとりの動きに合わせてスイッチを組み合わせ，音を奏でる取り組みをしている。たとえば，口元を動かして反応をする生徒に対しては図15-2Bのポイントタッチスイッチを口元で使い，また，指を小さく動かすことができる生徒には棒スイッチを使い演奏をさせた。その際，i+padタッチャーは欠かすことができない。生徒が自分の動きに合わせて音が奏でられると，まわりから「音が聞こえてきたよ！　すごいね！　もっと鳴らしてみて！」と応援の言葉をかけてもらい，生徒も一生懸命に自分なりの演奏ができるようになる。このように，生徒がすぐに何かできるようになるというわけではなく，さまざまな学習場面で取り組みつづけることで少しずつできるようになっていく。口元を動かしたら何が起こるのか，手元を動かしたらみんながどんな言葉をかけてくれるかなどを知ることで，生徒は伝える手段，会話する手段を自分のものにしていくのである。

5　特別支援教育における表現活動の広がりとICT ─────────

　特別支援学校にタブレット端末などICTが導入されてから，学習のためのATやAACの活用だけでなく，児童生徒の表現活動としてICTが積極的に活用されるようになってきた。特別な支援を必要とする児童生徒が自分たちの考えや思いを表現し，他者とかかわれるようになることは，卒業後の生活面においても非常に重要である。特別支援学校では，自立活動の視点が重視されている。自立活動とは，障害による学習上または生活上の困難を主体的に改善，克服させるための活動である。児童生徒が，視線入力装置などを活用して，視線を動

かすことで，文字や絵などを描くなど，表現活動ができるようになれば，卒業後もまたこうしたICT機器を活用して生活していくことができる。そこで，特別支援学校には，積極的に学校「外」の人たちと交流を図っているところもある。家庭，病院，学校と過ごす場所が限定的になりがちな特別な支援を必要とする生徒にとって，ICTは，多様な人と出会う機会となっている。自分ひとりでできるようになること，そして，他者と一緒に何かできるようになることの両方の観点からICTを自律的に活用できるようになることが重要となる。前者の例として，言葉でのコミュニケーションがむずかしい生徒（仮名わたる）の事例を紹介しよう。わたるは，言葉でのコミュニケーションがむずかしく，まわりからの言葉かけに対して，「はい」「いいえ」を肩や指を動かし自分なりの表現でコミュニケーションをとろうと反応している。しかし，意思表示がとらえにくかった場合，保護者や関係性の強い教師が気持ちを代弁してしまったりすることも多くみられる。そこで，図15-2Aの機器（VOCA）に「はい」などの音声を入れておき，図15-2Bのポイントタッチスイッチをつなげておくと，わたるは友だちや教師の質問に対して，自分の肩や指を動かしてスイッチを操作し，VOCAから「はい」という音声が流れて，自分から返事をすることができる。「いいえ」の場合はスイッチを押さずに反応しないなど，練習は必要であるが，自分で誰にでも返事ができる活動につなげることができる。

　他者と一緒に何かできるようになるICTを活用した自立支援の事例としてOriHimeの教育実践を紹介したい。筆者らは，2017年に分身型ロボットOriHimeを活用して，特別支援学校の生徒と都内の大学生との遠隔学習を実施した。身体の動きに制約があり，行動範囲が限られていた生徒らにとって，OriHimeは，外の世界とつながるきっかけになった。家族，病院関係者，学校関係者以外の人と何か協働して活動することがほとんどなかった生徒であったが，OriHimeをとおして一緒に映画鑑賞をしたり，ボッチャの試合を観戦したり，留学生と英語で会話するなどをした。OriHimeを使うことで自分たちにできることがあると気づいた生徒たちは，都内の学生たちのために自分からやりたいことを提案し，次々と新たな活動を生み出していった。これらの事例は，特別な支援を必要とする児童生徒がみずからICTを活用して表現し，協働するようになり，新たな可能性を拓くことができることを示している。

6 特別支援学校におけるICT活用を考える理論的枠組み ──

　本章を終える前に，特別支援学校におけるICT活用を考えるうえでその土台となる認識論について少し触れておこう。従来，障害は個人のインペアメントにあるとされてきた。たとえば，脳性麻痺，知的障害は，脳に障害がある，身体障害は，身体に障害があるという考え方である。20世紀後半になると，障害の社会モデルが登場し，障害概念の理論研究が積極的に議論されるようになった。障害の社会モデルとは，障害を社会構築物とみる立場による考え方である。障害の原因は社会に実在するのであり，社会があれば障害はなくなると考える。たとえば，車椅子ユーザーの障害が発現するのは，車椅子では移動できない階段，狭い道，混雑した電車などがあることと相互に関連している。インペアメントは，身体の機能損傷または機能不全で，疾病などの結果もたらされたものであり，医療の対象となるものであるのに対して，インペアメントなどに基づいてもたらされた日常生活や学習上の種々の困難のことをディスアビリティという。ディスアビリティは，教育によって改善または克服することが期待されるものである。特別支援学校におけるICT活用は，まさにディスアビリティを改善または克服するという観点が重要になる。特別な支援を必要とする児童生徒がかれらの強みや能力を発揮できる環境づくりに取り組むことはもちろんであるが，かれらの実態はさまざまに変化していくため，かれら自身がみずからその環境をつくり出せるように指導，支援していくことが重要である。ICT活用は，児童生徒が障害による学習上または生活上の困難を改善，克服するための方法となるだろう。

7 特別支援学校におけるICT活用と展望 ──

　本章では，特別支援学校（肢体不自由）におけるICT活用について，事例を示しながら重要な鍵概念をおさえていった。従来，さまざまな技術は，ATおよびAACとして特別な支援を必要とする児童生徒の教育支援として活用され

てきた。しかし，本章では，ICTを使えば問題解決ができるといった単純な因果関係ではなく，児童生徒の一人ひとりのニーズや状況をよく見ながら，専門家，保護者と連携し，児童生徒が学校だけでなく，家庭や実生活でも自立していけるようにICTの使い方や指導を考えていく必要があることを示した。

　特別支援学校のICTを活用した学習環境も大きく変化している。ひとつは，新型コロナウイルスの影響である。遠隔学習が当たり前のように実施されるようになったことで，院内学級など学校に行けない児童生徒のために使われていた技術が今では誰もが利用するようになった。その方法も多様で，オンライン会議だけでなく，本章で紹介した分身型ロボットを使ったものもあればメタバースを使ったものもある。このような社会の変化は，特別支援学校の児童生徒にとって孤立することなく学習できる環境になってきたといえる。オンライン上では，みんなが同じ環境下で学習する。また，オンライン上では，特別支援学校の児童生徒も，これまでかかわることのなかった外の社会や人と触れ合いながら学習することができるようになった。

　もうひとつはGIGAスクール構想による教育環境の変化である。肢体不自由校の学習環境も1人1台端末としてタブレット端末が整備され，一人ひとりの実態に応じた活用が可能となった。たとえば，エピソード1に示す事例で紹介したアクセシビリティの機能は，児童生徒の実態によって設定が異なってくる。校内に数台しかない端末を使い回していると，そのたびに設定が必要となりかなり時間を有してしまう。しかし，1人1台端末があると，その児童生徒専用の端末となり，個別最適化された学習が可能となった。

　また，学校だけでなく，家庭のなかで動画を見て学ぶという環境が整っていった。これまでも行動に制限のある児童生徒にとって，映像コンテンツを見て余暇を過ごすことは日常的な楽しみでもあり，大半の時間をYouTubeなどの動画配信サービスを利用している児童生徒は多い。身体の動きに制約がある児童生徒にとって，動画の世界は社会や世界とつながるきっかけとなる。こういった環境のなかで肢体不自由のある児童生徒が，教師から与えられる学びだけでなく，自分で道具や学習コンテンツを選択し，見て学び，日常に生かしていくことを期待したい。

〈個人課題〉

特別な支援を必要とする児童生徒へのICT活用の事例を調べて発表しよう。

〈グループ課題〉

NHK for School の映像コンテンツをひとつ選び，特別な支援を必要とする
さまざまな児童生徒の実態把握をしよう。そのうえで，その児童生徒が
学校での学習で直面する可能性のあるケースを取り上げ，ICTをいかに活
用して学習環境をデザインするか提案しよう。

〈グループ課題〉

以下のケースをもとに解決を提案しよう。

みっちゃんは，特別支援学級に在籍している中学3年生。知的障害にあわせ
て視力が低下している。弱視のため，ひとりでの歩行はむずかしく，聴覚情
報がとても重要となっている。教科学習をおこなう際，どのような工夫をし
てあげるとみっちゃんはみんなと一緒に学習をすることができるでしょうか？

○困ったときのヒント：タブレット端末・拡大表示・音声読み上げ機能・
アクセスビリティ機能

 読書案内

①赤木和重（編著）　2019　ユーモア的即興から生まれる表現の創発：発達障害・新喜劇・
　ノリツッコミ　クリエイツかもがわ
②榊原賢二郎　2019　障害社会学という視座：社会モデルから社会学的反省へ　新曜社

第16章 学習評価の原理・方法と技術を考える

山田剛史

┌─ **目　標** ─────────────────────────────────────
教育実践の計画段階から「評価」を想定して組み立てられること
の重要性を理解し，学習評価についての基本原理やさまざまな評
価方法及びその技術について説明できる。

┌─ **キーワード** ─────────────────────────────────
学習評価，絶対評価，個人内評価，真正の評価，パフォーマンス評価，
規準と基準，ルーブリック，ポートフォリオ，教学マネジメント

1　学習評価の基本

　学習評価と聞いてどのようなことをイメージするだろうか。学習評価には，試験をおこない，成績をつけること以外にもさまざまな意義や役割がある。学習評価とは，「児童生徒の学習を成功に導くために，学習実態を把握し，適切なフィードバックをおこない，学習活動の成果を学習目標に照らして判定・評価する教育活動」である。ここには，①実態把握，②フィードバック，③判定・評価といった3つの機能が含まれている。学習評価とは，これらを循環させながら，学習を成功に導く教育活動なのである。適切な学習評価をおこなうためには，社会・時代の変化や学校教育に求められる役割の変化をおさえつつ，評価者自身の教授・学習観や評価観を認識し，アップデートすることが肝要となる。

　パパート（Papert 1993）は，従来の教授（者）中心の考え方を「教授主義

227

(instructionism)」とよび，それは以下のような特徴で示される（Sawyer 2006/2009）。

表16-1　教授主義の特徴（Sawyer（2006/2009）をもとに作成）

・知識は世界に関する事実と，問題を解決する手続きからなる。
・学校教育の目的は，これらの事実と手続きを生徒たちの頭の中に注入することである。
・教師はこれらの事実と手続きを知っており，それを生徒に伝えることが仕事である。
・比較的単純な事実と手続きからはじめ，次第により複雑なものを学んでいく。
・学校教育の成功とは，生徒たちが多くの事実と手続きを身につけていることであり，それはテストによって測定される。

　20世紀の工業化社会を担う人材を効率的に育成するうえで，教授主義および教授主義に基づく教育実践は相性がよく，高度経済成長を支える役割を担ってきた。しかし，21世紀に入り，少子高齢化に代表される人口動態の変化，AI・IoTなど産業構造の変革，長期的な経済成長の低迷，気候変動やエネルギー問題，未曾有の災害，蔓延する不安とメンタルヘルスの問題など，解決困難な課題が山積している。予測困難な時代において，静的な知識の有効期限はきわめて短く，すぐに更新・刷新される。もちろん知識は重要であるが，知識をただ記憶し再生するといった機械的な学習には意味がないのである。知識を習得する過程や習得した知識を活用するなかで，深く思考したり，他者と協働したりするような学習経験が重要なのである。その経験を通じて，学力の3要素で示される多様な資質・能力を培うことが可能になる。それこそが「主体的・対話的で深い学び（≒アクティブラーニング）」であり，学習評価はこれら社会変化や教育・学習の転換という文脈を押さえたうえでおこなう必要がある。

　ここで少し学習評価の変遷についてみてみる。学習評価は歴史的に「絶対評価（なんらかの絶対基準に沿って評価をおこなう評価法）」と「相対評価（特定の集団内での相対的な位置・序列を示す評価法）」が振り子のように行ったり来たりしてきた。戦前の教師の主観に委ねられてきた絶対評価への批判から，相対評価が導入される。さらに，相対評価への批判から，1960年代にはブルーム（Bloom 1971/1973）による教育目標の分類学（タキソノミー）が提起される。あいまいだった教育目標を「認知領域」「情意領域」「精神運動領域」の3

領域で構成するなど，多面的・階層的に示した（表16-2）。現在の学力の3要素の考え方にも大きな影響を与えている。また，客観的な評価の実現という考え方から，米国を中心に標準テストの開発など教育測定運動が進められ，戦後の日本でも普及してきた。

表16-2　ブルームの教育目標分類（梶田（2010: 128）をもとに作成）

		認知的領域	精神運動的領域	情意的領域
低次	1	知 識	受け入れ	模 倣
↑	2	理 解	反 応	巧妙化
	3	応 用	価値づけ	精密化
	4	分 析	組織化	分節化
↓	5	統 合	個性化	自然化
高次	6	評 価		

　その後，学習の結果を学習目標と照らして到達度を価値判断する行為（エバリュエーション）としての学習評価が主流となる。いわゆる絶対評価としての「目標に準拠した評価」であり，現在推奨されている観点別評価もこの考え方に依拠している。また，この考え方は，ウィギンズとマクタイ（Wiggins & McTighe 2006/2012）が提唱した「逆向き設計」とも親和性が高い。授業やカリキュラムを設計する際に，①求められている結果を明確にする（学習目標の設定），②承認できる証拠を決定する（評価方法の選択），③学修経験と指導を計画する（学習・指導内容の検討）といった3段階のステップをふむという考え方である。バークレイとメジャー（Barkley & Major 2016）の学習評価のサイクルでは，6つのステップが設定されているが，基本的な構造は類似している（表16-3）。従来一般的だった「教師が何を教えるか（ティーチング／教育内容中心）」から授業やカリキュラムを考えるのではなく，「生徒が何を身につけることができるか（ラーニング／学習成果中心）」から考える。これが現在推奨されている授業・カリキュラムの編成ロジックである。

　一方，ほかの生徒や外的な基準との比較ではなく，評価基準を生徒個人に焦点化する「個人内評価」という考え方もある。これには，①生徒個人の過去の

表16-3 学習評価のサイクル（Barkley & Major（2016）をもとに作成）

ステップ1	学生がどのような能力を身につけるかを明らかにする。
ステップ2	何ができれば能力が身についたことになるかを明らかにする。
ステップ3	適切な評価の方法を選ぶ。
ステップ4	授業の実施後に評価をおこなう。
ステップ5	評価の結果を分析し学生にフィードバックする。
ステップ6	学生が獲得すべき能力と実際に獲得した能力を比較して授業を改善する。

能力や特性と比較して，どの程度進展したかを判断する「縦断的」個人内評価，②生徒個人のもつ多様な側面のなかで比較し，得意・不得意や長所・短所を判断する「横断的」個人内評価のふたつがある。たとえば，前者だと，学期当初は30点だったテストが学期終了時には60点になった（絶対値としては高くないが，個人としては大きく伸びている），後者だと，人前で話すことは苦手だが，文章を書くのは得意といったかたちで評価する。

　相対評価や絶対評価が互いに弱点を補いながら発展してきた流れに対して，1990年代に入り，「真正の評価」といわれる新しい評価の考え方が登場する。標準テストでは本当の学力，社会で応用できる学力を評価できないといった疑問や批判を受けて，ウィギンス（Wiggins 1998）によって提唱された。これは，「真正な課題」（日常的な文脈と密接につながった課題）に取り組み，そこでの過程や成果物，実技などを総合的に評価するというものである。現在進められている「探究学習」にも大きな影響を与えている。ここで問題になるのがどのように評価するのかということである。知識そのものを問うのであれば，特定の範囲からテストのかたちで出題し，正解に基づき採点・評価することができる。しかし，複雑なパフォーマンス課題には多種多様な要素が含まれており，その過程や成果から生徒の資質・能力を把握・評価するのはきわめて困難である。教師個人のなかにある基準に基づく絶対評価では，客観性・公平性が欠如してしまう。その課題を克服しようと発展してきたのがパフォーマンス評価である。知識を応用・活用・統合することを要求する「真正な課題」への取り組みから，生徒の多種多様な資質・能力を把握・評価しようとする評価法で，「ルーブリック（評価基準表）」や「ポートフォリオ（学習成果物の集積）」といった方法が

あげられる。それぞれの具体的な内容については後述する。

2　学習評価の構成要素

　学習評価をおこなうためには，学習活動・成果に対して比較・照合するなんらかの枠組が必要になる。その枠組を構成するひとつが，「評価規準（criterion）」と「評価基準（standard）」だ。授業を設計する際には，学習目標と対応するかたちで評価の「キジュン」を明示することが求められる。評価規準は，学習目標への到達度を何で評価するかという「ものさし」にあたる。たとえば，実験の授業で「実験を適切におこなうことができる」という学習目標を立てたとする。それに対して「実験器具を準備できる」「仮説や要因計画を立てることができる」「実験器具を操作できる」「実験結果をレポートにまとめることができる」といったように，具体的な目標行動として記述するのが評価規準になる。一方，評価基準は，設定した評価規準をどの程度到達しているのかというものさしの「目盛り」にあたる。目盛りは，数値（1, 2, 3）や記号（A, B, C），文章などで表現される。先の例の「実験器具を準備できる」で考えると，基準A「ひとりで10分以内に使用する状態にできる」，基準B「友人の力を借りれば10分以内に使用する状態にできる」，基準C「ひとりで10分以内に使用できる状態にすることができない」といったように，より具体的な目標行動として明示するのが評価基準である。同音の「キジュン」を区別するために前者をノリジュン，後者をモトジュンとよぶこともある。

　次は，「評価の時期」について取り上げる。冒頭で述べたように，学習評価は授業の最後に試験をして成績をつけるだけではない。実施する時期に応じて，授業実施前・開始時におこなう「診断的評価」，授業期間中におこなう「形成的評価」，授業の最後におこなう「総括的評価」の3種類に分けられる。まず，診断的評価は，授業をはじめるにあたり，生徒が当該授業を受けるための学習上のレディネス（既有知識や動機づけなどの準備状態）を把握するためにおこなわれるものである。具体的な方法として，受講前アンケートや基礎学力テスト，習熟度別にクラス分けするためのプレイスメントテストなどがあげられる。この評価の利点として，学習者のレベルや学習特性に応じた学習環境を提示する

こと（個別最適な学びの実現）が可能になる。評価結果に基づき，教える内容を調整したり，授業計画を修正したり，グループ活動の際のグルーピングを工夫したりといったことも可能になる。

　次に，形成的評価は，授業期間がはじまってから終了するまでの間，生徒の理解度・達成度などを把握し，その後の授業を調整・改善したり，把握した結果をフィードバックすることで，生徒がその後の学習を調整・改善したりするためにおこなわれるものである。具体的な方法として，授業ごとの小テストや振り返り，中間テストや中間アンケートなどがあげられる。形成的評価による把握とフィードバック，振り返りと改善をおこなうことで，教師と生徒双方が教育・学習を自己調整しつつ，学習目標の達成が可能となる。その意味でも，形成的評価は学習の成功にとって不可欠な営みだが，過度な負担にならないよう設計・実施することも肝要だ。そのための解決方法のひとつがICTの活用になる。詳細は後述する。

　最後に，総括的評価は，学習目標に照らして生徒の学習成果を評価するためにおこなわれるものである。具体的な方法として，形成的評価で集積してきた学習成果に加え，期末テストやプレゼンテーション，最終レポートなどがあげられる。生徒が点数や合否といった評価結果にのみ終始してしまわないよう，可能な限り詳細な評価結果をフィードバックし，次の学習につながるようにはたらきかけることも重要だ（図16-1）。

　もうひとつ「評価の主体」という視点も大切だ。大きくは，教師に代表され

診断的評価	形成的評価	総括的評価
シラバスなどで学習目標を明瞭かつ具体的に示し，ゴールをイメージする	生徒が何が理解できていて，何が理解できていないのかを把握・理解する　がんばりが成果として表れるような（協同）活動やパフォーマンス課題を組み込む　次に何が必要か，どうすれば学びが深められるかをフィードバックする	学びの成果を確認し，振り返り，次の学びへつなげる

図16-1　学習評価の時期と機能（筆者作成）

る「他者評価」，グループメンバーやクラスメイトなどによる「ピア評価」，自分自身でおこなう「自己評価」の3種類がある。他者評価のうち，最も一般的なのは教師になるが，現在進んでいる「社会に開かれた教育課程」や「総合的な探究の時間」など地域・社会の資源を活用した学習活動では，学外の他者が評価者になる場合もある（第三者評価）。ピア評価では，あらかじめ定められた評価基準を手がかりにしながら生徒が相互に評価をおこなう。テストの結果や提出前のレポート，プレゼンテーション，グループワークに対する貢献度など，さまざまな場面で活用することができる。ピア評価を通じて，お互いの学習に対する責任感が増し，学習への動機づけを高めることにもつながる。自己評価は文字通り，みずからの学習活動をみずからで評価するという営みである。適切な自己評価ができるようになるためには，他者評価やピア評価などを通じて，明確な基準に基づいた評価やフィードバックをくり返しおこなうことが肝要だ。自己評価をおこなうことは，学習内容の理解促進だけでなく，学習方法を改善したり，学習内容を拡張したりといった，学校段階ひいては社会生活において重要となる自己調整学習の力や生涯学習能力の育成にもつながる。

3　学習評価の方法

　学習目標の拡張・多様化にともない，学習評価の方法も多様化する。それらを分類したものが図16-2である。大きくは「筆記によるもの」と「実演によるもの」に分けられ，さらに「単純なもの」から「複雑なもの」といった視点から整理されている（田中 2010）。筆記による評価で最も単純なものは選択回答式の試験で，正誤問題や穴埋め問題，多肢選択問題などが含まれる。網羅的に出題でき，簡潔・簡便に採点可能で，結果にブレが生じないなどの利点もある反面，認知的領域の一側面（知識や理解）しかとらえることができないといった限界もある。多くの評価はこの形式に依拠しているが，学力の3要素をバランスよく評価するためには，この形式だけでは不十分ということになる。図16-2によれば，それ以外の評価は複雑さの差こそあれ，すべてパフォーマンス評価に分類されている。同じ筆記型でも自由記述式の問題だと，回答に自由度

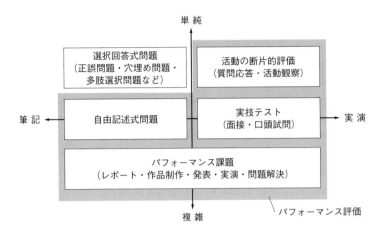

図16-2 さまざまな評価の方法（田中（2010: 76）をもとに作成）

も出てくるため少し複雑になってくる。特に，レポートや論述などの筆記問題には，複雑な要素（思考力など高次の認知的能力）が含まれるため，やや複雑な評価になる。実演による評価で最も単純なものは，発問への応答など活動の断片的な評価である。最も複雑な実演の課題には，プレゼンテーション，ディベート，シミュレーション，音楽の演奏やスポーツの試合などが含まれる。これらは，さまざまな知識やスキルを統合して実際の場面で使いこなすことが求められるパフォーマンス課題にあたる。これらのパフォーマンス課題における評価（パフォーマンス評価）をおこなうためには，先述した評価基準の設定と評価をおこなうための落とし込みが必要となる。その方法・ツールのひとつがルーブリックやポートフォリオとなる。これらの紹介の前に，あらためて新学習指導要領における学習評価の考え方と観点別評価の方法について取り上げる。

　新学習指導要領では観点別評価（目標準拠評価）が推奨されており，学力の3要素に対応している。図16-3は各教科における評価の基本構造である（中央教育審議会初等中等教育分科会教育課程部会 2019）。特に，「学びに向かう力，人間性等」の観点に対応する評価には多くの紙面が割かれている。この観点については，「①観点別評価（学習状況を分析的に捉える）を通じて見取ることができる部分と，②観点別評価や評定にはなじまず，こうした評価では示しきれない

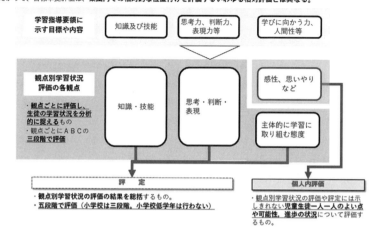

・各教科における評価は、**学習指導要領に示す各教科の目標や内容に照らして学習状況を評価するもの（目標準拠評価）**
・したがって、目標準拠評価は、集団内での相対的な位置付けを評価するいわゆる相対評価とは異なる。

図16-3　各教科における評価の基本構造
（中央教育審議会初等中等教育分科会教育課程部会 2019）

ことから個人内評価（個人のよい点や可能性，進歩の状況について評価する）
を通じて見取る部分があることに留意する必要がある」（中央教育審議会 2016）
とされている。そして，①の見取ることができる部分は「主体的に学習に取り
組む態度」として評価することが求められており，ここには，「粘り強く学習に
取り組む態度」と「自ら学習を調整しようという態度（≒自己調整学習）」のふ
たつの側面が含まれている。加えて，挙手の回数やノートの取り方などの形式
的な側面からとらえることは適当ではないとも記されており，評価がむずかし
いものとなっている。その点もふまえ，観点別評価の方法として表16-4が紹介
されている（中央教育審議会初等中等教育分科会教育課程部会 2019）。

　以上のことから，知識をどの程度記憶しているかをペーパーテストで測ると
いった方法以外にも，生徒のさまざまな資質・能力を多様な方法を用いて評価
することが求められている。本書のなかでも記されているが，①さまざまな資
質・能力や学習活動を特定の評価方法のみでとらえることはできない（万能な
評価方法はない）ということ，②学習評価にはさまざまな方法が存在し，それ
らの特徴（利点や欠点，限界）を理解しておくこと，そのうえで，③学習目標

表16-4　観点別学習状況の評価
（中央教育審議会初等中等教育分科会教育課程部会（2019）をもとに作成）

知識・技能	ペーパーテストにおいて，事実的な知識の習得を問う問題と，知識の概念的な理解を問う問題とのバランスに配慮するなどの工夫改善を図るとともに，例えば，児童生徒が文章による説明をしたり，各教科等の内容の特質に応じて，観察・実験をしたり，式やグラフで表現したりするなど実際に知識や技能を用いる場面を設けるなど。
思考・判断・表現	ペーパーテストのみならず，論述やレポートの作成，発表，グループでの話合い，作品の制作や表現等の多様な活動を取り入れたり，それらを集めたポートフォリオを活用したりするなど。
主体的に学習に取り組む態度の評価	ノートやレポート等における記述，授業中の発言，教師による行動観察や，児童生徒による自己評価や相互評価等の状況を教師が評価を行う際に考慮する材料の一つとして用いることなど。[略] 児童生徒が自らの理解の状況を振り返ることができるような発問の工夫をしたり，自らの考えを記述したり話し合ったりする場面，他者との協働を通じて自らの考えを相対化する場面を単元や題材などの内容のまとまりの中で設けたりするなど。

表16-5　目標に対応した評価方法の選択（梶田（2010: 164-166）をもとに作成）

	知識・理解	思考・判断	技能	関心・意欲	態度
筆記試験	◎	○			
論述課題	○	◎			
レポート課題	○	◎	○	○	◎
観察法		○	◎	◎	○
口述（面接）試験	◎	◎		◎	○
実技・実演		○	◎	○	○
ポートフォリオ				○	○
自己評価				◎	○

◎：適している，○：適しているが工夫が必要

に対して最も適していると思われる評価方法を選択することが重要である。表16-5は学習目標に対する評価方法の適合度について整理したものである。

　これを見ると，一番上の筆記試験以外は，必ずしもただひとつの正解というものが存在しない課題や評価方法となっている。これらにはどうしても曖昧さが残り，主観を完全に排除できないため，ペーパーテストに慣れている教師にとっては抵抗感があるだろう。しかし，各種答申および先の図16-2や表16-3を

見てもわかるとおり，現在求められている学習目標や学習活動の大半がパフォーマンス課題に関連・相当するものであり，避けては通れないものとなっている。パフォーマンス課題の遂行を通じて，さまざまな資質・能力の育成が可能になるが，どのような資質・能力の育成をめざすのか（学習目標），何を評価の対象にするか（評価規準），どのようなことができていれば評価できるのか（評価基準）を明確にする必要がある。これらが明確になっていないと，たとえ良質な課題を設定したとしても，また，生徒が一生懸命課題に取り組んだとしても，適切な評価をおこなうことができない。パフォーマンス評価は，このようなパフォーマンス課題や学習活動を通じて育成される資質・能力をダイナミックかつ定性的に把握・評価しようとする評価法の総称である。そして，その代表的な評価方法・ツールがルーブリックである。

　ルーブリックとは，具体的な学習目標を示す観点（評価規準）と学習目標の到達度を数レベルで示す尺度およびそれぞれの特徴を示す記述語（評価基準）で構成され，それらをマトリクス形式で表した評価基準表である（表16-6）。一般的に，評価の観点は4つ程度，多くても6〜7個にとどめたほうがよいといわれている（Stevens & Levi 2013/2014）。また，評価の尺度は3段階から多くても5段階までにするのが妥当といわれている（Suskie 2009/2015）。

表16-6　ルーブリックの構造（久保田（2018: 129）をもとに作成）

観点	尺度4	尺度3	尺度2	尺度1
観点1	観点1，尺度4の説明を記述	観点1，尺度3の説明を記述	観点1，尺度2の説明を記述	観点1，尺度1の説明を記述
観点2	観点2，尺度4の説明を記述	観点2，尺度3の説明を記述	観点2，尺度2の説明を記述	観点2，尺度1の説明を記述
観点3	観点3，尺度4の説明を記述	観点3，尺度3の説明を記述	観点3，尺度2の説明を記述	観点3，尺度1の説明を記述
観点4	観点4，尺度4の説明を記述	観点4，尺度3の説明を記述	観点4，尺度2の説明を記述	観点4，尺度1の説明を記述

　ルーブリックは，評価対象となる学習課題に取り組む前に生徒らに示し（明示），実際のパフォーマンスに対して他者評価やピア評価，自己評価などをおこ

ない（採点），フィードバックと振り返りをおこなうことによって，「指導と評価」を一体的に実施することが可能となる。ほかにも，①信頼性・妥当性のある評価ができる：採点者によるバラツキ（個人間）や採点開始から終了までのブレ（個人内）を低減することができる，②学生へのフィードバックを容易におこなうことができる：ルーブリックの表に具体的な記述があるため，どの観点が達成できており，どの観点が向上の必要があるかを容易に伝えることができる，③学生の意欲を向上させることができる：学生に何が評価されるのか，何がよいパフォーマンスなのか（評価観点や基準）を伝えることで，学生の意欲を向上させることができるなどの利点がある（Suskie 2009/2015; 久保田 2018）。

　表16-7は文章力に関するルーブリックの例である（徳島大学 2016）。あくまで一例であり，同じ目的でも，学年や教科によって，評価の観点や基準は変わってくる。尺度（評語）は使用する目的によって表現が異なる。この例のように，形成的評価として用いる場合であれば，「努力が必要」「発展途上」など生

表16-7　文章力のルーブリック（徳島大学（2016: 29）をもとに作成）

観点	尺度		
	(A) 期待通りです	**(B) まずまずです**	**(C) 努力しましょう**
①主張の根拠付け	主張が明確で，その根拠付けに説得力がある。	主張があまり明確でない。または，主張の根拠付けに不十分な点がある。	主張がない。または，主張の根拠付けがないか，不適切である。
②構成の明快さ	段落や全体の構成が，内容や論理にしたがって明快になされている。	段落や全体の構成がある程度できているが，なお不十分な点がある。	段落や全体の構成に一貫性がなく，不明瞭である。
③文章表現の適切さ	誤字脱字，文法的誤り，誤解を招く表現，話し言葉など，不適切な文章表現がほとんどない。	誤字脱字，文法的誤り，誤解を招く表現，話し言葉など，不適切な文章表現が1000字（A4で1枚）当たり5件未満である。ただし，同一の誤りが複数あっても1と数える。	誤字脱字，文法的誤り，誤解を招く表現，話し言葉など，不適切な文章表現が1000字（A4で1枚）当たり5件以上ある。ただし，同一の誤りが複数あっても1と数える。
④出典表示など	参考文献・資料からの引用・要約の仕方が適切で，出典表示も明確になされている。	参考文献・資料の内容と自分の意見との区別や出典表示がなされているが，なお不十分な点がある。	参考文献・資料の内容と自分の意見との区別がなされていない。

徒の学習意欲を高める（削がない）ような言葉かけがあるとよい。また，各セルに記載されている評価基準を設定する際には，たんに「非常にすぐれた」「すぐれた」といった表現は避けることが望ましい。生徒が見たときに「非常にすぐれている」状態と「すぐれている」状態とでは何がどう違うのかがわからない。わからなければ学習の改善・動機づけにつながらないからである。非常にすぐれているとはどのようなことができていることなのかを明示することが重要になる。「多い」「少ない」といった表現も，どの程度だと多いのか（少ないのか）を具体的な数値をあげて説明する。ルーブリックの成否は，生徒が求められている内容・水準を理解でき，学習の改善や向上に結びつき，期待される資質・能力を身につけられるかどうかにかかっている。

ルーブリックに正解はない。どのような観点や基準が望ましいか，大半の生徒ががんばれば到達できる内容・水準になっているかなど，同僚の教師らと協議しながら，また，適宜修正・改善をおこないながら，よりよいものにしていくことが望まれる。ルーブリックは，生徒に対する指導とパフォーマンス課題の評価といった意味でも，教師の授業改善や教育力の向上といった意味でも有用なツールなのである。

パフォーマンス評価のひとつとして，ポートフォリオも効果的なツールである。ポートフォリオにはさまざまな種類のものがあるが，学校教育で使用するものとしては学習ポートフォリオが一般的である。学習ポートフォリオは，「学習において，自分はどのようなことに努力しているか，どこがどのように成長したか，何を達成したかなどについての証拠となるものを，目的，目標，規準と基準に照らして，系統的・継続的に収集したもの」（田中 2010）をさす。学習ポートフォリオが特に有効なのは，思考力を育成する授業，統合やメタ認知のスキルを育成する授業，少数の学生が参加する授業などであるといわれている（Suskie 2009/2015）。そして，ポートフォリオに蓄積された成果物に対して教員や実習先などの第三者，あるいは生徒自身が評価をおこなうことをポートフォリオ評価法とよぶ（山田 2018）。ポートフォリオ評価をおこなう際，先述したルーブリックを活用することも効果的だ。

なお，学習ポートフォリオが生徒の学びと成長を促すためには，「省察」「根拠資料」「メンタリング」の3つの要素が必要とされている（Zubizarreta 2009）。

特に,「学習ポートフォリオの成功はメンターにかかっている」ともいわれており (Finlay et al. 1998), 生徒に記録・蓄積させるだけ, 提出させるだけにならないように制度設計・実施する必要がある。ポートフォリオを何のためにおこなうか, どのような内容を組み込むか, どのように省察を促すか, いつ誰がどのようにメンタリングをおこなうか。ポートフォリオは, 生徒の学びと成長に高い効果を期待できるが, 評価負担も大きいことから, こうした視点についてしっかりと検討していくことが不可欠となる。

4 ICTを活用した教学マネジメント

これまでみてきたように, 従来のペーパーテストによる評価に加えて, パフォーマンス課題に基づく評価が求められるようになってきた。一方で, 評価負担が増大の一途をたどるなか, より効果的・効率的に評価をおこなう手段としてICTの活用は欠かせない。GIGAスクール構想によって, 1人1台端末が実行され, 教師はそれを前提として教育・学習・評価の再設計をおこなう必要がある。大学では「学習管理システム (Learning Management System: 以下LMS)」が普及している。さまざまなタイプのクイズやテスト, ミニッツペーパーやレポート課題などをウェブ上で実施し, 回答・採点・提出・フィードバック, 個々の学生の学習管理ができるようになっている。先述した学習ポートフォリオに関しても, 多くの大学で実装されているが, そのほとんどはeポートフォリオである。

初等・中等教育においても, LMSやeポートフォリオに類した取り組みが推奨されている。答申には,「学習履歴 (スタディ・ログ) など教育データを活用した個別最適な学びの充実」と記載され, その実現のためにもICT活用の必要性が言及されている (中央教育審議会 2021)。ICTの活用によって, あらかじめセットした問題群から個々の学習者の回答結果に応じて (膨大な学習傾向分析から瞬時に予測して), 最適な問題が提示されるといったことが可能であり, 実際そのようなアプリケーションはすでに存在している。個別最適な学びの実現という文脈でも,「教師の働き方改革」という文脈においても, 授業の高度化, 肥大化する業務の効率化を進めるうえで, ICT活用は外せない。

また，大学では，「教学IR（Institutional Research）」とよばれる取り組みが急速に広がっている。LMSやeポートフォリオも含め，さまざまな教学上のデータ（成績や学生調査など）を収集・分析し，教育改革・改善や学生・学習支援などに活用しようとするものだ。学内に存在するビッグデータを集約・分析・可視化・共有する仕組みとして，BI（Buisiness Intelligence）ツールやダッシュボードを活用する大学も増えてきている。また，関連する取り組みとして，膨大な学習履歴（スタディ・ログ）を分析して，効果的な教育・学習の実現をめざす「ラーニングアナリティクス」なる学際分野も登場し，研究開発がおこなわれている。このように，大学ではコロナ禍による遠隔授業やDX（デジタルトランスフォーメーション）も追い風となり，ICTを活用した教育・学習データの収集・分析・可視化とそれらに基づく教学マネジメントが急速に進められている。

　高等学校においても3つのスクール・ポリシー（「卒業の認定に関する方針」「教育課程の編成及び実施に関する方針」「入学者の受入れに関する方針」）の策定や，それらを起点とした「学校マネジメント」や「カリキュラム・マネジメント」が求められており（中央教育審議会 2021），大学で進めている3つのポリシーに基づく教学マネジメントと同様の考え方が降りてきている。現在求められているICTを活用した教学マネジメントの実現は，個々の教師レベルでおこなうものではない。校長のリーダーシップのもと，教科という枠を超えて学校全体で組織的におこなわれるべきものである。明確なグランドデザインの提示，機動的な組織体制の構築，規程・ガイドラインの整備，管理職や委員会などの責任者，一般教職員それぞれの役割や意思決定手順の明確化，ICT環境の整備など多くの課題があり，その中核にデータ（評価結果など）が据えられる。そして何より，新たな時代を担う学校教育へと変貌するためには，こうしたミッションを遂行する（専門）人材の育成・登用が不可欠となる。

演習 1

自分がこれまでの学校教育で受けてきた学習評価を振り返り，以下の問いについて考え，議論してみよう。

①どのような評価が多かったか。
②評価に対してどのような印象をもっているか。
③評価によって学習が促されるような経験はあるか。それはどのような
　場面で，どのような評価方法が用いられていたか。
④実際の授業において，どのような評価をおこなってみたいと思うか。

演習2

生徒の「主体的に学習に取り組む態度」を評価するための簡易ルーブリック（3観点×3尺度）を，以下のステップをたどりながらつくってみよう。

①学年や教科などの評価の対象（ターゲット）を定める。
②評価の観点（評価規準）をリストアップして，3つに絞り込む。
③尺度名（評語）を決める。
④各セルに入る記述語（評価基準）を書き出す。

演習3

教学IRやeポートフォリオ，学習履歴（スタディ・ログ）など，データに基づく組織的・持続的な教育改革・改善の推進には，どのような課題があるか，課題解決のためにはどのようなことが必要かといったことについて考え，議論してみよう。

読書案内

①バークレイ，E. F.・メジャー，C. H.（著）東京大学教養教育高度化機構アクティブ
　ラーニング部門・吉田塁（監訳）　2020　学習評価ハンドブック：アクティブラー
　ニングを促す50の技法　東京大学出版会
②中島英博（編）　2018　学習評価　玉川大学出版部

第**17**章　学習環境を考える

遠海友紀・久保田賢一

> **目　標**
>
> ①学習環境について考える際の観点について説明できる。学習内容に合わせた適切な学習環境を考えることができる。
> ②外部人材（特に，ICT支援員）の可能性と課題について，具体的に説明することができる。
> ③チーム学校として教育を運営するにあたって，さまざまな関係者とどのように教育実践に取り組んでいくべきか説明できる。

> **キーワード**
>
> 学習環境，教室，ICT整備，コモンズ，外部人材活用，ICT支援員，チーム学校

1　学習環境とは

　本章では学校における学習環境について取り上げる。1〜4節では学習環境を考える際の観点を確認し，特にICT（情報通信技術）の整備に着目しながら教室や図書館などにおける学習環境について概観する。5〜9節ではICT支援員や大学，専門家に着目しながら，学習環境における外部人材の活用について触れる。

　「学校での学習環境」を考える際，思い浮かべるのはどのようなことだろうか。多くの人が，黒板や教卓に向かって机と椅子が並ぶ教室の様子といった，空間（教室）や人工物（黒板・机・椅子など）を思い浮かべるのではないだろうか。

243

学校での学習環境を考える際，ほかにどのような観点が必要だろうか。

　まずは学習環境を構成する要素についてみてみよう。山内（2020）によると，学習環境に介入するアプローチには大きく「物理的学習環境」と「社会的学習環境」があり，さらに「物理的学習環境」には「空間」と「人工物」の側面，「社会的学習環境」には「活動」と「共同体」の側面がある（図17-1）。空間は学ぶ場所，人工物は学ぶ際に用いる道具や素材，活動は学びにかかわる活動や経験，共同体は学ぶ際にかかわる人やその人たちとの関係性のことをさす。

図17-1　学習環境の４側面（山内（2020: 50）をもとに作成）

　この４つの側面は独立したものではなく，互いに関連している。つまり，学習環境について考える際には，空間・人工物・活動・共同体の４つの側面について，総合的に検討していくことが必要であるといえる。

2　教室における学習環境

　黒上（1999）は，総合的な学習の授業における学習環境のリスト（表17-1）を提示している。このリストは，総合的な学習における授業づくりを念頭に作成されたものであるが，教室における学習環境を考える際，ほかの科目においても活用できる観点となっている。各科目における学習目標やそれにともなう学習活動に合わせて，項目ごとに必要となる学習環境について検討していくことができる。

　このリストの内容を先ほど紹介した山内（2020）の４つの側面を用いて整理

表17-1　学習環境のリスト（黒上（1999: 244）をもとに作成）

①	什 器	椅子，机，作業台，掲示板，その他の家具
②	教 材	実物，模型，プリント，写真，映像
③	資 料	プリント，資料集，副読本，写真，映像，図書，事典
④	指 示	プリント，コーナー表示
⑤	掲 示	学習の流れ，学習経過，学習成果
⑥	メディア	カメラ，ビデオデッキ，ビデオカメラ，インターネット，OHP，ほか
⑦	道 具	工具，絵の具，マジック，OHPシート，実験器具
⑧	場	教室，オープンスペース，廊下，体育館，フィールド，コーナー
⑨	人	教師，ボランティア，校区の人々，専門家，友達
⑩	時 間	モジュール，ノーチャイム，校時連続，課外
⑪	カリキュラム	体験型，調査型，表現型

すると，空間は「⑧場」，人工物は「①什器，②教材，③資料，④指示，⑤掲示，⑥メディア，⑦道具」，活動は「⑩時間，⑪カリキュラム」，共同体は「⑨人」，と整理することができる。ここからも，学習環境について検討する際には，空間や人工物だけでなく，活動や共同体についてもあわせて検討していく必要があることが確認できる。

　このリストは学習環境としてどのようなものが必要となるのかを示したリストであるため，実際の学習場面における，それぞれの仕様や活用方法については記述されていない。そのため，学習環境を検討する際には，どのようなものが必要になるのかについてだけでなく，どのような仕様・機能が必要で，それをどのように活用するのかなどについてもあわせて検討していく必要がある。また，学習環境は教育的意図をもって設計されるものであり，その学習環境を提供することで，期待する学習活動を学習者に促すようになっている必要がある。つまり，たとえば「①什器」の机について考える際には，どのような大きさ・高さ・かたちがいいのか，固定されたものがいいのか・可動式のものがいいのか，どのように配置するのが適切か，その結果どのように使われることを想定するのか，などを考えることが求められる。

　ところで，この学習環境のリストを見て気がついたことはないだろうか。このリストは，1999年に提示されたものであるため，現在は教室では見られなく

なったOHP（Overhead Projector）が入っていたり，逆に現在，多くの教室に置かれている大型提示装置や実物投影機，タブレットやパソコンといったICT機器が入っていなかったりする。こういった点から，学習環境の4つの側面うち，特に人工物は技術の進歩の影響を大きく受け，変化する可能性があることを意識しておく必要があることがわかる。

3　教室におけるICT整備

　あらゆる産業や社会生活に人工知能（AI）やビッグデータ，IoT（Internet of Things），ロボティクスなどの先端技術が取り入れられるSociety 5.0の到来により，わたしたちの日常生活だけでなく，学びのあり方など教育全般が大きく変化しつつある。すでにわたしたちの日常生活のさまざまな場面でICTを用いることは当たり前となっており，情報や情報手段を主体的に選択し，活用していくための基礎的な資質としての情報活用能力を身につけ，情報社会に対応していく力がますます重要になっている。

　学校教育においても，これまでの教育実践の蓄積にICT活用をかけ合わせることで，学習活動をいっそう充実させることや，主体的・対話的で深い学びの視点からの授業改善が求められている。具体的には，学習者一人ひとりの反応をふまえた双方向型の授業や，一人ひとりの教育的ニーズや学習状況に応じた個別学習，各自の意見を共有し多様な意見に即時に触れることのできる協働学習を実現していくことなどがめざされている（文部科学省 2020）。

　これまでも，学校のICT環境整備を促進するため「教育のICT化に向けた環境整備5か年計画（2018〜2022年度）」に基づいて，地方財政措置の積極的な活用の促進，市区町村単位ごとのデータ公表による整備状況の見える化，および自治体の要請に応じたICT活用教育アドバイザーの活用といった取り組みが実施されてきた（文部科学省 2019）。また，新しい学習指導要領が小学校および中学校は2017年，高等学校は2018年に公示されたが，そのなかでは情報活用能力を学習の基盤となる資質・能力と位置づけ，各学校におけるカリキュラム・マネジメントを通じて教育課程全体で育成するものとされている（文部科学省

2021b）。ここからも，教室でのICT活用は必須となっていることがわかる。

　新しい学習指導要領の公示とあわせて，2023年度までに義務教育段階における1人1台端末の整備や，学校における高速大容量のネットワーク環境の整備をおこなうことをめざしたGIGAスクール構想も進められてきた。当初2023年度を目標として進められていた計画であるが，新型コロナウイルス感染症の感染拡大の影響を受けて整備計画が前倒しされ，2021年度末の時点で目標としていた環境がおおむね整いつつあることが報告されている（文部科学省 2021b）。

　先ほど紹介した学習環境のリスト（表17-1）には，プロジェクターや電子黒板などの大型提示装置や実物投影機，タブレットやパソコンといった端末など，ICT機器が入っていないことを指摘したが，新学習指導要領の内容やGIGAスクール構想の進捗をふまえると，ICTは教室での学習環境を考える際，すでに欠かすことのできないものであるといえる。

　では，教室で活用されるICTにはどのようなものがあるだろうか。まずは，GIGAスクール構想によって整備が進んだ，1人1台の端末（タブレット，パソコンなど）があげられる。これらの活用については第11章で説明されたとおりである。教室での端末活用には，校内LANやインターネット接続といったネットワーク環境の整備が前提となる。このほかにも，周辺機器として，プロジェクターや電子黒板などの大型提示装置や実物投影機，デジタルカメラ，ビデオカメラなどがあげられる。大型提示装置の導入によって，デジタル教科書やデジタルコンテンツの活用もこれまで以上に進むだろう。デジタル教科書や映像コンテンツの活用については，第10章や第12章を確認してほしい。

　ここでは，その他の機器の活用について簡単に紹介する。プロジェクターや電子黒板などの大型提示装置は，資料の共有に有用である。実物投影機などで写したものを提示することもできるし，発表や話し合いの際の資料として学習者個人の端末上での作業を共有することもできる。実物投影機を用いることで，手元にある資料を大型提示装置に大きく映すことができるため，文具や器具を投影して，小さいものを大きく見せたり，具体的な使い方を共有したり，学習者が発表する際に手書きのノートやワークシートを映して考えやその過程を共有することができる。デジタルカメラやビデオカメラで撮影した資料を大型提示装置に映すことで，教室の外にあるものを教材化することができる。また，体

育の授業での取り組みの様子など，学習者自身がその場で見ることのできない自分の身体の動きを撮影して，確認することもできる。

　教室における学習環境を考えるうえで，ICTの活用が授業内容や授業のあり方に与える影響は大きい。しかし，黒板，ノートやワークシート，鉛筆などの文房具などが不要になるわけではない。ICTの活用は授業をよりよくする方法のひとつであり，ただそれを取り入れればよい授業，よい学習になるわけではない。教師はICTの特性や活用方法を理解し，科目の学習目標や活動，学習者の状況に合わせて，必要なツールを組み合わせることで最適な学習環境をつくっていくことが求められる。

4　図書館，ラーニング・コモンズにおける学習環境 ─────

　ここまで，教室における学習環境についてみてきたが，学校には科目の特性や学習内容に合わせて，さまざまな教室や施設が整備されている。ここでは，そのうちのひとつである学校図書館における学習環境について確認したあと，近年大学に設置されるようになったラーニング・コモンズ（Learning Commons; 以下LC）を簡単に紹介する。

　学校図書館には児童生徒の自由な読書活動や読書指導の場である「読書センター」としての機能と，児童生徒の自発的，主体的な学習活動を支援するとともに，情報の収集・選択・活用能力を育成して，教育課程の展開に寄与する「学習・情報センター」としての機能がある。また，それぞれの機能の実現に向けて，司書教諭や学校司書が大きな役割を果たしている。

　GIGAスクール構想の推進にともない，教室での学習環境にICTが取り入れられ，学習者それぞれの端末から情報検索ができるようになっても，図書館の必要性は変わらない。中央教育審議会（2021）による「「令和の日本型学校教育」の構築を目指して：全ての子供たちの可能性を引き出す，個別最適な学びと，協働的な学びの実現（答申）」においても，新時代の学びを支える環境整備として，ICT環境の整備とあわせて，学校図書館における図書の充実を含む環境整備を進める必要性が言及されている。

学校図書館の学習環境については，図書館という空間，書籍や掲示物といっ
た人工物，そのなかで取り組まれる読書や授業などの活動，学習者とかれらの
学習を支える教員や司書といった共同体が想定されるが，学校図書館の学習環
境を考える際，具体的にはどのような観点があるのだろうか。塩谷ら（2015）
は，みずからが設計にかかわった学校図書館の学習環境の問題点を見いだし，改
善をおこなうことで情報活用スキルの習得度が向上するのかについて検証した。
その前提として，初等部図書館の学習環境整備一覧表（表17-2）を作成してい
る。

　この表は，私立小学校の学校図書館の学習環境の設計をふまえて作成された
ものである。2015年に作成されたものであるが，ICT環境の整備や情報リテラ
シー教育の観点が含まれており，新しい学習指導要領で求められている児童生
徒の「主体的・対話的で深い学び」に向けた図書館の学習環境を考える際のひ
とつの観点として有用である。

　新学習指導要領で言及されている「主体的・対話的で深い学び」は，義務教

表17-2　初等部図書館の学習環境整備一覧表（塩谷ら（2015: 3）をもとに作成）

学校図書館の構成要素	要件（主語は利用者としての児童とする）
施設・設備	調べる場がある 資料を利用するなど，授業をする場がある 授業の成果を保存・展示できる 論文やレポート作成のツールがある プレゼンテーション用のツールがある ICT環境が整備されている
図書館担当者	自分の情報ニーズにあった資料を探してもらえる 自館所蔵資料だけでなく他館資料を探してもらえる プログラム（利用指導など）を利用できる 授業で情報リテラシーを習得できる 教職員の協働による授業で学習できる
情報・資料	多くの資料の中から情報・資料を選択できる 授業内容を補完・発展させる資料が入手できる 個々の児童生徒に適した資料を利用できる 展示資料に触れることで，興味関心が触発される 教科や体験などで得た知識を，資料によって確認・補完・強化して 再び教科書へ戻る循環的な学びができる 常に新しい情報が入手できる

育課程を終えても求められる力であり，大学においても，学生の主体的な学び
を支援するためにアクティブラーニングを取り入れた授業実践などが推進され
ている。このような学習を支える学習環境としてLCの設置が進んでいる。LC
は「学生の自律的な学習を支援するためのサービス・資料・設備を総合的にワ
ンストップで提供している学習空間」（呑海・溝上 2015）などと定義され，そ
の構成要素について，河西（2010）は，①図書館メディアを活用した自律的な
学習の支援，②情報リテラシー教育とアカデミックスキルの育成，③協働的な
学びの推進という3つに整理している。

　ICTの発達や学習・教授方法の変化にともなって，1990年代頃より北米の大
学図書館からこういった学習空間が普及し，日本でも2000年以降，日本の図書
館の学習支援の手段として注目されてきた（呑海ら 2015）。図書館の発展形と
して成長してきたLCであるが，最近では図書館という文脈以外でもさまざま
なバリエーションのLCが増えてきており（山内 2020），近年では図書館外に設
置されるLCもみられる。

　LCは主に授業時間外の学習で活用され，その設置目的から学習者が議論をと
おして学習に取り組めるよう，グループワークに適した空間設計や人工物（可動
式の椅子や机など）の設置がおこなわれることが多い。また，運用には大学の
教育実践の質的向上を推進する機構や，学生の学習を支援するセンター，図書
館や教務課などの事務組織など，複数の組織がかかわることが多いことや，ラ
イティングなどの学習支援が展開されることが多いことも特徴的である。

5　外部人材活用の背景

　本章の後半となる本節からは，学校における外部人材の活用について扱う。
伝統的に，学校における児童生徒に対する教育のすべては教師に任されてきた。
保護者は，教師が子どもの生活のすべての責任をもってみてくれると思い込み，
勉学だけでなく，クラブ活動，生活指導を含む，ほとんどのことを学校任せに
してきたことは否めない。一方，これまでも学校教育を充実させるために，ゲ
ストティーチャーとして，地域の人や大学教員などを学校に招聘してきた。学

校をより社会に開かれたものにしていくことで，学校におけるさまざまな課題を解決していこうという方向性も出てきた。本節以降では，外部から学校教育を支援してくれる人たちを外部人材とよび，学校教育における外部人材の可能性と課題を探っていく。

　21世紀に入り，社会が複雑化・多様化してきたために，子どもたちがきびしい状況に置かれるようになった。たとえば，外国にルーツをもつ子どもの増加，1人1台端末を使った教育，探究学習や英語教育の導入など，学校教育も社会の変化に合わせた対応を迫られる。従来は，担当教師が教育すべてに責任をもち対応してきたが，教師もすべての分野に十分な知識やスキルをもっているわけではない。英語を話せなかったり，コンピュータの操作に習熟していなかったり，SDGsについての理解が十分でなかったりするために，子どもたちのニーズにすべて応えることができない。このような状況のなか，教師の業務が教育以外でもいちじるしく増えてきたため，教師の超過勤務が問題視されるようになった。

　外部人材の活用は，教師の超過勤務の軽減に加え，教師だけで教育をおこなうのではなく，学校を開いたものにし，社会と連携することで，学校だけでは解決できない問題を解決していこうとする試みでもある。学校の外の多様な人びと，専門性の高い人びととのかかわりのなかで，子どもたちの社会性が育ち，地域への愛着が芽生えるなど，積極的に社会に参加していこうという態度を養うことができる。同時に，教師にとっても社会とのネットワークが広がり，豊かな指導力を発揮するようになることが期待できる。

6　外部人材とは ──────────

　学校教育における外部人材とはどのような人たちをさすのだろうか。地域や置かれている状況により多様な定義があるが，本章では「学校の常勤の教師ではないが，教育活動に携わる人材」と定義する。具体的には，どのような人たちが外部人材として学校教育のなかで活動をしているのだろうか。

　まず，ALT（Assistant Language Teacher）とよばれる英語を話す外国人が，

学校で教師とチーム・ティーチングをする実践がある。学校で授業をおこなうことができるのは，教員免許を取得している者のみであるために，免許をもっていない外部人材はチーム・ティーチングといった協働授業の形態で，教師とともに授業をすることになる。教室に外国人が参加することで，外国語の発音を教えたり，外国人と接しコミュニケーションをとる活動の支援をしたりする。ALTはJETプログラムという政府が運営する外国青年招致事業で雇用されたり，民間会社から派遣されたり，教育委員会が直接雇用したりと，地域により雇用形態が違うが，英語教育を支援する活動をおこなっている。

第二に，部活動において外部人材は，「部活動指導員」という新たに制度化された役割をもち，学校長の監督下で顧問の代わりに，部活動に従事し，実技指導や大会・練習試合の引率などをおこなうことができる。教師の負担軽減になるとともに，スポーツの得意な地域の人たちが学校教育にかかわる場にもなっている。

第三に，大学生や退職した教師が，理科などの授業での観察や実験を充実させるために，観察実験アシスタントとして活動している。理科教師は，授業前に観察実験の準備に多くの時間を費やさざるを得ないため，理科実験の準備を軽減するために外部人材が導入されている。また，総合学習の時間では，子どもたちがさまざまなテーマで探究活動に携わるために，グループワークやフィールドワークなどの支援をするために大学生や退職した教師などの外部人材がかかわることが多い。

第四に，いじめの深刻化や不登校などに対応するため，専門的な知識・経験をもっている人に，スクールカウンセラーとして，子どもの相談にのってもらう活動がある。子どもや保護者の悩みを受け止めたり，カウンセリング機能を充実させたりするため，学校，家庭，専門機関の連携を図り，問題解決に向けて活動するスクールソーシャルワーカーを導入したりする学校も出てきた。

第五に，外国にルーツをもつ子ども，障害のある子どもたちへの学習支援のため，探究学習で地域文化を紹介するなど，外部人材はこれらの学校教育の充実のために欠かせない存在になってきた。

上述したように，有給，無給にかかわらず，学校外からそれぞれの分野の専門家，大学教員，学生，地域の人びと，保護者など多様な人たちが学校教育に

参加し，子どもたちの学びの支援をしている。

7　ICT支援員との協働

　文部科学省は，2019年にICTを活用した教育を推し進めるためにGIGA (Global and Innovation Gateway for All) スクール構想を打ち出した。全国の学校に高速大容量の通信ネットワークを整備し，子どもたち一人ひとりにタブレット端末やパソコンを配付し，個別に対応した指導の充実や校務のシステム化で教職員の業務負担の軽減をめざした。この構想は2023年の達成をめざして計画されたが，新型コロナウイルスの流行により，2020年度中に達成しようと，急速に整備が進んだ。整備にともないICT支援員が配置されたが，学校が休校になったり，オンライン授業をおこなうことになったりし，学校現場は混乱した。

　外部人材としてのICT支援員は，教師がパソコンやタブレット端末，その他のICT機器やアプリケーションなどを活用する場面で，わからないことや困ったときにサポートを求めたり，アイデアやアドバイスがほしいときに相談したりする役割を担う。教師や子どもたちがスムーズにICT機器を活用できるように支援をすることがICT支援員に求められた。

　ICT支援員は，4校にひとり程度配置される予定で予算が組まれたが，半分以上の県ではICT支援員が配置されていないのが現状である。GIGAスクール構想により，子ども1人1台端末の時代に入ったが，学校現場ではどのようにICT機器を活用したらよいか，まだ十分に対応ができていない（文部科学省 2021a）。そのような状況のなかで，教師はどのような授業支援をICT支援員に依頼しているのだろうか（図17-2）。授業支援では，「教員の操作支援」（89.4％），「児童生徒の操作支援」（75.6％），「ICT機器の準備」（74.3％）があげられている（図17-2）。ICT機器が導入されても，教師も子どもたちもその操作に習熟しているわけではない。まずは，ICTを適切に操作できるようにすることが導入期の課題である。校務支援では，「ホームページ作成支援」（51.0％），「教員間の情報共有の操作支援」（38.6％）があげられる（図17-3）。学校の様子を保護者や地

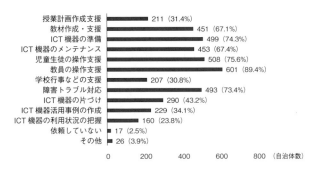

図17-2 「授業支援」におけるICT支援員への作業の依頼
（文部科学省（2021a）をもとに作成）

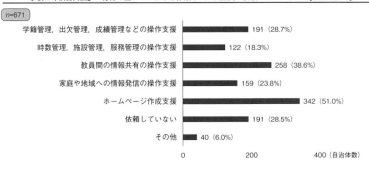

図17-3 「校務支援」におけるICT支援員に依頼する作業
（文部科学省（2021a）をもとに作成）

域の人びとに伝えるためのホームページの運用を円滑におこなったり，教師間のコミュニケーションを十分に図ったりすることで，教師の業務を減らしていくことが求められる。このようなアンケート結果をみると，ICT端末が急速に学校に導入され，使い方がわからないままに戸惑っている現場の様子がうかが

える。教師は，ICT支援員にICT機器の技術面の支援を期待し，技術面を克服すれば効果的な活用ができると考えている。

　しかしICT支援員というよび名からは，主に技術的な作業に対応する人材であると思いがちだが，技術支援だけでなく，ICTの教育活用に関するアイデアや，他校での成功事例といった，教師では入手しにくい情報を提供できる人材でもある。教師は，このような外部人材とパートナーシップを組み，授業をより効率的・効果的に運営することが求められる。

　ICT支援員と協働して教育に取り組むためには，ICT支援員がどのような状況に置かれているかを知る必要がある。現状では，学校に常駐しているICT支援員は2割弱で，8割の支援員はいくつかの学校を巡回している。複数の学校を巡回しているとすると，必要なときに相談にのってもらうこともむずかしい。オンラインの相談をどのようにおこなうか，ICT支援員との連携をとる体制づくりも大切である。また，教師とICT支援員の間で，できること，できないことを確認しておくことも重要である。

　加えてICT支援員の雇用形態を理解し，どのような連携ができるか理解しておくことも大切である。教育委員会から直接雇用される場合もあるが，派遣会社から契約社員，派遣社員として雇用されている場合も多い。雇用の条件も地域によって違うことが多く，ソフトを使用できるということで採用されたアルバイトやパートの場合もある。ハード，ソフトの不具合の対応だけでなく，情報セキュリティ，デジタル教材の作成，学習履歴と評価，統合型校務支援システムの利用など，多様な教育活動についてどのような協働が可能か，学校全体の支援から検討していく必要があるだろう。

8　大学や専門家との連携

　ICT支援員やスクールカウンセラーのように賃金を受け取り，教育支援をおこなう外部人材のほか，ボランティアで学校教育にかかわる外部人材も多くいる。最近では，赤ちゃんから高齢者までいろいろな形態で，さまざまな人たちが外部人材として学校教育に参加するようになってきた。また，高大連携が謳

われるようになり，大学教員や大学生が，初等・中等教育にかかわり，学校と連携した活動をおこなう事例が増えてきた。筆者も，長年，学生とともに，総合学習や情報教育などにかかわる初等・中等教育での活動を展開してきた。子どもの年齢に近い学生が学校教育にかかわることは，子どもと教師との関係に加え，より親しみのある関係をつくることができる。以下に筆者（久保田）がおこなってきた，外部人材としての取り組みの一部を紹介する。

　筆者は，教育を専門とする大学教員として初等・中等教育の教師と協働して，新しい授業を試行し，実践してきた。たとえば，「総合的学習の時間」に環境学習を取り入れようと，担当教師とともにカリキュラムをつくり，実践，評価をおこなったり，情報教育が高校に導入されたときに，どのようにコンピュータ教室を活用するか，教師とともにプランを作成したりした。その際に，学校との協働に学生を参加させ，学校教育を効果的に運営することをめざすとともに，学生の学びにつながるように活動をデザインしてきた。

　たとえば，国際理解教育での小学校との協働では，海外の交流相手校を紹介し，学生を派遣し，交流相手校とのメール交換やオンライン会議の開催など交流活動が円滑に進むように，子どもたちの活動内容を準備し，計画，実行，振り返りをおこなった。教師は子どもの教育に忙しいために，学校外の組織や人たちとの関係性をもちにくい。筆者は大学教員として，海外の教育に関心をもち，多くの国を訪問し，学校の状況を調査研究してきたため，海外の学校との親交も深い。日本の学校との橋渡しをし，日本の学校には交流をするためのノウハウを提供してきた。これまでにも，シリア，バングラデシュ，フィリピン，トルコ，カンボジアなどの国と日本の学校をつないで，交流学習をおこなってきた。学校に支援に入るときには，教育に関心のある学生を同伴させ，学校現場を見学させるとともに，子どもたちとの交流の場を設けたりしている。

　情報教育は，筆者の研究テーマでもあり，高校に教科「情報」が導入されるとき，近隣の高校の教師と連携し，実習の方法などのカリキュラムを検討し，実践したりしてきた。教科「情報」が導入された時期には，情報を専門に学んできた教師がいないため，教育委員会は，急遽，理科や数学，技術科の教師に研修を受けさせ免許の交付をしていたが，新しい教科をどのように教えるべきか，多くの教師は戸惑っていた。筆者は大学において「情報科教育法」を担当

し，情報教育の教授法について研究をしていた。実習を重視した情報科では，ほかの教科のように講義中心ではなく，学生みずからが課題に取り組む活動を重視した講義をしていた。情報科の新しい教授法を身につけた学生は，高校教師とともにカリキュラムをデザインし，授業を展開するようになった。それ以来，20年以上，学生が高校に毎週通い，教師とチームティーチングを実践してきた（時任・久保田 2011, 2013）。

　学生は，ボランティアとして授業に参加し教師とともに責任をもって教育活動をおこなってきた。それは，たんに教師の指導を支える助手としての役割ではなく，教師とともにカリキュラムを検討し，授業活動をデザインし，授業では生徒と直接会話するなかで，コンピュータの使い方の指導をするなど，十全的にかかわりをもったものである。この活動が20年以上継続しているのは，教師にとってこのような形態の授業は効果が高いという実感をもったとともに，学生にとってもこの活動に参加することにより，自身の成長につながるという信念があるからである。

9　チームとしての学校

　文部科学省（2015）は，「チームとしての学校」の取り組みの重要性について言及している。学校教育をよりよいものにしていくためには，教師一人ひとりががんばるだけでは不十分であり，子ども，教師，保護者，そして地域の人たちが協働して学校教育の改善に向けてチーム一丸となった取り組みが求められる。「チーム学校」という考えに立つとするならば，この章のタイトルを「外部人材の活用」としたが，筆者はこの表現に違和感をもつ。このタイトルは，企業の取り組みを連想させるからである。ネットで検索をかけると，いかに効率的に外部人材を採用し，企業が業績を上げるための方法が表示される。つまり，外部の人材を手段として活用し，売り上げを伸ばしていけるかという観点から「外部人材」が語られている。しかし，学校教育は企業とは違う論理で構成されている。人を材としてみるのではなく，一人ひとりを全人格的にとらえ，ウェルビーイングとしての生き方を模索するものである。内部，外部として二分す

るのではなく，一丸となって学校教育の目標を達成するチームの一員とみなし，協力して教育活動に取り組むことである（Senge 2012/2014）。そうとらえると，この章のタイトルを乗り越えていくような協働の実践が求められているといえるだろう。

　学校外から多様な人たちを取り込み，教育改善に向けて取り組むことには異論はないが，たんに手段としての人材ではなく，ともに成長していくチームのメンバーとして，互いに学び合い，教え合う関係を構築していくことで，学校のなかに信頼関係が醸成され，学校での教育活動がよりよいものになっていくのではないだろうか。

演習 1　学習環境の4側面（空間・人工物・活動・共同体）を使って，自分の身のまわりの学習環境を分析してみましょう。分析の結果，過不足がある場合は，適切だと思う学習環境になるよう検討してみましょう。

演習 2　「チームとしての学校」の活動に外部人材が参加する場合，どのような点に配慮した活動を検討しなければならないだろうか。

演習 3　地域の人にかかわってもらう学習活動には，どのような教育効果が期待できるでしょうか。

 **読書案内**

①山内祐平　2020　学習環境のイノベーション　東京大学出版会
②センゲ, P. M.　2014　学習する学校：子ども・教員・親・地域で未来の学びを創造する　英治出版

第18章 授業研究を考える

小柳和喜雄

目 標
授業を改善するための授業研究の意義について説明できる。ICT を活用した授業研究の方法について説明できる。

キーワード
授業研究，教師行動の階層性，ICT 活用での授業研究，模擬授業，研修，GIGA スクール

1 授業研究とは

　教師の行動は，図18-1のように，実際に目に見えていないことと密接にかかわっているといわれている。つまり教師が実際に行動としてはたらきかけをおこなうときには，その背後に，「判断と決定」「知識・信念・態度」がかかわっているといわれている（Darling-Hammond et al. 1999: 101）。そのため，行動の背後にあることに目を向け，たとえば教師と学習者の関係を意識しながら，目に見え外に現れる行動をとらえていく感覚を鋭敏にしていくことが重要となる。教師の目に見える行動（意識的行動と無意識的な行動）を理解し，教育目的の遂行に求められる行動にどのようにしたら近づけるかを考え，その行動に必要な知識や技能を身につけ，実際に自分で目的に向けて教育的な行為としての行動ができるようになり，それを磨いていくことは，教師としての指導力，実践力を磨いていくうえで必要となるからである。

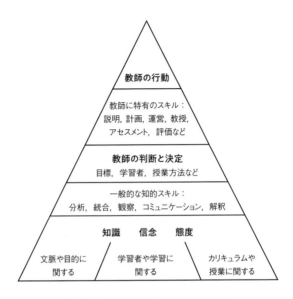

図18-1 教師の知識，判断，行動の関連
(Darling-Hammond et al.（1999: 101）をもとに作成)

このような層状になっている教師の行動に目を向け，その教授行動やそれを
導く専門知識やその場での状況判断（意思決定），そしてそこで学習活動をおこ
なっている学習者の行動，教師と学習者，学習者同士のコミュニケーション過
程（教授―学習過程），その場を担っている学習環境について詳細に考え，教師
（教育）研究や学習研究に活かしていこうとする取り組みに，「授業研究（lesson
study）」がある。

「授業研究は実践者である教師にとって，教師という専門的職業，プロフェ
ッショナルにおける専門的力量の発展，プロフェッショナル・ディベロップメ
ントを目的とするものであり，そのために授業という実践を対象化して検討し，
その研究を通して，専門的力量を発展させていく」（稲垣・佐藤 1996: 144）こ
とといわれている。つまり授業研究は，教師や教育関係者が専門的力量を発展
させていくことを目的に，授業を対象に，それをある範囲で公開して参加者が
意見を交換し合い，よりよい授業のあり方について「研究する営み」を意味し
ている。その場合も，①授業技術など教授方法に関心を向けた teaching study

としての授業研究，②授業における学習者の学習活動の分析に関心を向けた Learning Study としての授業研究，③授業における教師と学習者，学習者同士のコミュニケーションのプロセスに関心を向けた communication study としての授業研究，④授業で取り上げられる教材や課題・問いなどに関心を向けた Task Analysis としての授業研究，⑤授業実践をとおしてその単元構成や各教科の学習内容の関係分析に関心を向けた curriculum study としての授業研究，⑥授業を取り巻くさまざまな学習環境（教室環境，文化ほか）に関心を向けた learning environment research としての授業研究，⑦教師の専門的な学びを継続的に支援していく学習共同体（professional learning community）を築いていくことを目的とした授業研究など，同じ授業研究という言葉で表現していてもその関心が異なる場合がある（小柳・柴田 2017）。

　一方で似た言葉で「研究授業（demonstration lesson）」がある。「研究授業」は，教育委員会などが指定する研究校などで，授業の改善や質の向上などを目的におこなわれ，教師間ですぐれた授業を学び合うために「公開される授業それ自体（事後の批評会を含む）」を意味している。

　大学における教職に関する科目でも，「授業研究」という言葉を耳にすることはあるだろう。しかし教師をめざす学生のみなさんには，教育実習などで学んできた成果を問うために，実習校で最後にほかの実習生や教員に公開される授業としてよく聞かれる，「研究授業」という言葉のほうが，なじみがあるかもしれない。

　また教職に関する科目のなかで，模擬授業やマイクロティーチングという言葉を聞いたことがあるだろう。模擬授業（mock teaching/mock-up lesson）とは，「教師養成課程にある学生や研修中の教師が，授業の組み立て方や指導法などを体験的に学び検討するために，実際の授業を想定した場で実践を模して行う授業」（教育方法学会 2004: 506）を意味している。一方で，マイクロティーチング（microteaching）は，「授業範囲を短縮し，教授行為の要因や教授技術に含まれる特定の要素的スキルに焦点を当て，学習者役がクラスでの授業場面を人為的に設定し，5〜20分の短い時間で授業を行い，その評価や批評を受け，それをフィードバックさせて，改善に取り組むことで教授スキルを活用できるようにする実践的訓練」（日本教育方法学会 2004: 507）とされている。

このように模擬授業は，広く体験を通じて実際の授業を想定した場で実践を模しておこなう授業を意味し，マイクロティーチングは，教授行為の要因や教授技術に含まれる特定の要素的スキルに焦点を当て，短い時間設定の授業をおこない，その後の評価や批評を受け，改善に取り組み，教授スキルを活用できるようにすることととらえられる。そのため，授業場面を想定して，教師役と学習者役に分かれて，授業を模擬的におこなう点で，両者は共通する。しかしより教授スキルのトレーニングに焦点化しているのは，マイクロティーチングと解釈できる。

　本節では，まず本章で取り上げる授業研究という言葉の意味や関連する言葉の意味について考えてきた。授業研究や研究授業は，実際に学習者参加のもとでおこなわれることであり，模擬授業やマイクロティーチングは，仮想的な環境でおこなわれる授業研究ととらえておくとよいだろう。

2　授業研究におけるICTの活用の意義

　前節で取り上げた授業研究や模擬授業では，授業者本人が自分自身の行動を振り返れるように，また授業後批評会で，教授行動や学習者の学習の様子，コミュニケーション過程の場面を取り上げて検討できるようにビデオ録画が用いられてきた。これは今も変わらない。しかしICTを効果的に用いて，授業研究や模擬授業をおこなうことも増えてきている。

　最近の授業研究で，教師の行動を対象化するために，技術がどのように用いられ，研究が進められてきているのか。これにかかわって，小柳（2021b）によれば，国際的な研究も，国内の研究同様に2010年代の後半から先端技術を用いた教師教育に関する研究論文数が増えていることが説明されている。そして大きく分けると，先端技術を，教師教育（教員養成，現職研修，職能成長支援など）のために用いている場合と，コンテンツ開発および教育活動での利用にかかわって，その運用を評価するために用いている場合がみられた。そして分類整理の結果として，図18-2のような特徴が抽出されたことも述べられている。

　教師や教師をめざす学生の行動を研究の対象としていく際に，先端技術のも

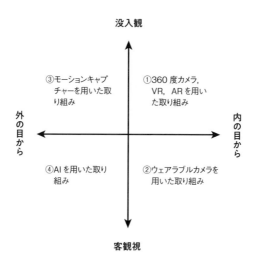

図18-2 授業研究における先端技術の利用（筆者作成）

つ機能を，①利用者に没入観（実際にその場にいる，教室にいるリアリティ）を感じさせるために用いている場合と，むしろ複合的な情報を用いて事象の分析の精度を上げて客観視を促すために用いている場合，②一人称の目，また自分自身や行為者自身の内側から外側を把握していこうとする用い方と，むしろ三人称の目，外側から自分自身や行為者の関心事に迫っていく用い方をする場合，というふたつの軸があるとして，その整理がされている。

　論文のなかでは，図18-2の①から④の順番に，どのような先端技術を用いて教師の行動や教師のわざを把握しようとしているか，その方法やそれを通じて明らかにしようとしていることを，それぞれの典型的な論文を取り上げ，以下のように説明がされている。

2-1　360度カメラ，VR（Virtual Reality），AR（Augmented Reality）を用いた取り組み

　360度カメラ，VR技術，AR技術を教師教育に用いた最近の取り組みとして，これらの技術が，利用者に，豊かな情報のなかに入り込み，没入観を感じなが

ら，その自由な操作性のなかで今までの視点固定の動画では気づかなかったこと，見えているようで見なかったことに目を向けさせる機会となっていることがわかっている。また，利用者が，その時々に感じたことを記録に残せることで，理論で学んでいることと，その技術を通じて得られた経験から豊かな論議，深い省察に向かう場を提供する（内の目から外の目へ）研究がおこなわれていることも指摘されている。一方で，その技術を用いたコンテンツ制作とかかわって，撮影の仕方の工夫，視聴するデバイスの利用方法，動画活用時の工夫などがまだ研究途上であること，実際に養成や研修プログラムを運用していく際の進め方，そのときの行為行動の記録のとり方，分析の方法などについては，目的や文脈に応じて検討が必要であることが指摘されている。そして，国際的には養成教育における360度カメラ，VR技術，AR技術の利用に関する研究が多いが，日本では，授業研究の文化が根づいていることが影響してか，学校における研究，現職研修，現職教師自身の省察に目を向けた研究が起こっていることなど，が説明されている。

2-2 ウェアラブル技術を用いた取り組み

　ウェアラブル技術を用いた最近の教師教育の取り組みは，国内外ともウェアラブルカメラを用いて，行為者の視線がどこに向けられているかとそのときの思いや意思決定などをみようとしている研究が多いといわれている。特に養成課程に在籍する学生と現職教員の違いなどを示しながら，教師として成長していくうえで，教室の姿をどのように見取っていくかの力が求められているということ，見ているようで見えていないことを，見ながら考え，次の教授行動に向けて判断し実際に行動へつなげていくために客観視させる取り組みがおこなわれていることが言及されている。また一方で，特別支援教育などで，ウェアラブルテクノロジー（スマートウォッチなど）を用いてプロンプトを出し，それにより理論的に学んできた教師の教授行動，教育的行為を実践のなかで意識化させる取り組みも現れてきていることが説明されている。

2-3 モーションキャプチャーを用いた取り組み

　モーションキャプチャーを用いた取り組みとこれらの関連研究は，この技術

を用いて，学習者に拡張的な現実を感じさせながら，自身では見えない自分の行動を省察し，モデルとなる行動と学習者の行動データを重ね，そのズレから修正を導く経験を与えていることを明らかにしている。そして授業支援をするシステムやコンテンツの開発をし，その運用評価を目的としている内容が多いといわれている。教師の教授行動を，この技術などを用いて省察対象にしている内容は希であり，むしろこの技術を用いて開発したシステムやコンテンツを運用する教師の授業支援に目を向けていると説明されている。

2-4 AIを用いた取り組み

AI技術を用いた取り組みにかかわる研究としてはそれを用いた教育データの分析とその利活用が多いという。個々の興味関心に応じた学習教材の開発，個別学習に対応していくAIドリルの利用について検討がなされていること，また教室環境をシミュレーションし，AIを活かしたエージェントをそこに構築し，教師をめざす学生がそこで対話しながら教育的イベントを仮想体験し学んでいく学習コンテンツやコースウエアなどの開発と運用評価がおこなわれていることを明らかにしている。しかし教師がAIコンテンツなどをどのように用いて，教室の実践を変えていくか，それについてAIを活用した教室シミュレーションシステムを用いて，教師をめざす学生や教師に，意思決定や自己省察を導くプロセスをみる研究は，まだ研究途上にあることが紹介されている。

一方でAI技術の導入により，教育におけるデータの利活用が進んでいく場合，誰が何のためにどのようにその教育データを利用していくかを慎重に考えていく必要があることも述べられている。なぜならその取り組みの意味は変わってくるからと説明されている。AIの診断により，リコメンドされる情報を，①教育政策の意思決定に用いていこうとすること，②学校の教育方針を決める際に用いること，③教師が自身の授業改善や生徒指導に活かしていくこと，④学習者自身が自己評価に活かしていくことなど，多様であるからである。学校の情報化のなかで生徒の学習環境は大きく変わりつつある。そこにおける，教育活動，学習活動，そのなかでの教師の教授行動を対象化する先端技術は，教師が自身の授業改善や生徒指導に活かしていくこととより密接にかかわってくる。

さまざまな技術が試行され，開発されつつあるが，テクノロジー・プッシュ

(technology-push approach) からの研究だけでなく，ディマンド・プル（demand-pull approach）の研究がさらに必要となってくる。しかしまだ後者は，手薄であることが説明されている。

3 ICT を効果的に活用した学習指導に向けた授業研究 ─────

　では，どのようにディマンド・プル（demand-pull approach）の授業研究や模擬授業を進めていったらいいのだろうか。また前述のような先端技術だけでなく，手軽に使える身近なICTなどを利用した授業研究をどのようにおこない，授業の構想力や指導力をわたしたちは磨いていったらいいのか。学校は組織としてこれらのことに対応していくことができるのだろうか。それには，ICTが，学習活動にどのような意味があるのか，どのようなことが可能かというイメージをもつだけでなく，実際にその活用プロセスを体験できる大学の講義や研修が意味をもつ。

　現在，大学の講義や学校でおこなわれる教員研修では，情報通信機器やアプリケーションの操作の体験や修得がその目的として取り上げられている。そして操作の得意な先生の授業を見てみんなで学ぶことは多くおこなわれている。しかし実際に授業を見る，本で読む，話を聞くだけでなく，以下のような授業研究やマイクロティーチングなどを組み合わせていくことが，教師また教師をめざす学生の専門性を磨き，生徒の学習活動を豊かにし，学校組織として情報化への対応を底上げしていくことへ一歩踏み出すきっかけとなる。

　たとえば，授業研究の前にマイクロティーチングに似た演習を入れる事例がある。頭で理解することにとどまらず，体験ができる研修を考えていくことが重要となる。実感をともなう研修，つまり模擬的にある場面を取り上げて実際にやってみるショート場面演習をしていくことが意味をもつ。

　ある授業をイメージしてほしい。たとえば有名な1枚の写真《ハゲワシと少女》を見せて，それに対して，自分はどのような立場か，短いコメントを書いて，自分の立場を示し，話し合っていく学習場面を取り上げたとする。GoogleのJamboardを使って，横に線を1本引いて，「左が「少女を助ける」，右が「写

真を撮る」」とし，その線の間を均等に10段階に分け，自分はどの位置の立場か，その理由をカードに書いて，好きに配置していくように学習者に指示を出す場面とする。教師として，①学習者たちが考える状況に誘うために写真をどう見せるか，どう問いかけるか，②Jamboardの利用についてどう学習者に説明するか，③話し合いにあたり，思考を視覚化し，組織化していくうえでJamboardをどう使うか，などを教えるべきであろう。演習として4人くらいのグループをつくり，教師役と学習者役に分かれ，ICTを用いた授業場面をシミュレーションしながら演習をおこなう。4人でローテーションを組んで，役割演技をおこない，授業者と学習者の両方の視点からその授業場面を考えるようにする。そしてうまくJamboardにコメントが書けない学習者がいたらどうするか，コメントに書いてもらう時間は何分がいいのか，などを考える。3段階ステップにして，最初は2分くらいで，書ける生徒が書いているものをスクリーンに映して，このように書いたらいいんだというイメージをクラス全体に伝える。2回目はある程度でそろったら（それからだいたい3分後），話し合いをはじめる。3回目は話し合って，自分の立つ位置を変更する場合，それを変更する機会を設け，クラス全体でまた話し合う，などがあり得るだろう。このようにさまざま授業イメージを出し合う際に，ICTを実際に使いながらおこなう。

　上記のような演習は，この場面を通じて指導イメージやそこでの学習者の姿を自由に話し合う機会になるだけでなく，ほかの授業の話し合い場面を授業者がイメージする機会にもなり，教師や教師をめざす学生の主体性を喚起することにつながる。授業研究の下準備として具体的な指導場面のイメージもたせ，教育のプロとしての灯を心にともすことにつながる。これまでの講義や教員研修で取り組まれてきたことに加えて，上記のこととかかわる演習があれば，それを整理し，意味づけ，関連づけ，周知するための追加の負担感も軽減され，授業づくりを要とした専門的な教職のコミュニティづくりにも寄与できる取り組みとなる。

　以上のように，授業研究とその前に実感をともなう演習を組み合わせる工夫は，ICTの活用をわたしたち一人ひとりの経験とつなげ，吟味する機会を与える意味をもつと考えられる。

4 ICTを効果的に活用した公務の推進に向けての授業研究 ─

　GIGAスクール構想により，小学校と中学校の教室では，高速通信を用いた1人1台の端末を使って，学習者が，クラウド上からさまざまなアプリケーションを利用でき，そこに情報を蓄積していくことができる環境になってきた。高等学校もBYOD（Bring Your Own Device）を方針に，入学時から学習者が自身の情通信機器をもつことを推奨することが多くなってきている。学校だけでなく，家庭でもスマートフォンほか，さまざまな端末を使ってクラウド上の情報へのアクセスが可能になり，その利用の範囲が広がってきた。

　そのため，感染症への対応時に情報通信機器が使われるだけでなく，普通教室の通常の授業のなかで，学校の学習と家庭学習をつなげる取り組み，学校への登校がむずかしい学習者が柔軟に授業に参加できる遠隔共同学習などが，1人1台の端末を使って進められるようになってきた。

　授業におけるICTの活用について，教員が「教具」として用いることはこれまでもおこなわれてきた。授業をわかりやすくする工夫として，必要とする教員が目的や内容に応じて用いることがあった。その場合，そのICT活用スキルは，教員が身につけていればよかった。そのためICTの活用が得意な教員が授業で用いるという印象が強かった。一方で，ICTを用いなくても，その授業でめざすことへ子どもたちを導ければ，教員の役割，責任としては問題なく，自治体や学校で積極的にその活用を推進しない限り，その選択は教職員に託されていることが多かった。

　しかしGIGAスクール構想によって学習者が1人1台のGIGA端末を活用できる環境が整ってくると，その状況が変わってきた。つまり主体的・対話的で深い学びに向けて学習過程の絶えざる改善を進めていく際に，「学習具」としてICTなどを学習者が活用することが期待され，その状況が変わってきた。学習者が学習目的や内容に沿って学習活動を進めていくために，ICT活用スキルを含む情報活用能力を学習者に育成することが求められてきたからである。「わたしは，ICTを用いなくても，その授業でめざすことに子どもたちを導ける」というのは，教科などの学習内容とかかわることについて述べている。それは授

業でICTを用いない理由として共感や理解を得てきた。しかし，現行の学習指導要領に記載されている学習者自身に学習の基盤として，情報活用能力を身につけさせていくという教育責任に目を向けると，それは学ぶ機会を保証しなくてよいのかという問題と遭遇することになってきた。つまり，教員として授業でICTを使う使わないという問題ではなく，学習者がICTを使って学ぶ機会を教員として保証できているかどうかが問われてきているといえる。感染症対策のときに明らかになった，当たり前を問い直し，この意味や責任をあらためて教職員全員で確認し，学校全体で話し合っていくことが問われてきている。

　そのうえで，この環境を学習者の学習活動の支援や学習者の姿の見取りや，教育活動とかかわる取り組みの向上に向けてどのように生かすかを，教員さらにいえば学校が，見通しをもって運用のデザインをしていくことが求められてくる。その意味でいえば，教員にはICT活用スキルというよりもICT活用指導力がより求められてくるようになってきたといえる。

　GIGA端末を「教具」として，また「学習具」として用いるだけでなく，「学習者同士，また教員やクラス以外の人々とのコミュニケーションの道具」として，「振り返りやアセスメントの道具」として，さらにはこのようなさまざまな道具などを含む，物理的，心理的に学習に安全安心と豊かさをもたらす「学習環境」としてとらえていく視点が，学校の情報化，学校を要とした教育の情報化を進めていくうえで意味をもつようになってきた（小柳 2021a）。

　文部科学省は，「新時代の学びにおける先端技術導入実証研究事業」を推進し，その成果をふまえて『学校現場における先端技術活用ガイドブック（第2版）』を公表している（内田洋行教育総合研究所 2022）。

　そこには，先端技術を「教具」として，「学習具」として，「コミュニケーション・アセスメントの道具」として，「学習環境」として，本事業に参加している自治体がどのように利活用しているか，そこに至る運営過程，留意点などもわかりやすく紹介している。とりわけ，本章の関心事である「授業研究」などとかかわって，授業に向けた新たなアイデアを生み出すために，教員が専門的力量を伸ばすために，先端技術をどのように自治体レベルで用いているか，授業研究を通じて共有されてくる教育データをどのように利活用していくかが重要であるとされている。さまざまな「学習情報」と「校務情報」を関連づけて，

「児童生徒に対する教育の質の向上」や「学校経営の改善と効率化」などの教育活動の質の改善に向けて用いられている事例が紹介されている。さらに児童生徒の個人情報の取り扱いに配慮した情報セキュリティの確保や，情報共有・情報発信による保護者や地域との連携が重要になることも含めて，学校や教員が「公務」を推進していくうえでICTの活用がどのような可能性をもち，それに向けてどのような準備が必要か，などが説明されている。ICTを効果的に活用した公務の推進に向けての授業研究がどのような意味をもつか，この事業の成果なども参照しながら，見通しをもってほしい。

マイクロティーチングの歴史や進め方について，CINII（https://cir.nii.ac.jp/）を通じて論文などを調べて，どのような取り組みがおこなわれているかを理解しよう。そしてなぜそのような取り組みがおこなわれているか，その理由を考えてみよう。

ICTを用いた授業研究についてイメージしてみよう。あなたが知っている，気軽に使えるICTをまず抽出してみよう。そしてそれらのICTは，授業研究でどのような目的のときに，どのように活用できるか，話し合ってみよう。

1人1台の端末を用いた模擬授業をする場合を考えてみよう。どのような学習活動の場面が考えられるだろうか。その学習場面をいくつか取り上げ，どのように模擬授業を進めると，そこに参加した人の学びが豊かになるか。その方法を話し合ってみよう。

 **読書案内**

①吉崎静夫・村川雅弘・木原俊行　2019　授業研究のフロンティア　ミネルヴァ書房
②姫野完治・生田孝至　2019　教師のわざを科学する　一莖書房

あとがき

「はじめに」にあるように，本書は世界的なパンデミック，新型コロナウイルスが蔓延している最中に構想された。大学では軒並み通常の教室での授業が中断され，主にウェブを活用した遠隔授業が当たり前のものとして置き換えられた。小中高ではいち早く全学休校の措置がとられじっと推移を見守る状況がつづいた。

そのようななかでも，学びを止めない，という強い意志のもとで，全国の教育機関は当面の新たな教育・学習方法を力強く模索し，パンデミックのなかでの教育活動のあり方を探りつづけた。そのような状況で一段と重みを増したのが，教育活動におけるICT活用の道であった。それは政治的スローガン「3密を避ける」教育的媒体としてもぴったり一致し，あらゆる教育機関でその方途が探られた。本書はそのような，ICTが必須となった時代状況のなかから生まれた出版物のひとつである（なお，3密，は死語となることを心から願っている）。

本書が最終編集作業に入った頃，巷ではChatGPTなど生成AIを用いた自然言語でのチャットが大きな話題になってきた。本書をフルに活用いただいている頃にはすっかり定着しているかもしれないが，これはICT活用のひとつの大きな分岐点でもあり，教育活動とICT活用の関係をとらえ直す新たな視点が要求されている，と考えている。AIそのものはもう半世紀以上も前から現実化していたが，現在のそれは，かつてとは比べものにならないほど背景に無限のデータベースをもち，処理速度も格段に高速化，正確さも増してきている。こうした，無限のデータを高速に正確に処理するICT技術はまだまだ進歩をつづけ，教育の世界にも想像を超える影響を及ぼすものと考えられる。そうしたことについての情報リテラシーももちつづけたいものである。

筆頭編者の岩﨑は，そのずっと前より教育工学の立場から教職科目のひとつである教育方法・技術論の新たなテキスト執筆の構想をもっており，長く同じ

大学でのその科目を担当してきた教育心理学・認知心理学専門の田中と相談し，共編のかたちで本書を刊行することとなった。ここでの基本的合意は，ICT活用に焦点化した教育方法や教育技術の紹介を中心にするが，その背景の心理学的諸知見にも重きを置いて，たんなるスキルや技法の紹介にとどまらないものとする，ということであった。

　こうした方針に賛同していただいた北大路書房の若森乾也さんが快く出版の労をとっていただくことになり，本書が陽の目をみることとなった。若森さんには編者一同心からの謝意を表するものである。

　また，授業回数を想定して多くの章を配置し，それぞれの専門の方に執筆を依頼して楽しく編集をさせていただいた。分担執筆のみなさんには心から感謝申し上げる次第である。

2023年9月30日
田中俊也

文 献

〈第1章〉

中央教育審議会 2021 「令和の日本型学校教育」の構築を目指して：全ての子供たちの可能性を引き出す，個別最適な学びと，協働的な学びの実現（答申）（中教審第228号）〈https://www.mext.go.jp/b_menu/shingi/chukyo/chukyo3/079/sonota/1412985_00002.htm〉（最終確認日：2022年5月2日）

船津 衛・山田真茂留・浅川達人 2014 21世紀社会とは何か：「現代社会学」入門 恒星社厚生閣

Honey, P., & Mumford, A. 1982 *The manual of learning styles.* Maidenhead: Peter Honey.

金子みすゞ 2011 金子みすゞ名詩集 彩図社

文部科学省 2011 学習指導要領とは何か？〈https://www.mext.go.jp/a_menu/shotou/new-cs/idea/1304372.htm〉（最終確認日：2022年5月2日）

奈須正裕 2021 個別最適な学びと協働的な学び 東洋館出版社

OECD 2015 *Skills for social progress: The power of social and emotional skills.* Paris: OECD.（無藤 隆・秋田喜代美（監訳）都村聞人・木村治生・高岡純子・真田美恵子・持田聖子2018 社会情動的スキル：学びに向かう力 明石書店）

総務省 2001 平成12年「通信利用動向調査」の結果〈https://www.soumu.go.jp/johotsusintokei/statistics/data/010424_1.pdf〉（最終確認日：2022年5月2日）

総務省 2022 令和3年通信利用動向調査の結果〈https://www.soumu.go.jp/menu_news/s-news/01tsushin02_02000158.html〉（最終確認日：2022年5月2日）

Tamblin, L. & Ward, P. 2006 *The smart study guide: Psychological techniques for student success.* Malden, MA: Blackwell.（植野真臣（監訳） 2009 大学生のための学習マニュアル 培風館）

Thompson, I. 2009 Scaffolding in the writing center: A microanalysis of an experienced tutor's verbal and nonverbal tutoring strategies. *Written Communication, 26*(4), 417–453.

〈第2章〉

Dewey, J. 1938 *Experience and education.* New York: The Macmillan Company.（市村尚久（訳） 2004 経験と教育 講談社）

Kolb, D. A. 1984 *Experiential learning: Experience as the source of learning and development.* Englewood Cliffs, NJ: Prentice Hall.

工藤与志文・進藤聡彦・麻柄啓一 2022 思考力を育む「知識操作」の心理学 新曜社

松尾 睦 2006 経験からの学習：プロフェッショナルへの成長プロセス 同文舘出版

森田泰介 2017 ICT活用の基本的理念 田中俊也（編） 教育の方法と技術：学びを育てる教室の心理学（pp.86–106） ナカニシヤ出版

Prichard, A., & Woollard, J. 2010 *Psychology for the classroom: Constructivism and social learning.* London: Routledge.（田中俊也（訳） 2017 アクティブラーニングのための心理学：教室実践を支える構成主義と社会的学習理論 北大路書房）

新村 出（編） 2018 広辞苑 第7版 岩波書店

田中俊也 2004 思考の発達についての総合的研究 関西大学出版部

田中俊也 2017 教えること・学ぶこと 田中俊也（編） 教育の方法と技術：学びを育てる教室の心理学（pp.3–19） ナカニシヤ出版

田中俊也 2020 大学での学び：その哲学と拡がり 関西大学出版部

山川肖美 2004 経験学習：D. A. コルブの理論をめぐって 赤尾勝巳（編） 生涯学習理論を学ぶ人のために（pp.141–169） 世界思想社

〈第3章〉

Brown, J. S., Collins, A., & Duguid, P. 1989 Situated cognition and the culture of learning. *Educational*

Researcher, 18(1), 32–42.

Cole, M. 1996 *Cultural psychology: A once and future discipline.* Cambridge, MA: Harvard University Press. (天野 清 (訳) 2002 文化心理学：発達, 認知, 活動への文化-歴史的アプローチ 新曜社)

市川伸一 2002 学力低下論争 筑摩書房

Johnson, D. W., Johnson, R. T., & Holubec, E. J. 1993 *Circles of learning: Cooperation in the classrooom.* Edina, MN: Interactive Book Company (杉江修治・石田裕久・伊藤康児・伊藤 篤 (訳) 1998 学習の輪：アメリカの協同学習入門 二瓶社)

Kagan, S. 1994 *Cooperative learning.* San Clemente, CA: Resources for Teachers.

Lave, J., & Wenger, E. 1991 *Situated learning: Legitimate peripheral participation.* Cambridge; New York: Cambridge University Press. (佐伯 胖 (訳) 1993 状況に埋め込まれた学習：正統的周辺参加 産業図書)

三宅なほみ 2010 協調的な学び 佐伯 胖 (監修) 渡部信一 (編) 「学び」の認知科学事典 (pp.459–478) 大修館書店

溝上慎一 2014 アクティブラーニングと教授学習パラダイムの転換 東信堂

Prichard, A., & Woollard, J. 2010 *Psychology for the classroom: Constructivism and social learning.* London: Routledge. (田中俊也 (訳) 2017 アクティブラーニングのための心理学：教室実践を支える構成主義と社会的学習理論 北大路書房)

Robertson, S. I. 2001 *Problem solving.* Hove, East Sussex: Psychology Press.

サトウタツヤ 2019 記号という考え方：記号と文化心理学その1 木戸彩恵・サトウタツヤ (編) 文化心理学：理論・各論・方法論 (pp.38–52) ちとせプレス

関田一彦 2017 アクティブラーニングとしての協同学習 教育心理学年報, *56*, 158–164.

杉江修治 2004 協同学習による授業改善 教育心理学年報, *43*, 156–165.

田中俊也 2017 教えること・学ぶこと 田中俊也 (編) 教育の方法と技術：学びを育てる教室の心理学 (pp.3–19) ナカニシヤ出版

田中俊也 2020 大学での学び：その哲学と拡がり 関西大学出版部

田中俊也・前田智香子・山田嘉徳 2010 学びを動機づける「正統性」の認知：参加としての学びの基本構造 関西大学心理学研究, *1*, 1–8.

Valsiner, J. 2007 *Culture in minds and societies: Foundations of cultural psychology.* Los Angeles, CA: Sage. (サトウタツヤ (監訳) 2013 新しい文化心理学の構築：「心と社会」の中の文化 新曜社)

Vygotsky, L. 1978 *Mind in society: The development of higher psychological processes.* Cambridge, MA: Harvard University Press.

山田嘉徳 2019 ゼミから見る文化／文化から見るゼミ 木戸彩恵・サトウタツヤ (編) 文化心理学：理論・各論・方法論 (pp.105–114) ちとせプレス

〈第4章〉

Cleary, T. J. 2020 Core components and empirical foundation of the Self-Regulation Empowerment Program (SREP) in school-based contexts. In L. Reschly, A. Pohl & S. Christenson (Eds). *Student engagement: Effective academic, behavioral, cognitive, and affective interventions at school* (pp.281–292). Switzerland: Springer Nature.

Cleary, T. J., Velardi, B., & Schnaidman, B. 2017 Effects of the Self-Regulation Empowerment Program (SREP) on middle school students' strategic skills, self-efficacy, and mathematics achievement. *Journal of School Psychology, 64*, 28–42.

Cleary, T. J., & Zimmerman, B. J. 2004 Self-regulation empowerment program: A School based program to enhance self-regulated and self-motivated cycles of student learning. *Psychology in the Schools, 41*, 537–550.

Deci, E., & Ryan, R. (Eds.) 2002 *Handbook of self-determination research: Theoretical and applied issues.* Rochester, NY: University of Rochester Press.

Hadwin, A. F., Järvelä, S., & Miller, M. 2011 Self-regulated, co-regulated, and socially shared regulation of learning. In B. J. Zimmerman & D. H. Schunk (Eds.), *Handbook of self-regulation of learning and performance* (pp.65–84). New York: Routledge.

Ito, T., & Umemoto, T. 2022 Self-regulation, co-regulation, and socially shared regulation of motivation for collaborative activity: Comparison between university students and working adults. *Japanese Psychological Research, 64*, 397–409.

中谷素之・伊藤崇達 2013 ピア・ラーニング 学びあいの心理学 金子書房

中谷素之・岡田 涼・犬塚美輪 2021 子どもと大人の主体的・自律的な学びを支える実践教師・指導者のための自己調整学習 福村出版

Reeve, J., Ryan, R., Cheon, H., Matos, L., & Kaplan, H. 2022 *Supporting students' motivation: Strategies for success*. London: Routledge.

Ryan, R., & Deci, E.（Eds）. 2020 *Self-determination theory: Basic psychological needs in motivation, development, and wellness*. New York: Guilford Press.

三宮真智子（編著） 2008 メタ認知：学習力を支える高次認知機能 北大路書房

Schunk, D. H., & Zimmerman, B. J.（Eds.）1998 *Self-regulated learning: From teaching to self-reflective practice*. New York: Gilford Press.（塚野州一（編訳） 2007 自己調整学習の実践 北大路書房）

Zimmerman, B. J. 1989 A social cognitive view of self-regulated academic learning. *Journal of Educational Psychology, 81*, 329–339.

Zimmerman, B. J., & Schunk, D. H. 2011 *Handbook of self-regulation of learning and performance*. New York: Routledge.（塚野州一・伊藤崇達（監訳） 2014 自己調整学習ハンドブック 北大路書房）

〈第5章〉

Álvarez-Huerta, P., Muela, A., & Larrea, I. 2022 Disposition toward critical thinking and creative confidence beliefs in higher education students: The mediating role of openness to diversity and challenge. *Thinking Skills and Creativity, 43*, 101003.

Aufderheide, P. 1992 Aspen Media Literacy Conference Report-Part II.〈https://www.medialit.org/reading-room/aspen-media-literacy-conference-report-part-ii〉（最終確認：2023年1月8日）

Ennis, R. H. 1987 A taxonomy of critical thinking dispositions and abilities. In J. B. Baron & R. J. Sternberg （Eds.）, *Teaching thinking skills: Theory and practice*（pp.9–26）. New York: Freeman.

Ennis, R. H., Millman, J., & Tomko, T. N. 1985 *Cornell critical thinking tests level X and level Z manual* （3rd Ed.）. Critical Thinking Books & Software.

Evans, Jonathan St. B. T., & Over, D. E. 1996 *Rationality and reasoning*. Hove: Psychology Press.（山 祐嗣（訳） 2000 合理性と推理：人間は合理的な思考が可能か ナカニシヤ出版）

Facione, P. A., & Facione, N. C. 1992 *The California critical thinking dispositions inventory: CCTDI*. Millbrae, CA: California Academic Press.

林 創 2019 探究（課題研究）とその背景 林創・神戸大学附属中等教育学校（編著） 探究の力を育む課題研究：中等教育における新しい学びの実践（pp.10–28） 学事出版

平山るみ 2015 思考：思い込みによる思考のバイアスと批判的思考 北神慎司・林 創（編） 心のしくみを考える：認知心理学研究の深化と広がり（pp.69–82） ナカニシヤ出版

平山るみ・楠見 孝 2004 批判的思考態度が結論導出プロセスに及ぼす影響：証拠評価と結論生成課題を用いての検討 教育心理学研究, *52*, 186–198.

International Society for Technology Education 2023 Digital citizenship in education: Bring digital citizenship to the classroom in meaningful ways〈https://www.iste.org/areas-of-focus/digital-citizenship〉（最終確認：2023年1月8日）

Kahan, D., Peters, E., Dawson, E., & Slovic, P. 2017 Motivated numeracy and enlightened self-government. *Behavioural Public Policy, 1*, 54–86.

カーネマン, D.（著）友野典男（監訳）山内あゆ子（訳） 2011 ダニエル・カーネマン心理と経済を語る 楽工社（ノーベル賞受賞記念講演他論文翻訳）

国立教育政策研究所 2022 OECD生徒の学習到達度調査2022年調査 パンフレット〈https://www.nier.go.jp/kokusai/pisa/pdf/2022/01_point.pdf〉（最終確認：2023年1月8日）

楠見 孝 2018a 批判的思考への認知科学からのアプローチ 認知科学, *25*, 461–474.

楠見 孝 2018b リテラシーを支える批判的思考：読書科学への示唆 読書科学, *60*, 129–137.

楠見 孝 2022 メディアリテラシーとICTリテラシー 武田明典・村瀬公胤（編著） 教師と学生が知っ

ておくべき教育方法論・ICT活用（pp.89-95）　北樹出版

道田泰司　2003　批判的思考概念の多様性と根底イメージ　心理学評論, 46, 617-639.

水内豊和　2021　特別支援教育におけるICT活用　稲垣忠・佐藤和紀（編著）　ICT活用の理論と実践：DX時代の教師をめざして（pp.42-49）　北大路書房

文部科学省　2018　高等学校学習指導要領（平成30年告示）解説 情報編〈https://www.mext.go.jp/content/000166115.pdf〉（最終確認：2023年1月8日）

OECD 2019 PISA 2021 creative thinking framework (3rd draft).〈https://www.oecd.org/pisa/publications/PISA-2021-creative-thinking-framework.pdf〉（最終確認：2023年1月8日）

佐藤学　2003　リテラシーの概念とその再定義　教育学研究, 70, 292-301.

塩田真吾　2021　情報モラル・情報セキュリティを育む　稲垣忠・佐藤和紀（編著）　ICT活用の理論と実践：DX時代の教師をめざして（pp.124-129）　北大路書房

総務省　2019　情報通信白書：デジタル経済の中でのコミュニケーションとメディア〈https://www.soumu.go.jp/johotsusintokei/whitepaper/ja/r01/pdf/n1400000.pdf〉（最終確認：2023年1月8日）

総務省　2021　情報通信白書：第2部　基本データと政策動向〈https://www.soumu.go.jp/johotsusintokei/whitepaper/ja/r03/html/nd256260.html〉（最終確認：2023年1月8日）

田中孝治・園田未来・池田満・堀雅洋　2016　情報モラル行動における知識と行動の不一致に関する心理実験的検討　教育工学会論文誌, 40, 153-164.

田中俊也　2015　教室でのICT活用　子安増生・田中俊也・南風原朝和・伊東裕司　教育心理学（第3版）（pp.153-175）　有斐閣

田中俊也　2018　情と理のはざまで（2）：レベル2とレベル3の知識・認識　関西大学文学会誌, 68, 121-137.

田中優子・犬塚美輪・藤本和則　2022　誤情報持続効果をもたらす心理プロセスの理解と今後の展望：誤情報の制御に向けて　認知科学, 29, 509-527.

田中優子・楠見孝　2007a　批判的思考プロセスにおけるメタ認知の役割　心理学評論, 50, 256-269.

田中優子・楠見孝　2007b　批判的思考の使用判断に及ぼす目標と文脈の効果　教育心理学研究, 55, 514-525.

田中優子・楠見孝　2016　批判的思考の表出判断に及ぼす状況変数と個人差変数の効果　心理学研究, 87, 60-69.

UNESCO 2004 The Plurality of literacy and its implications for policies and programmes: position paper.〈https://unesdoc.unesco.org/ark:/48223/pf0000136246〉（最終確認：2023年1月8日）

West, R. F., Toplak, M. E., & Stanovich, K. E. 2008 Heuristics and biases as measures of critical thinking: associations with cognitive ability and thinking dispositions. *Journal of Educational Psychology*, 100, 930-941.

山本明　2017　批判的思考の観点から見たメディア・リテラシー　心理学評論, 60, 163-180.

〈第6章〉

Bonwell, C. C. & Eison, A. J. 1991 *Active learning: Creating excitement in the classroom*（ASHE-ERIC higher education report 1）. Washington, DC: George Washington University.

中央教育審議会　2021　「令和の日本型学校教育」の構築を目指して：全ての子供たちの可能性を引き出す，個別最適な学びと，協働的な学びの実現（答申）（中教審第228号）〈https://www.mext.go.jp/b_menu/shingi/chukyo/chukyo3/079/sonota/1412985_00002.htm〉（最終確認：2022年5月2日）

Gagné, R. M., Wager, W. W., Golas, K. C., & Keller, J. M. 2005 *Principles of instructional design*(5th Ed.). Belmont, CA: Thomson/Wadsworth. pp.21-22.

市川尚　2015　学習目標を明確にする：授業構想の検討　稲垣忠・鈴木克明（編）　授業設計マニュアル：教師のためのインストラクショナルデザイン（Ver.2.）（pp.27-37）　北大路書房

市川尚・根本淳子　2016　メーガーの3つの質問　市川尚・根本淳子（編著）鈴木克明（監修）　インストラクショナルデザインの道具箱101（pp.154-155）　北大路書房

石井英真　2015　今求められる学力と学びとは：コンピテンシー・ベースのカリキュラムの光と影　日本標準

Jackson, P. W. 1986 *The practice of teaching*. New York: Teachers College Press.

松下佳代・田口真奈　2008　大学授業　京都大学高等教育研究開発推進センター（編）　生成する大学教

育学（pp.77–118）　ナカニシヤ出版

Online Learning Consortium, the Association of Public and Land-grant Universities, and Every Learner Everywhere 2020 *Delivering High-Quality Instruction Online in Response to COVID-19: Faculty Playbook* 〈https://www.everylearnereverywhere.org/resources/delivering-high-quality-instruction-online-in-response-to-covid-19/〉（最終確認日：2021年1月7日）

佐藤 学　1996　教育方法学　岩波書店

Slade, T. 2020 *The eLearning designer's handbook: A practical guide to the eLearning development process for new eLearning designers* (2nd Ed.).（足立美穂（訳）　2021　オンデマンド・ラーニング：オンライン学習時代のeラーニング・デザイン　日本能率協会マネジメントセンター）

鈴木克明　2005　e-Learning実践のためのインストラクショナル・デザイン　日本教育工学会論文誌, *29*(3), 197–205.

鈴木克明　2008　インストラクショナルデザインの基礎とは何か：科学的な教え方へのお誘い　消防研修（特集：教育・研修技法）, *84*, 52–68.

〈第7章〉

千葉 昇　2019　学習指導案の構成　初等教育論集, *20*, 68–87.

中央教育審議会　2016　次期学習指導要領に向けたこれまでの審議のまとめについて（報告）, 34.〈https://www.mext.go.jp/b_menu/shingi/chukyo/chukyo3/004/gaiyou/1377051.htm〉（最終確認日：2023年7月4日）

皀 勢也・伊藤 恵・椿本弥生　2016　既存の学習指導案作成方法の分析および作成支援ツールの提案：アクティブラーニング型授業の導入支援を題材にして　第41回教育システム情報学会全国大会発表, *339*.

文部科学省　2017a　小学校学習指導要領解説 総合的な学習の時間編

文部科学省　2017b　小学校学習指導要領解説 社会科編

文部科学省　2017c　小学校学習指導要領

文部科学省　2019　児童生徒の学習評価の在り方について（報告）, 6–13.〈https://www.mext.go.jp/component/b_menu/shingi/toushin/__icsFiles/afieldfile/2019/04/17/1415602_1_1_1.pdf〉（最終確認日：2023年7月4日）

日本教育工学会　2000　教育工学事典　実教出版

内海志典　2019　若手中学校理科教師の授業構想力育成の指導に関する事例的研究：学習指導案の分析を通して　科学教育研究, *43*(3), 275.

〈第8章〉

市川 尚・根本淳子（編著）鈴木克明（監修）　2016　インストラクショナルデザインの道具箱101　北大路書房

稲垣 忠・鈴木克明（編著）　2015　授業設計マニュアルVer.2：教師のためのインストラクショナルデザイン（改訂版）　北大路書房

Keller, J. M. 2010 *Motivational design for learning and performance: The ARCS model approach*. New York: Springer.（鈴木克明（監訳）　2010　学習意欲をデザインする：ARCSモデルによるインストラクショナルデザイン　北大路書房）

根本淳子・鈴木克明　2018　インストラクショナルデザイン　篠原正典・荒木寿友（編著）　教育の方法と技術（pp.40–57）　ミネルヴァ書房

鈴木克明　1995　放送利用からの授業デザイナー入門：若い先生へのメッセージ　日本放送教育協会

鈴木克明　2002　教材設計マニュアル：独学を支援するために　北大路書房

〈第9章〉

中央教育審議会　2016　幼稚園, 小学校, 中学校, 高等学校及び特別支援学校の学習指導要領等の改善及び必要な方策等について（答申）〈https://www.mext.go.jp/b_menu/shingi/chukyo/chukyo0/toushin/__icsFiles/afieldfile/2017/01/10/1380902_0.pdf〉（最終確認日：2023年2月14日）

中央教育審議会　2021　「令和の日本型学校教育」の構築を目指して：全ての子供たちの可能性を引き出す,

　個別最適な学びと，協働的な学びの実現（答申）〈https://www.mext.go.jp/content/20210126-mxt_
　　syoto02-000012321_2-4.pdf〉（最終確認日：2023年2月14日）

市川 尚・根本淳子（編著）鈴木克明（監修）　2016　インストラクショナルデザインの道具箱101　北大
　　路書房

Kaendler, C., Wiedmann, M., Rummel, N., & Spada, H. 2014 Teacher competencies for the implementation
　　of collaborative learning in the classroom: A framework and research review. *Educational
　　Psychology Review, 27*, 1–32.

Kagan. S. 1994 *Cooperative learning.* San Juan Capistrano, CA: Kagan Publishing.

川喜多二郎　2017　発想法 改版：創造性開発のために　中央公論社

久保田賢一　2000　構成主義パラダイムと学習環境デザイン　関西大学出版部

Mercer, N., Hennessy, S., & Warwick, P. 2019 Dialogue, thinking together and digital technology in the
　　classroom: Some educational implications of a continuing line of inquiry. *International Journal of
　　Educational Research, 97*, 187–199.

三宅なほみ　2015　三宅なほみ最後の論文　認知科学, *22*, 542–544.

文部科学省　2014　学びのイノベーション事業実証研究報告書〈https://www.mext.go.jp/a_menu/shotou/
　　zyouhou/detail/1408183.htm〉（最終確認日：2023年2月14日）

文部科学省　2018　高等学校学習指導要領（平成30年告示）解説 数学編 理数編〈https://www.mext.
　　go.jp/content/20230217-mxt_kyoiku02-100002620_05.pdf〉（最終確認日：2023年2月14日）

文部科学省　2019　新しい学習指導要領リーフレット〈https://www.mext.go.jp/component/a_menu/
　　education/micro_detail/__icsFiles/afieldfile/2019/02/14/1413516_001_1.pdf〉（最終確認日：2023年2
　　月14日）

文部科学省　2020　GIGAスクール構想について〈https://www.mext.go.jp/a_menu/shotou/zyouhou/
　　detail/mext_01773.html〉（最終確認日：2023年2月14日）

文部科学省　2022　高等学校における1人1台端末の環境整備について〈https://www.mext.go.jp/a_menu/
　　shotou/zyouhou/detail/mext_01773.html〉（最終確認日：2023年2月14日）

村上唯斗・登本洋子・高橋 純　2022　クラウド活用を基盤とした協働学習に関するシステマティックレ
　　ビュー　日本教育工学会研究報告集, *22*(2), 162–168.

村岡康秀・本田敏明　2013　「学習の継続」と「知識の創造」を実現するInstructional Designの構築：小
　　学校におけるblended learningの導入　茨城大学教育学部紀要（教育科学）, *62*, 489–508.

永岡慶三・植野真臣・山内祐平（編著）　2012　教育工学における学習評価　ミネルヴァ書房　pp.1–5, 92

Reiser, R. A., & Dempsey, J. V. 2013 *Trends and issues in instructional design and technology*（3rd Ed.）.
　　Boston: Pearson.（鈴木克明・合田美子（監訳）　2013　インストラクショナルデザインとテクノロ
　　ジ：教える技術の動向と課題（pp.54–81）　北大路書房）

坂本 旬　2008　「協働学習」とは何か　法政大学キャリアデザイン学会, *5*, 49–57.

島 智彦・渡辺雄貴　2021　協同学習技法「DOUBLE-DOUBLE」の提案と一考察：ジグソー法より簡便で
　　生徒全員に対話の場を提供する授業方略　日本教育工学会研究報告集, *2021*, 166–171.

Sung, Y.-T., Yang, J.-M., & Lee, H.-Y. 2017 The effects of mobile-computer-supported collaborative
　　learning: Meta-analysis and critical synthesis. *Review of Educational Research, 87*, 768–805.

竹高大地・渡辺雄貴　2021　中等教育数学科における授業方略の分類　日本教育工学会論文誌, *44*,
　　181–184.

東京大学CoREF　2019　協調学習 授業デザインハンドブック：「知識構成型ジグソー法」の授業づくり
　　（第3版）　東京大学大学発教育支援コンソーシアム推進機構

友野清文　2016　Cooperative learningとCollaborative learning　學苑, *907*, 1–16.

津田ひろみ　2015　協働学習の成功と失敗を分けるもの　リメディアル教育研究, *10*, 143–151.

van de Pol, J., Volman, M., Oort, F., & Beishuizen, J. 2015 The effects of scaffolding in the classroom:
　　support contingency and student independent working time in relation to student achievement, task
　　effort and appreciation of support. *Instructional Science, 43*, 615–641.

van Leeuwen, A., & Janssen, J. 2019 A systematic review of teacher guidance during collaborative
　　learning in primary and secondary education. *Educational Research Review, 27*, 71–89.

吉田 甫　2000　20世紀の心理学を振り返る　教育心理学年報, *39*, 132–145.

〈第10章〉

著作物の教育利用に関する関係者フォーラム〈https://forum.sartras.or.jp/〉（最終確認日：2023年5月1日）

堀江固功・浅野孝夫（編）　1998　教育メディアの原理と方法　日本放送教育協会

放送教育ネットワーク〈https://www.nhk-sc.or.jp/kyoiku/〉（最終確認日：2023年5月1日）

木原俊行　2015　学校におけるデジタルメディア利用の変遷　放送メディア研究, 12, 57–78.

菊江賢治　2003　デジタル時代の放送教育教材の開発：NHKデジタル教材を実例に　教育メディア研究, 9, 38–43.

水越敏行　1986　メディア・ミックスによる放送教育　放送教育, 9月号, 16–19.

水越敏行　1990　メディアを活かす先生　図書文化

日本放送協会番組基準［国内番組基準］〈https://www.nhk.or.jp/pr/keiei/kijun/〉（最終確認日：2023年5月1日）

Phenix, P. H. 1964 *Realms of meaning: A philosophy of the curriculum for general education.* New York: McGraw-Hill.（佐野安仁ほか（訳）　1984　意味の領域：一般教育の考察　晃洋書房）

SARTRAS授業目的公衆送信補償金等管理協会〈https://sartras.or.jp/〉（最終確認日：2023年5月1日）

宇治橋祐之　2019　教育テレビ60年 学校放送番組の変遷　NHK放送文化研究所年報, 63, 131–193.

宇治橋祐之　2021　「学校放送オンライン」「NHKデジタル教材」から「NHK for School」へ：NHK学校放送番組ネット展開の25年　放送研究と調査, 2021年4月号, 46–69.

宇治橋祐之・渡辺誓司　2022　GIGAスクール構想の進展による学校と家庭の学習におけるメディア利用の変化：2021年度「NHK小学校教師のメディア利用と意識に関する調査」から　放送研究と調査, 2022年6月号, 52–86.

全国放送教育研究会連盟・日本放送教育学会　1971　放送教育大事典　日本放送教育協会

〈第11章〉

中央教育審議会　2021　「令和の日本型学校教育」の構築を目指して：全ての子供たちの可能性を引き出す, 個別最適な学びと, 協働的な学びの実現（答申）〈https://www.mext.go.jp/content/20210126-mxt_syoto02-000012321_2-4.pdf〉（最終確認日：2023年7月11日）

稲垣忠　2004　学校間交流学習をはじめよう：ネットの出会いが学びを変える　日本文教出版

経済産業省　2020　学びを止めない未来の教室：新型コロナ感染症による学校休業対策〈https://www.learning-innovation.go.jp/covid_19/〉（最終確認日：2023年5月1日）

木村明憲　2023　自己調整学習：主体的な学習者を育む方法と実践　明治図書出版

文部科学省　2019　学習者用デジタル教科書のイメージ〈https://www.mext.go.jp/a_menu/shotou/kyoukasho/seido/1407731.htm〉（最終確認日：2023年5月1日）

NHKニュースサイト　2020　「不登校の子どもたちが授業参加 オンライン授業がきっかけに」〈https://www3.nhk.or.jp/news/html/20200612/k10012468731000.html〉（最終確認日：2023年5月1日）

二本松市立旭小学校　2022　ブログ：学校間交流学習（12月15日）〈https://www.city.nihonmatsu.lg.jp/school/page/page000005.html〉（最終確認日：2023年5月1日）

立石俊夫　2022　シンキングツールで授業を変える！ わくわくパフォーマンス課題づくり：ロイロノート版　明治図書出版

東京学芸大学　2022　ICT教材を活用した不登校支援のレポート：学びに向かう姿勢と学習履歴から読み解く行動変化との相関関係〈https://suretgu.com/20220520/214/〉（最終確認日：2023年5月1日）

山梨県立ふじさくら支援学校　2022　鳴沢小学校との学校間交流（2022年10月31日ほか）〈http://www.fujizaky.kai.ed.jp/category/bunsyo/koryukyoiku/〉（最終確認日：2023年5月1日）

〈第12章〉

中央教育審議会　2021　「令和の日本型学校教育」の構築を目指して：全ての子供たちの可能性を引き出す, 個別最適な学びと, 協働的な学びの実現（答申）〈https://www.mext.go.jp/b_menu/shingi/chukyo/chukyo3/079/sonota/1412985_00002.htm〉（最終確認日2022年12月31日）

中央教育審議会　2022　初等中等教育分科会 個別最適な学びと協働的な学びの一体的な充実に向けた学

校教育の在り方に関する特別部会 教科書・教材・ソフトウェアの在り方WG資料

文部科学省 2020 教科書制度の概要〈https://www.mext.go.jp/a_menu/shotou/kyoukasho/gaiyou/04060901.htm〉（最終確認日：2022年12月31日）

文部科学省 2022a 令和3年度学校における教育の情報化の実態等に関する調査結果（概要）〔令和4年3月1日現在〕〔速報値〕〈https://www.mext.go.jp/content/20220830-mxt_jogai02-000023485_1.pdf〉（最終確認日：2022年12月31日）

文部科学省 2022b 文部科学省委託令和3年度「学習者用デジタル教科書の効果・影響等に関する実証研究事業」〈https://www.youtube.com/watch?v=GnOOWTPlfbU&list=PLGpGsGZ3lmbBY_P56Qk4G8pEm1CpLQhn_〉（最終確認日：2022年12月31日）

中川一史（編著） 2021 小学校国語「学習者用デジタル教科書」徹底活用ガイド：GIGAスクール・1人1台端末に対応！ 明治図書出版

中川一史・赤堀侃司 2021 GIGAスクール時代の学びを拓く！PC1人1台授業スタートブック ぎょうせい

中川一史・小林祐紀・兼宗進・佐藤幸江 2020 カリキュラム・マネジメントで実現する学びの未来 STE（A）M教育を始める前に 翔泳社

中川一史・村井万寿夫・小林祐紀 2022 GIGAスクール構想〈取り組み事例〉ガイドブック：小・中学校ふだん使いのエピソードに見る1人1台端末環境のつくり方 翔泳社

中川一史・佐藤幸江・中橋雄・青山由紀 2018 小学校国語科説明文教材と物語文教材の学習者用デジタル教科書における活用の比較 日本教育メディア学会第25回年次大会発表収録，56–59.

中川一史・佐藤幸江・鷹野昌秋・森下耕治・浦部文也 2021 6年生説明文教材でのペアの話し合い場面における児童の読みを深めるための国語学習者用デジタル教科書の操作と発言の分析 日本教育メディア学会第28回年次大会発表論集，45–48.

佐藤幸江・鷹野昌秋・森下耕治・中川一史 2021 学習者用デジタル教科書活用のための学習指導案の開発：学習者が主体的に課題に取り組み，思考の整理と検討を目的とする学習活動めざして AI時代の教育学会第2回年次大会発表集録，12–13.

浦部文也・佐藤幸江・中川一史 2021 小学校国語学習者用デジタル教科書の本文抜き出し機能を活用した高学年と中学年の授業における指導方略 AI時代の教育学会研究会予稿集2021年度, *1*, 5–6.

〈第13章〉

鄭仁星・久保田賢一（編著） 2006 遠隔教育とeラーニング 北大路書房

加藤幸次 2022 個別最適な学び・協働的な学びの考え方・進め方：個に応じた指導のより一層の充実を目指して 黎明書房

京都大学高等教育センター 2023 CONECT〈https://www.highedu.kyoto-u.ac.jp/connect/〉（最終確認日：2023年1月31日）

文部科学省 2023 StuDX Style〈https://www.mext.go.jp/studxstyle/〉（最終確認日：2023年8月10日）

長濱澄・森田裕介 2017 映像コンテンツの高速提示による学習効果の分析 日本教育工学会論文誌, 40, 291–300.

奈須正裕 2022 個別最適な学びと協働的な学び 東洋館出版社

NHK for School〈https://www.nhk.or.jp/school/〉（最終確認日：2023年8月10日）

小柳和喜雄 2019 個別最適化学習システムを用いた取組の評価に関する萌芽的研究 次世代教員養成センター研究紀要, *5*, 101–110.

田口真奈 2020 授業のハイブリッド化とは何か：概念整理とポストコロナにおける課題の検討 京都大学高等教育研究, *26*, 65–74.

〈第14章〉

Berry, M. 2020 Creative coding. In S. Grover（Ed.）*Computer science in K-12: An A-to-Z handbook on teaching programming*（pp.22–27）. Edfinity.

Curzon, P., & Grover. S. 2020 Guided exploration through unplugged activities. In S. Grover（Ed.）*Computer science in K-12: An A-to-Z handbook on teaching programming*（pp.63–74）. Edfinity.

Grover, S., & Pea, R. 2023 Computational thinking: A competency whose time has come. In S. Sentance,

E. Barendsen & C. Schulte (Eds.) *Computer science education: Perspectives on teaching and learning in school* (2nd Ed.) (pp.51–67). London: Bloomsbury Academic.

伊藤 恵・椿本弥生　2016　プログラミング教育における吹き出し導入の試みと分析　教育システム情報学会研究報告, *30*, 13–20.

伊藤崇達　2012　自己調整学習方略とメタ認知　自己調整学習研究会（編著）　自己調整学習：理論と実践の新たな展開へ（pp.31–53）　北大路書房

鹿野利春　2022　講演会スライド「これからの時代に求められる情報活用能力：小学校で考えたいこと」（2022年11月18日「CS実証研究公開研究会 宮城教育大学附属小学校×みんなのコード」にて配付）

Maton, K. 2013 Making semantic waves: A key to cumulative knowledge-building. *Linguistics and Education, 24*, 8–22.

文部科学省　2017　小学校学習指導要領（平成29年告示）解説〈https://www.mext.go.jp/a_menu/shotou/new-cs/1387014.htm〉（最終確認日：2023年7月30日）

文部科学省　2020a　次世代の教育情報化推進事業（情報教育の推進等に関する調査研究）成果報告書（令和元年）〈https://www.mext.go.jp/a_menu/shotou/zyouhou/detail/1400796.htm〉（最終確認日：2023年5月1日）

文部科学省　2020b　小学校プログラミング教育の手引（第3版）（令和2年2月改訂）〈https://www.mext.go.jp/a_menu/shotou/zyouhou/detail/1403162.htm〉（最終確認日：2023年5月1日）

大岩 元　2020　高校における新教科「情報」ができたころのこと　情報処理, 2020年3月号, 283–286.

林 向達　2018　Computational Thinkingに関する言説の動向　日本教育工学会研究報告集, *18*(2), 165–172.

小学校段階における論理的思考力や創造性, 問題解決能力等の育成とプログラミング教育に関する有識者会議　2016　小学校段階におけるプログラミング教育の在り方について（議論の取りまとめ）〈https://www.mext.go.jp/b_menu/shingi/chousa/shotou/122/attach/1372525.htm〉（最終確認日：2023年7月30日）

〈第15章〉

文部科学省　2009　教育の情報化に関する手引〈http://www.mext.go.jp/a_menu/shotou/zyouhou/1259413.htm〉（最終確認日：2023年1月10日）

文部科学省　2018　特別支援学校教育要領・学習指導要領解説 自立活動編〈https://www.mext.go.jp/content/20220426-mext_tokubetu01-100002983_9.pdf〉（最終確認日：2023年1月10日）

文部科学省　2018　特別支援学校教育要領・学習指導要領解説 総則編〈https://www.mext.go.jp/content/20200407-mxt_tokubetu01-100002983_02.pdf〉（最終確認日：2023年1月10日）

〈第16章〉

Barkley, E., & Major, C. 2016 *Learning assessment techniques: A handbook for college faculty.* San Francisco: Jossey-Bass.

Bloom, B. S., Madaus, G. F., & Hastings, J. T. 1971 *Handbook on formative and summative evaluation of student learning.* New York: McGraw-Hill.（梶田叡一・藤田恵璽・渋谷憲一（訳）　1973　教育評価法ハンドブック：教科学習の形成的評価と総括的評価　第一法規出版）

中央教育審議会　2016　幼稚園, 小学校, 中学校, 高等学校及び特別支援学校の学習指導要領等の改善及び必要な方策等について（答申）（中教審第197号）〈https://www.mext.go.jp/b_menu/shingi/chukyo/chukyo0/toushin/__icsFiles/afieldfile/2017/01/10/1380902_0.pdf〉（最終確認日：2023年1月9日）

中央教育審議会　2021　「令和の日本型学校教育」の構築を目指して：全ての子供たちの可能性を引き出す, 個別最適な学びと, 協働的な学びの実現（答申）（中教審第228号）〈https://www.mext.go.jp/b_menu/shingi/chukyo/chukyo3/079/sonota/1412985_00002.htm〉（最終確認日：2023年1月9日）

中央教育審議会初等中等教育分科会教育課程部会　2019　児童生徒の学習評価の在り方について（報告）〈https://www.mext.go.jp/component/b_menu/shingi/toushin/__icsFiles/afieldfile/2019/04/17/1415602_1_1_1.pdf〉（最終確認日：2023年1月9日）

Finlay, I. G., Maughan, T. S., & Webster, D. J. 1998 A randomized controlled study of portfolio learning in undergraduate cancer education. *Medical Education, 32*, 172–176.

梶田叡一　2010　教育評価（第2版補訂2版）　有斐閣

久保田祐歌　2018　ルーブリックを活用して評価する　中島英博（編）　シリーズ大学の教授法4 学習評価（pp.129-139）　玉川大学出版部

Papert, S. 1993 *The children's machine: Rethinking school in the age of the computer.* New York: Basic Books.

Sawyer, R. K. 2006 Introduction: the new science of learning. In R. K. Sawyer （Ed.）　*The Cambridge handbook of the learning sciences*（pp.1-16）. Cambridge; New York; Cambridge University Press.（イントロダクション：新しい学習科学　森 敏昭・秋田喜代美（監訳）　学習科学ハンドブック（pp.1-13）培風館）

Stevens, D. D., & Levi, A. 2013 *Introduction to rubrics: an assessment tool to save grading time, convey effective feedback, and promote student learning*（2nd Ed.）. Sterling, VA: Stylus.（佐藤浩章（監訳）2014　大学教員のためのルーブリック評価入門　玉川大学出版部）

Suskie, L. A. 2009 *Assessing student learning : a common sense guide*（2nd Ed.）. San Francisco: Jossey-Bass.（齋藤聖子（訳）　2015　学生の学びを測る：アセスメント・ガイドブック　玉川大学出版部）

田中耕治　2010　よくわかる教育評価（第2版）　ミネルヴァ書房

徳島大学　2016　徳島大学SIH道場：アクティブラーニング入門（平成28年度）　徳島大学大学教育再生加速プログラム実施専門委員会

Wiggins, G. 1998 *Educative assessment: Designing assessments to inform and improve student performance.* San Francisco: Jossey-Bass.

Wiggins, G. P., & McTighe, J. 2006 *Understanding by design*（Expanded 2nd Ed.）. Upper Saddle River, NJ: Pearson Merrill Prentice Hall（西岡加名恵（訳）　2012　理解をもたらすカリキュラム設計：「逆向き設計」の理論と方法　日本標準）

山田剛史　2018　学習ポートフォリオで評価する　中島英博（編）　学習評価（pp.140-149）玉川大学出版部

Zubizarreta, J. 2009 *The learning portfolio: Reflective practice for improving student learning.* San Francisco: Jossey-Bass.

〈第17章〉

中央教育審議会　2021　「令和の日本型学校教育」の構築を目指して：全ての子供たちの可能性を引き出す，個別最適な学びと，協働的な学びの実現（答申）〈https://www.mext.go.jp/b_menu/shingi/chukyo/chukyo3/079/sonota/1412985_00002.htm〉（最終確認日：2023年1月8日）

呑海沙織・溝上智恵子　2015　日本の大学図書館における学習支援の現状　溝上智恵子（編著）　世界のラーニング・コモンズ：大学教育と「学び」の空間モデル（pp.262-280）　勁草書房

呑海沙織・溝上智恵子・金子美弥　2015　日本の高等教育機関におけるラーニング・コモンズの現状　溝上智恵子（編著）　世界のラーニング・コモンズ：大学教育と「学び」の空間モデル（pp.247-261）勁草書房

河西由美子　2010　自律と協働の学びを支える図書館　山内祐平（編）　学びの空間が大学を変える：ラーニングスタジオ／ラーニングコモンズ コミュニケーションスペースの展開（pp.102-125）　ボイックス出版

木原俊行　学校教育と教育支援〈https://www.u-gakugei.ac.jp/teamg/riron/kyoikushien/〉（最終確認日：2023年1月5日）

黒上晴夫　1999　総合的学習をつくる　日本文教出版

文部科学省　2015　チームとしての学校の在り方と今後の改善方策について（チームとしての学校・教職員の在り方に関する作業部会 中間まとめ）〈https://www.mext.go.jp/b_menu/shingi/chukyo/chukyo3/052/sonota/1360372.htm〉（最終確認日：2023年1月5日）

文部科学省　2019　平成30年度 文部科学白書〈https://www.mext.go.jp/b_menu/hakusho/html/hpab201901/1420047.htm〉（最終確認日：2023年1月8日）

文部科学省　2020　GIGAスクール構想の実現へ〈https://www.mext.go.jp/content/20200625-mxt_syoto01-000003278_1.pdf〉（最終確認日：2023年4月28日）

文部科学省　2021a　情報教育指導充実に向けた調査研究「ICT支援員の配置促進に関する調査研究」アンケート調査及びクイックヒアリング結果〈https://www.mext.go.jp/content/20210412-mxt_

jogai01-000014079_001.pdf〉（最終確認日：2023年11月19日）

文部科学省　2021b　令和3年度 文部科学白書〈https://www.mext.go.jp/b_menu/hakusho/html/hpab202001/1420041_00010.htm〉（最終確認日：2023年1月8日）

Senge, P. M. 2012 *Schools that learn: A fifth discipline fieldbook for educators, parents and everyone who cares about education.* New York: Crown Business.（リヒテルズ直子（訳）　2014　学習する学校：子ども・教員・親・地域で未来の学びを創造する　英治出版）

塩谷京子・堀田龍也・久保田賢一　2015　初等教育における学校図書館の学習環境の改善：情報活用スキルを育成するための学習環境整備の要件　教育メディア研究, *22*, 1-12.

高野敬三　2019　教職 その働き方を考える ［第8回］外部人材の活用〈https://shop.gyosei.jp/library/archives/cat01/0000004777〉（最終確認日：2023年1月5日）

時任隼平・久保田賢一　2011　高等学校におけるティーチングアシスタント経験がもたらす教師の授業力量形成への影響とその要因　日本教育工学会論文誌, *35*, 125-128.

時任隼平・久保田賢一　2013　卒業生を対象とした正課外活動の成果とその要因に関する研究　日本教育工学会論文誌, 36, 393-405.

山内祐平　2020　学習環境のイノベーション　東京大学出版会

〈第18章〉

中央教育審議会　2021　「令和の日本型学校教育」の構築を目指して：全ての子供たちの可能性を引き出す，個別最適な学びと，協働的な学びの実現（答申）〈https://www.mext.go.jp/content/20210126-mxt_syoto02-000012321_2-4.pdf〉（最終確認日：2023年7月15日）

Darling-Hammond, L., Wise, A. E., & Klein, S. P. 1999 *A license to teach: Raising standards for teaching.* San Francisco: Jossey-Bass

稲垣忠彦・佐藤 学　1996　授業研究入門　岩波書店

日本教育方法学会（編）　2004　現代教育方法辞典　図書文化

小柳和喜雄　2021a　教育の情報化の推進と教師像の変化　日本教師教育学会年報, *30*, 64-74.

小柳和喜雄　2021b　教師の教授行動を視覚化するための先端技術の利用動向 奈良教育大学次世代教員養成センター研究紀要, *7*, 11-20.

小柳和喜雄・柴田好章　2017　Lesson Study（レッスンスタディ）　ミネルヴァ書房

内田洋行教育総合研究所　2022　令和3年度文部科学省委託「オンライン学習システムの全国展開，先端技術・教育データの利活用推進事業（学びにおける先端技術の効果的な活用に関する実証事業）」『学校現場における先端技術活用ガイドブック 第2版』〈https://www.mext.go.jp/content/20220922-mxt_syoto01-100013299_02.pdf〉（最終確認日：2023年1月9日），〈https://www.mext.go.jp/b_menu/shingi/chukyo/chukyo3/079/sonota/1412985_00002.htm〉（最終確認日：2023年1月9日）

編著者紹介

▎**岩﨑 千晶**（いわさき・ちあき）（第1章，第6章，はじめに）

関西大学教育推進部教授，博士（情報学）。

専門は教育工学，大学教育。高等教育をフィールドとした「学び」を育む学習環境のデザインを専門に研究している。ICTを活用した授業設計，ライティングセンターやティーチングアシスタントやラーニングアシスタントといった学生スタッフによる学習支援などに関心をもって研究に取り組んでいる。

［略歴］

関西大学大学院総合情報学研究科博士課程後期課程修了，京都外国語大学研究員を経て，2010年より関西大学。助教・准教授を経て2022年教授。日本教育工学会，日本教育メディア学会，大学教育学会理事。

［代表的な論文・著書］

・『大学生の学びを育む学習環境のデザイン：新しいパラダイムが拓くアクティブ・ラーニングへの挑戦』（編著）（関西大学出版部，2014年）
・『大学におけるライティング支援：どのように〈書く力〉を伸ばすか』（共著）（東信堂，2019年）
・『教育工学選書Ⅱ 教育工学における大学教育研究』（共著）（ミネルヴァ書房，2020年）
・『大学生の学びを育むオンライン授業のデザイン：リスク社会に挑戦する大学教育の実践』（編著）（関西大学出版部，2022年）
・「初年次教育で活動する学生スタッフに対して教員が求める能力・経験と学生スタッフの育成方法」『日本教育工学会論文誌』，47(2)，281-296.（単独執筆）（2023年）など

▎**田中 俊也**（たなか・としや）（第2章，あとがき）

関西大学名誉教授，博士（心理学）。

専門は教育心理学・認知（思考）心理学。子どもから大人・科学者の思考過程に関心をもち，「学び」の過程を心理学・科学哲学の観点から研究している。問題解決過程の微視的な構造（思考過程と情報探索活動についての眼球運動や頭部運動を指標とした発達的研究）から，科学的思考についての社会・文化的な研究にまで幅広く関心をもっている。その必然として教えること・学ぶことについての関連，特に大学でのその関連についてみずからのゼミ活動での実践を通じて明らかにしてきた。

［略歴］

名古屋大学大学院教育学研究科博士課程後期課程修了，名古屋市立保育短期大学（現・名古屋市立大学）勤務後1989年より関西大学。講師・助教授・教授を経て2020年名誉教授。その間，アメリカ・ピッツバーグのカーネギーメロン大学で1年間の客員研究員。関西大学では大学院心理学研究科初代研究科長，教育開発支援センター長などを務めた。

［代表的な論文・著書］

・『思考の発達についての総合的研究』（単著）（関西大学出版部，2004年）
・『ベーシック現代心理学 教育心理学（第3版）』（共著）（有斐閣，2015年）
・『大学で学ぶということ：ゼミを通した学びのリエゾン』（共著）（ナカニシヤ出版，2015年）
・『アクティブラーニングのための心理学：教育実践を支える構成主義と社会的学習理論』（翻訳）（北大路書房，2017年）
・『大学での学び：その哲学と拡がり』（単著）（関西大学出版部，2020年）など

執筆者紹介 (執筆順)

山田 嘉徳 (やまだ・よしのり) (第3章)
関西大学教育推進部准教授，博士（心理学）。専門は教育心理学で，協同的な学びのプロセスやその仕組み（メカニズム）に関心をもち，主に大学教育を対象とする学習研究に取り組んでいる。 ［代表的な論文・著書］『大学卒業研究ゼミの質的研究：先輩・後輩関係がつくる学びの文化への状況的学習論からのアプローチ』（単著）（ナカニシヤ出版，2019年）

中谷 素之 (なかや・もとゆき) (第4章)
名古屋大学大学院教育発達科学研究科教授，博士（心理学）。専門は教育心理学・動機づけ研究。学習動機づけ・社会的動機づけ，自己調整学習，教室環境や対人関係と動機づけの関連に興味をもっている。近年では教室の多文化（多様性の包摂）と動機づけ・適応への影響について研究を進めている。 ［代表的な論文・著書］『エピソードに学ぶ教育心理学』（共著）（有斐閣，2022年）

平山 るみ (ひらやま・るみ) (第5章)
大阪音楽大学短期大学部准教授，修士（教育学）。専門は教育心理学で，批判的思考プロセスと態度や能力のかかわり，批判的思考教育などについて研究をしている。 ［代表的な論文・著書］『非認知能力：概念・測定と教育の可能性』（共著）（北大路書房，2021年）

木村 明憲 (きむら・あきのり) (第7章)
桃山学院教育大学准教授，博士（情報学）。元小学校教員。専門は教育工学で，情報活用能力の育成や自己調整学習および教員養成大学におけるICT活用指導力の育成についての研究をしている。 ［代表的な論文・著書］『自己調整学習：主体的な学習者を育む方法と実践』（単著）（明治図書出版，2023年）

根本 淳子 (ねもと・じゅんこ) (第8章)
明治学院大学心理学部准教授，博士（ソフトウェア情報学）。専門は教育工学で，インストラクショナルデザインのスキル養成や，学び合いを促す学習環境のデザインを中心とした実践・研究に従事している。 ［代表的な論文・著書］『インストラクショナルデザインの道具箱101』（編著）（北大路書房，2016年）

渡辺 雄貴 (わたなべ・ゆうき) (第9章)
東京理科大学教育支援機構教職教育センター，大学院理学研究科科学教育専攻教授・教育DX推進センターTeaching and Learning部門長，博士（学術）（東京工業大学）。専門は教育工学で，特にインストラクショナルデザイン，数学教育，学習環境デザインに関する研究をおこなっている。 ［代表的な論文・著書］『学習設計マニュアル：「おとな」になるためのインストラクショナルデザイン』（共著）（北大路書房，2018年）

宇治橋 祐之 (うじはし・ゆうじ) (第10章)
日本放送協会放送文化研究所主任研究員，修士（学術）。専門はメディア教育，メディア・リテラシー。放送番組やデジタル教材の制作経験をもとに，教育現場でのメディア利用や放送メディアについて調査・研究をおこなっている。 ［代表的な論文・著書］『放送メディア研究 これからのメディアとメディア研究を考える』（編著）（NHK出版，2022年）

黒上 晴夫 (くろかみ・はるお) (第11章)
関西大学総合情報学部教授，修士（教育学）。専門は教育工学で，総合的な学習（探究）のカリキュラム，思考スキル，ルーブリック評価などが研究領域。近年は，シンキングツール®の普及に力を入れている。 ［代表的な論文・著書］『シンキングツール：考えることを教えたい』（共著）（NPO法人学習創造フォーラム，2012年）

中川 一史 (なかがわ・ひとし) (第12章)
放送大学・オンライン教育センター長，教授，博士（情報学）。専門はメディア教育・情報教育。初等

中等教育における ICT 活用やメディア教育，情報教育に関心をもち研究を進めている。AI時代の教育学会（会長），日本STEM教育学会（副会長），中央教育審議会初等中等教育分科会特別部会委員などを歴任。　［代表的な論文・著書］『GIGAスクール時代の学びを拓く！：PC1人1台授業スタートブック』（編著）（ぎょうせい，2021年）

今野 貴之（こんの・たかゆき）（第13章）
明星大学教育学部教育学科准教授，博士（情報学）。専門は教育工学で，教師の授業力量向上のための教員研修や授業研究を中心に，他者と協働するための仕組みづくりや，日本の教育技術や教材の海外活用について研究をしている。　［代表的な論文・著書］『学びを創る・学びを支える：新しい教育の理論と方法』（共著）（一藝社，2020年）

林 向達（りん・こうたつ）（第14章）
徳島文理大学准教授，修士（教育学・学際情報学）。専門は教育学と教育工学。教育と情報技術がかかわり合う領域の事象や文献資料などの歴史を調査・記録しながら，新しいツールの開発やそれらを活かした教育実践・学習環境について研究と情報発信をおこなっている。　［代表的な論文・著書］「アブダクション習得としてのプログラミング教育の検討」『日本教育工学会研究報告集』，19(1), 651-658.（単独執筆）（2019年）

植田 詩織（うえだ・しおり）（第15章共著）
大阪府立支援学校，修士（情報学）。大阪府の支援学校で勤務。肢体不自由児を対象に，ICT機器や支援機器を活用した授業実践に取り組んでいる。支援学校と地域・大学などと連携した取り組みをおこなっている。

岸 磨貴子（きし・まきこ）（第15章共著）
明治大学国際日本学部准教授，博士（情報学）。専門は教育工学と多文化共生。現在は，アートベース・リサーチを中心に実践と研究をおこなっている。具体的には，演劇手法やビジュアルアートなどアートの技を取り入れた探究学習，アートベースの多文化共生の実践，フィールドワークにおけるビジュアルエスノグラフィーなどである。　［代表的な論文・著書］『アートベース・リサーチ・ハンドブック』（監訳）（福村出版，2023年）

山田 剛史（やまだ・つよし）（第16章）
関西大学教育推進部教授，博士（学術）。専門は高等教育開発・青年心理学で，学校から社会への移行，ウェルビーイングとエンゲージメント，教育・学生支援のデザインとマネジメントなど，学び成長しつづける人や組織のあり方について研究をおこなっている。　［代表的な論文・著書］『心のなかはどうなっているの？：高校生の「なぜ」に答える心理学』（編集）（福村出版，2023年）

遠海 友紀（えんかい・ゆうき）（第17章1〜4節）
東北学院大学教養教育センター講師，修士（情報学）。専門は教育工学で，ラーニング・コモンズにおける学習環境や学習支援，初年次教育における授業運営や評価など，高等教育における学習について研究をしている。　［代表的な論文・著書］「コロナ禍の学習環境に関する調査報告」『大学教育学会誌』，44(1), 94-97.（単独執筆）（2022年）

久保田 賢一（くぼた・けんいち）（第17章5〜9節）
関西大学名誉教授。NPO法人学習創造フォーラム理事長，Ph.D.（インディアナ大学）。専門は学習環境デザイン。体験的な活動をとおしてのフォーマル・インフォーマルな学び，社会構成主義に基づいた学習環境について研究している。海外の教育についても関心をもって取り組んでいる。　［代表的な論文・著書］『途上国の学びを拓く：対話で生み出す教育開発の可能性』（編著）（明石書店，2021年）

小柳 和喜雄（おやなぎ・わきお）（第18章）
関西大学総合情報学部教授，博士（教育学）。専門は教育方法学・教育工学で，授業研究，教育評価，情報活用能力の育成に関心をもち，主に教師教育を対象とする研究に取り組んでいる。　［代表的な論文・著書］『大学生の学びを育むオンライン授業のデザイン：リスク社会に挑戦する大学教育の実践』（共著）（関西大学出版部，2022年）

学びを育む　教育の方法・技術とICT活用
—— 教育工学と教育心理学のコラボレーション

2024 年 1 月 20 日　初版第 1 刷発行

| 編 著 者 | 岩　﨑　千　晶 |
| | 田　中　俊　也 |

| 発 行 所 | ㈱北大路書房 |

〒 603-8303　京都市北区紫野十二坊町 12-8
電話代表　　（075）431-0361
Ｆ Ａ Ｘ　　（075）431-9393
振替口座　　01050-4-2083

ⓒ 2024
編集・製作／（株）灯光舎
装丁／上瀬奈緒子（綴水社）
印刷・製本／共同印刷工業（株）
落丁・乱丁本はお取り替えいたします。
定価はカバーに表示してあります。

Printed in Japan
ISBN978-4-7628-3242-0

「個別最適な学び」と「協働的な学び」の一体的な充実を目指して

奈須正裕・伏木久始（編著）

A5 判・352 頁・本体 2,400 円＋税
ISBN978-4-7628-3238-3　C3037

全ての子供たちの可能性を引き出す個別最適な学びと協働的な学びの一体的な充実とは。当代きっての著者たちが理論と実践の両方からこの問いに対峙する。「一人一人の子供を主語にする学校教育」の実現への手がかりを示す。

自立的で相互依存的な学習者を育てる
コレクティブ・エフィカシー

J. ハッティ・D. フィッシャー・N. フレイ・S. クラーク（著）
原田信之（訳者代表）

四六判・272 頁・本体 2,800 円＋税
ISBN978-4-7628-3237-6　C3037

「他の人と一緒に行動することで，より多くを学ぶことができる」という信念は，子どもたちの学びを力強く育む。コレクティブ・エフィカシーを最大化する条件を，ビジブルラーニング研究の確かな知見に基づき解説する。

教育効果を可視化する学習科学

J. ハッティ・G. イエーツ（著）
原田信之（訳者代表）

A5 判上製・552 頁・本体 5,400 円＋税
ISBN978-4-7628-3115-7　C3037

教師と生徒に必要なのは「学ぶことの本質」への理解である。そして共に学習者となり，互いの視点で学習を見られるかが鍵となる。メタ分析データと学習科学の知見を照合し，31のテーマで，学びの成立と促進の条件を可視化する。
